ADRIANO MOREIRA
(Coordenação)

COMUNIDADE DOS PAÍSES DE LÍNGUA PORTUGUESA

COOPERAÇÃO

Instituto Português da Conjuntura Estratégica

ALMEDINA

TÍTULO:	COMUNIDADE DOS PAÍSES DE LÍNGUA PORTUGUESA COOPERAÇÃO
PROJECTO:	INSTITUTO PORTUGUÊS DA CONJUNTURA ESTRATÉGICA
COORDENADOR:	ADRIANO MOREIRA
REVISÃO TÉCNICA:	ALVES FERNANDES E ISABEL MOREIRA
EDITOR:	LIVRARIA ALMEDINA – COIMBRA www.almedina.net
LIVRARIAS:	LIVRARIA ALMEDINA ARCO DE ALMEDINA, 15 TELEF. 239851900 FAX 239851901 3004-509 COIMBRA – PORTUGAL
	LIVRARIA ALMEDINA – PORTO R. DE CEUTA, 79 TELEF. 222059773 FAX 222039497 4050-191 PORTO – PORTUGAL
	EDIÇÕES GLOBO, LDA. R. S. FILIPE NERY, 37-A (AO RATO) TELEF. 213857619 FAX 213844661 1250-225 LISBOA – PORTUGAL
	LIVRARIA ALMEDINA ATRIUM SALDANHA LOJA 31 PRAÇA DUQUE DE SALDANHA, 1 TELEF. 213712690 atrium@almedina.net
	LIVRARIA ALMEDINA – BRAGA CAMPOS DE GUALTAR, UNIVERSIDADE DO MINHO, 4700-320 BRAGA TELEF. 253678822 braga@almedina.net
EXECUÇÃO GRÁFICA:	G.C. – GRÁFICA DE COIMBRA, LDA. PALHEIRA – ASSAFARGE 3001-453 COIMBRA E-mail: producao@graficadecoimbra.pt
	SETEMBRO, 2001
DEPÓSITO LEGAL:	169430/01

Toda a reprodução desta obra, por fotocópia ou outro qualquer processo, sem prévia autorização escrita do Editor, é ilícita e passível de procedimento judicial contra o infractor.

ÍNDICE GERAL

Introdução
As Solidariedades Horizontais, *por Adriano Moreira*............................. 9

Cooperação Económica
A Comunidade dos Países de Língua Portuguesa no contexto da globalização: problemas e perspectivas, *por Adelino Torres e Manuel Ennes Ferreira* 23

Cooperação Científico-Cultural
I – Cooperação com os PALOP nas áreas da Educação e da Formação Profissional, *por António Luís A. Ferronha* 123
II – A Cooperação no espaço CPLP: Universidades e Investigação Científica, *por Ivo Carneiro de Sousa* 145
III – A Cooperação Cultural, *por José Carlos Venâncio* 177
IV – Anexos
A Cooperação Portuguesa segundo alguns organismos envolvidos. 191

Cooperação Técnico-Militar
A Cooperação Técnico-Militar no âmbito da CPLP, *por António Emílio Ferraz Sacchetti, Pedro Borges Graça e Maria Francisca Gil Saraiva* 215

Índice onomástico... 255

INTRODUÇÃO

AS SOLIDARIEDADES HORIZONTAIS

Adriano Moreira

Entre a Carta de Pêro Vaz de Caminha, datada de 1 de Maio de 1500, e a proclamação de 12 de Outubro de 1822, feita no Rio de Janeiro no primeiro dia do império brasileiro, decorreu o processo de formação de uma sociedade complexa que se afirmaria nacional, transferindo para os trópicos uma forma de comunidade que Renan entendia ser uma especificidade europeia.[1] Não faltou no modelo a forma monárquica, por definição orientadora de um processo de coesão da sociedade cosmopolita, que o novo Estado queria integrada pelo plebiscito contínuo que o referido autor definiu como elemento essencial da nação.

Por outro lado, o já chamado *processo de esquecimento* tornou-se geral na evolução das identidades estaduais que se formaram em todo o continente americano na vaga anticolonianista do século XIX, com a indianização dos apelidos das famílias de origem europeia, com a nobilitação da pretendida ascendência ameríndia, com a diabolização da passada intervenção histórica da metrópole colonizadora, com o apagamento da origem e acção da minoria instalada que naqueles territórios fora a longa e presente mão interventora e remunerada da colonização.

Também, neste aspecto, a evolução do modelo reproduzia traços históricos da formação das comunidades nacionais europeias, identifi-

---

[1] ERNEST RENAN, *Qu'est-ce qu'une nation?* In "Oeuvres Complètes", Calmann-Lévy, Paris, 1947, pág. 891.

ERNEST GELLNER, *El nacionalismo y las dos formas de la cohesion en las sociedades complejas*, in "Teorias del nacionalismo", Gil Delannoi e Pierre André Torquieff (coord.), Paidos, Barcelona, 1993, pág. 333.

cadas por uma rede de padrões de comportamento que faziam esquecer as diversidades étnicas, culturais e religiosas submetidas pela fundadora imposição de um poder político abrangente.

O Manifesto de José Bonifácio de 6 de Agosto de 1822 não hesitou em proclamar, para ser subscrito pelo Príncipe D. Pedro da Casa de Bragança: "quando por acaso se apresentou, pela primeira vez, esta rica e vasta região brasileira ao olhos do venturoso Cabral, logo a avareza e o proselitismo religioso, móveis dos descobrimentos e colónias modernas, se apoderaram dela por meio de conquista, e leis de sangue, ditadas por paixões e sórdidos interesses, firmaram a tirania portuguesa".[2]

Este processo de esquecimento a favor da unidade integradora, teve dois desenvolvimentos específicos na relação luso-brasileira que foi estabelecida a partir da separação consagrada pelo Tratado de 1825.

Ao mesmo tempo que a síntese em progresso absorveu as contribuições ameríndia, africana, italiana, alemã, japonesa, transformando ali a herança comum lusíada numa componente do sincretismo mais vasto, a língua portuguesa foi por seu lado uma envolvente sólida do conjunto; por outro lado, a chamada colónia portuguesa, enriquecida pela emigração que durante século e meio não deixou de alimentar a raiz originária, assegurou um ponto de referência essencial para construir uma relação privilegiada na área internacional.

Esta relação privilegiada teve exclusivamente como perspectiva o diálogo entre a antiga metrópole, o Portugal europeu, e a antiga colónia, com exclusão dos restantes territórios coloniais que o Tratado de reconhecimento da independência preservava de qualquer eventual adesão ao novo Império brasileiro.[3]

Este facto, o da identidade da chamada colónia portuguesa, no Brasil cuja independência foi obra de um príncipe português, e de uma elite de origem portuguesa, não voltaria a repetir-se em nenhuma das outras colónias que seriam ou absorvidas por diferentes soberanias, como Gôa e Macau, ou que se tornaram independentes provocando o êxodo dos europeus colonizadores como se passou em todos os territórios de África depois de 1974.

---

[2] José Bonifácio de Andrade e Silva, *Escritos Políticos*, Obelisco, São Paulo, 1964, pág. 27.

[3] Adriano Moreira, *Temas da Lusofonia*, in "Estudos da Conjuntura Internacional", Dom Quixote, Lisboa, 1999, pág. 294.

As *Solidariedades Horizontais*

Nomes como os de Belchior Pinheiro de Oliveira, António Teixeira da Costa, Manuel José Veloso Soares, José Joaquim da Rocha, José de Resende Costa, Lucas António Monteiro de Barros, José Custódio Dias, João Gomes da Silveira Mendonça, José Cesário de Miranda Ribeiro, Jacinto Furtado de Mendonça, Manuel Rodrigues Jardim, os mineiros que repudiaram em 25 de Fevereiro de 1822 a representação nas Cortes Gerais e Extraordinárias de Lisboa, não tiveram réplicas em nenhuma crise posterior do império português.

Nem apareceram depois estadistas como José Bonifácio Andrade e Silva, antigo Professor da Universidade de Coimbra, chamado Patriarca da independência por Montezuma, e do qual são estas palavras: "fui também o primeiro que trovejei nas alturas de Paulicéia contra a perfídia das Cortes Portuguesas: o primeiro que preguei a Independência e liberdade do Brasil, mas uma liberdade justa e sensata debaixo das formas tutelares da Monarquia Constitucional, único sistema que poderia conservar unida e sólida esta peça majestosa e inteiriça de arquitectura social desde o Prata ao Amazonas, qual a formara a Mão Onipotente e sábia da Divindade...".[4]

A intervenção do esquecimento, que referimos, teve expressão típica, no século passado, na intervenção de Darcy Ribeiro, ao mesmo tempo lembrado da sua condição de brasileiro de quatrocentos anos, representante de uma estirpe nobilitada de colonizadores, e também, pregando de uma perspectiva marxista, severo inventariante das condenáveis responsabilidades dos colonizadores portugueses em que distraidamente não incluíra a sua linha de ascendentes concretos, casando as culpas com o abstracto conceito da colonização portuguesa.

Daqui a importância da função objectiva desempenhada pela referida colónia portuguesa, que teve em Ferreira de Castro (*Emigrantes*, 1928) a certidão de reconhecimento e visibilidade dos que não encontraram nesse destino a liberdade procurada.

Mas foi a *colónia portuguesa*, de regra sem apoios do governo português, que durante um século assegurou com as remessas a estabilidade da moeda portuguesa, que fortaleceu as raízes culturais com instituições como os Reais Gabinetes Portugueses de Leitura, que promoveu a formação com instituições como o Liceu Literário Português,

---

[4] In "Pedro Calmon", *História do Brasil*, José Olympio, Rio, 1959, 4.° Vol., pág. 1474.

que salvaguardou a dignidade com organizações de segurança social, que reservou para a Coroa portuguesa o reconhecimento dos seus méritos com a concessão do ambicionado título de *comendador*.

A imagem recíproca de Portugal-Brasil sofreu distorções nos dois países, e até o português chamado brasileiro de torna-viagem não foi sempre recebido de forma lisonjeira, um ponto de que se ocuparam Camilo, Luís de Magalhães e Aquilino.[5]

Mas a importância da relação criada mereceu a atenção de homens como Alexandre Herculano, Nuno Simões, Fernando Emydio da Silva, Afonso Costa, também da Sociedade de Geografia de Lisboa, e dos parlamentares que em 1873 produziram o Primeiro Inquérito Parlamentar sobre a Emigração que, entre 1890 e 1940, levou para o Brasil um milhão de portugueses, pelas contas de Orlando Ribeiro.

A língua mereceu desde logo o mais atento cuidado, elemento estrutural da unidade brasileira que não deixou de enfrentar tendências separatistas. A Academia Brasileira de Letras, inaugurada em 20 de Julho de 1897, teve como principal objectivo, nas palavras de Machado de Assis, "conservar, no meio da federação política a unidade literária", e conservou-se até hoje como um centro de referência da vida literária brasileira.[6] Foi objecto de dicionaristas como Moraes e Aurélio, de filólogos como Celso Cunha e António Sales Filho, e foi o instrumento de uma legião de romancistas, poetas, dramaturgos, memorialistas. Dela disse Gilberto Freyre que se vem destacando "cada vez mais das línguas simplesmente neolatinas, pela crescente tropicalização das suas vozes, dos seus sons, do seu modo de corresponder a estilos e a conveniências de populações de várias origens, etnias e culturas, integradas em países quentes, dentro das normas de interpenetração ou de tolerância que tornam possível uma *pax lusitana*, diferente da romana e principalmente da britânica".[7]

Esta relação específica entre as sociedades civis de ambos os Estados, mais do que as relações estruturadas entre as soberanias, fez do Brasil o destino mítico de liberdade de várias gerações de emi-

---

5 ADRIANO MOREIRA, *Aspectos negativos da imagem recíproca de Portugal--Brasil*, in "Rev. Estudos Políticos e Sociais", 1967, vol. V, pág. 5.

6 FERNÃO NEVES, *A Academia Brasileira de Letras*, Rio, 1940.

7 GILBERTO FREYRE, *O Luso e o Trópico*, Lisboa, Comissão Executiva das Comemorações do V Centenário da Morte do Infante D. Henrique, 1962, Cap. 2. VAMIREH CHACON, *A Construção da Brasilidade*, Paralelo 15, Brasília, 2001.

grantes. Viria a inspirar, depois da histórica visita do Presidente António José de Almeida em 1922, uma espécie de ideologia de Estado, que se traduziu em invocar a trajectória brasileira para a independência como objectivo da colonização portuguesa que então principalmente se referia à África, sempre com a inconsciente ou inconfessada adesão à perspectiva de que seriam europeus transplantados os autores da separação. Na nova sociedade civil nasceram projectos de recuperação mais íntima da unidade política, designadamente com Consiglieri Pedroso, Coelho de Carvalho e Bettencourt Rodrigues, portugueses, e Sílvio Romero e Mendonça e Albuquerque, brasileiros.

Toda a meditação sobre a língua transnacional em que o português se tornou depois da independência do Brasil viria a ter por referência o conceito de Fernando Pessoa, que aponta para uma Pátria abrangente de mais de uma soberania, e até de comunidades que não lograram aquele poder.

Mas essa visão transnacional da língua seria alargada para a área da cultura, atribuindo uma especificidade lusotropical aos sincretismos que se destacaram sobre a definição das fronteiras do ocidentalismo.

Neste ponto é Gilberto Freyre a referência incontornável, primeiro como definidor da brasilidade, depois como reabilitador da imagem dos trópicos, finalmente como teórico do lusotropicalismo, do iberotropicalismo, e do eurotropicalismo, patamares do seu pensamento sempre inquieto.[8]

Longe ainda dos pressentimentos do fim do império euromundista, logo na década de trinta do século passado, originou uma corrente ininterrupta de interventores como Osório de Oliveira, Carlos Malheiro Dias, Alves Correia, António Sérgio, Manuel Múrias, Vitorino Nemésio, João de Barros, Mário António, Baltazar Lopes, Bessa Vitor, Augusto de Castro, Almerindo Lessa, Luís Forjaz Trigueiros, que se inquietaram com aquele pensamento, o qual entra-

---

[8] MIGUEL REAL, *Casa Grande e Senzala*, in "Actualidades Brasileiras", Rio, 1937; GILBERTO FREYRE, *Interpretação do Brasil*, Rio, 1947, onde, no Prefácio afirma "uma filosofia do fusionismo étnico e social brasileiro", e não ignora o passivo colonial ao afirmar (pág. 225) que "os brasileiros têem o que os psiquiatras chamaram um passado traumático. A escravidão foi o seu grande trauma"; EDSON NERY DA FONSECA, *Um livro completa meio século*, Ed. Massangana, Recife, 1983.

ria nos currículos universitários na cadeira de *Política Ultramarina* que regi a partir de 1950.

Progressivamente, o conceito foi ultrapassando a linha inicial da brasilidade para abranger, como sistema observante, a globalidade de acção lusíada, podendo indicar-se os trabalhos de Gilberto – *O mundo que o português criou* (1951) e *Aventura e Rotina* (1954) como referência desse alargamento, depois parcialmente assumido como ideologia de Estado, quer no Brasil quer em Portugal.[9]

Não é justificável omitir, nos antecedentes da CPLP, a iniciativa de que fui exclusivamente responsável, como Presidente da Sociedade de Geografia de Lisboa, de reunir o I e II Congressos das Comunidades de Cultura Portuguesa, apoiado nos seculares estatutos daquela veneranda organização, e que se realizaram respectivamente em Lisboa, o primeiro no ano de 1964, e em Moçambique o segundo, a bordo do *Príncipe Perfeito*, de 13 a 22 de Julho de 1967, navegando no Índico até à Ilha de Moçambique onde foi encerrado.

Para realizar o primeiro Congresso, uma iniciativa da sociedade civil com escassa autorização e cooperação das autoridades governamentais, visitei as *comunidades portuguesas, descendentes de portugueses* ou *filiadas na cultura portuguesa*, uma longa viagem na rota da expansão, procurando mobilizar sobretudo as associações dessas comunidades. Vieram de todas as latitudes do norte ao sul do continente americano, das colónias africanas, das soberanias vizinhas dos territórios portugueses, da Ásia e do Pacifico, da Europa dos novos destinos da emigração portuguesa. Nasceu desse Congresso a Academia Internacional da Cultura Portuguesa (Estatutos de 6 de Fevereiro de 1965, aprovados pelo Decreto n.º 46.180), um pedido de catorze professores universitários descendentes de portugueses e, sobretudo, a União das Comunidades de Cultura Portuguesa (Estatutos de 17 de Dezembro de 1964), associação das associações das comunidades, sendo a Sociedade de Geografia a Secretária-Geral de ambas.

A Comissão encarregada de elaborar os estatutos da Academia foi constituída pelos seguintes professores universitários: Aureliano Leite, Robert Arruda, Costa Pinto, José Manuel d'Orey, Álvaro Antó-

---

[9] A. MOREIRA, *A Relação Privilegiada Portugal-Brasil*, in "Estudos da Conjuntura Internacional", Dom Quixote, Lisboa, 1999, pág. 391; A. MOREIRA, *Gilberto Freyre: o lusotropicalismo*, in "Comentários", I.S.C.S.P., 1992, pág. 55.

nio Pereira, Abranches Pinto, Barreto Fonseca, Tito Lívio Ferreira, Silva Azevedo, José Augusto Ribeiro, Ives Gandra da Silva Martins, Alberto Machado da Rosa, e José Maria Pinto Barcelos.

A Comissão que se ocupou dos estatutos da União das Comunidades foi constituída por John Godinho, Manuel Reis, Robert Arruda, Alberto Cunha, Hugo de Macedo, Álvaro António Pereira, Manuel Garcia Cruz, Afonso Salgado, José Manuel d'Orey, Paulo Brás, Deolindo da Encarnação, Jack Braga, Pompeia Viegas, representando as comunidades dos EUA, Canadá, Europa, América Hispânica, Brasil, Austrália, Ásia, África.

A ideia era fortalecer as solidariedades horizontais com base na cultura para além da língua, dando voz à sociedade civil transnacional identificada pelos modelos comuns de comportamento.

O segundo Congresso, já mais próximo do furacão em que se iam transformando os ventos da história, teve maior significado e ponderação da conjuntura, tendo sido relevantíssima a participação de intelectuais brasileiros entre os quais se destacou Gilberto Freyre.

O acto final na Ilha de Moçambique, na velha fortaleza, onde bispos de todas as comunidades concelebraram a missa, com a presença de líderes espirituais das outras crenças com presença em Moçambique, foi de um significado e anúncio do futuro sem iguais, à sombra das bandeiras de Portugal e do Brasil pela primeira vez erguidas, depois de 1825, na área colonial de que o tratado ordenou a separação.

A censura do Ministro do Ultramar limitou o noticiário que chegou à metrópole e ao mundo, e o Ministro dos Negócios Estrangeiros, que fora omitido dos convites para o Congresso, não omitiu comparecer espontaneamente, distribuiu a cortesia obrigatória e a boa vontade de estilo, fez o discurso de apropriação governamental e pessoal da iniciativa, e ambos os ministros invocariam depois sem reserva as inquietações que os factos lhes provocavam, para assim legitimarem toda a surda e eficaz acção que desenvolveram para impedir o crescimento do movimento, para inviabilizar o III Congresso aprazado para o Brasil em 1969, para cercear os recursos e logo a autonomia da Sociedade de Geografia pela qual passaram a demonstrar uma solicitude asfixiante.

Às instituições criadas, cuja actividade ficou documentada na suspensa Revista da União das Comunidades Portuguesas, e continua até hoje nas publicações limitadas da Academia, pertenceram os líderes mais representativos das comunidades, e não foi certamente uma afirmação de clarividência o policiamento a que os dois ministros se dedicaram.[10] De qualquer modo, a dimensão portuguesa das comunidades de emigrantes portugueses, de descendentes de portugueses, ou filiados na cultura portuguesa, foi assumida, e viria a ter desenvolvimento institucional depois de 1974, talvez com excessiva presença estadual.

Na sequência das independências, a língua ocuparia o primeiro lugar das atenções, e nessa linha sustentei que o modelo clássico das Academias não era o indicado para acolher todos os novos Estados de língua oficial portuguesa, para evitar resistências do anticolonialismo ideológico. O modelo de Instituto, onde todos teriam a igualdade da participação, pareceu o mais indicado, e assim veio a proceder-se em 1989, na cidade de S. Luís do Maranhão, por iniciativa do Presidente José Sarney (1985-1989), criando-se o Instituto Internacional de Língua Portuguesa, com sede em Cabo Verde.[11]

Estes Congressos anteciparam para a sociedade civil o interesse que finalmente o Brasil viria a demonstrar pelo ultramar português, na onda da descolonização orientada pela ONU.

Até então, quer a visita a Portugal do Imperador D. Pedro II, em 1871, quer sobretudo a visita do Presidente António José de Almeida ao Brasil em 1922 (18 de Setembro), no ponto alto da euforia causada pelo triunfo da viagem de Gago Coutinho e Sacadura Cabral (17 de Junho), foram pontos de referência importantes da relação privilegiada entre os dois países, mas reservando o esforço e o processo à metrópole portuguesa.

A mobilização do público e das entidades oficiais rodeou sempre de um clima emocional viagens como as do Presidente Café Filho (1954) a Portugal, do Presidente Craveiro Lopes (1957) ao Brasil,

---

[10] Os académicos de número, considerados fundadores da Academia Internacional da Cultura Portuguesa, foram os seguintes: Adriano José Alves Moreira, António da Silva Rego, Armando de Freitas Zusarte Cortesão, Armando Gonçalves Pereira, Armando Reboredo e Silva, João da Costa Freitas, Jorge Dias, José de Azeredo Perdigão, José Nosolini Pinto Osório da Silva Leão, Luís da Câmara Pina, D. Manuel Trindade Salgueiro, Virgínia Rau.

[11] Em 1988, no Recife, Instituto Joaquim Nabuco, propus a criação do Instituto Internacional da Língua Portuguesa, estando a comunicação, com esse título, publicada em *Comentários*, I.S.C.S.P., Instituto de Relações Internacionais, 2ª. Ed., Lisboa, 1992, pág. 61. Repeti na Assembleia da República no discurso de recepção ao Presidente Sarney, em 1988.

do Presidente Kubitschek de Oliveira (1960) a Portugal, do Presidente Américo Tomás(1969) ao Brasil, do Presidente Médici (1973) a Portugal.[12]

Lembrámos antes que o modelo da independência do Brasil se inscreveu na perspectiva oficial da evolução do império africano, como que aceitando o dito do Presidente do Brasil quando, ao receber António José de Almeida no Palácio do Catete, em 18 de Setembro de 1922, afirmou: "o grito do Ipiranga, dado pelo filho às margens do ribeirão paulista, nada mais foi do que a consequência lógica dos actos do pai"; e Arnolfo Azevedo, discursando no Congresso em 21 de Setembro, insistiu em que, "filho de Portugal, emancipou-se o Brasil, como do poder paterno se emancipam os filhos em idade adulta". Digamos que, como já escrevi, é o destino brasileiro que serve em Portugal de valor ideológico, a independência final dos territórios é considerada natural, a criação do Brasil é avaliada como um triunfo paradigmático nacional.[13]

Neste ponto, o Brasil afastar-se-ia de Portugal quando se desenvolveu o anti-colonialismo da ONU, e os movimentos nativistas pegaram em armas nos territórios africanos. Portugal foi admitido na ONU em 1955, e não obstante a imediata ofensiva contra a recusa portuguesa de autodeterminar o ultramar, o Brasil dos governos da linha luso-brasileira de Getúlio Vargas, Café Filho e Juscelino Kubitschek de Oliveira, apoiou a posição portuguesa, ficando histórica a intervenção do delegado brasileiro Donatello Grieco, à qual assisti, declarando em 1957, na 4ª. Comissão, que o Brasil se orgulhava de ter sido uma colónia portuguesa. De facto, nessa data ainda era o conceito da visita de António José de Almeida ao Brasil que dava unidade às intervenções das delegações de ambos os países, inconfessadamente esperando pela repetição do modelo.

A realidade da comunidade internacional em mudança foi porém assumida pelo governo do Presidente Jânio de Quadros, que enviou a Lisboa o seu Ministro dos Negócios Estrangeiros, Prof. Afonso Arinos de Melo Franco, para informar o governo português da irrevogável decisão de votar contra Portugal na ONU, e de iniciar o que, depois,

---

[12] Ver por todos, JOSÉ CALVET DE MAGALHÃES, *Breve História das Relações Diplomáticas Entre Brasil e Portugal*, Editora Paz e Terra, S. Paulo, 1999.
[13] In "A relação privilegiada Portugal Brasil", cit., pág. 396.

San Tiago Dantas chamaria a *Política Externa Independente*, rectificando o que chamou pequenos desvios da política anterior.[14]

O Brasil tornou nativista a sua doutrina política da autodeterminação, e Portugal permaneceria na posição originária, não apenas semanticamente oposta, de recusar as autodeterminações nativistas sem deixar, em momento algum, de glorificar a criação de Brasil.

O denominador comum, que assegurou a continuidade, foi a manutenção do conceito que vinha de 1825, da relação privilegiada entre o Brasil e a sua antiga metrópole.

Por isso continuou a ser enriquecida a teia dos tratados com essa dimensão, não obstante a crise colonial, com as seguintes manifestações significativas: foi em 16 de Novembro de 1953 que se assinou o Tratado de Amizade e Consulta entre os dois países, e é já em 5 de Março de 1960 que em Portugal se cria a Comissão Nacional Permanente para a aplicação daquele tratado, nas vésperas da chegada (6 de Agosto) do Presidente Juscelino Kubitschek a Lisboa, uma visita produtora de vários acordos; em 1967 é instituído o Dia da Comunidade Luso-Brasileira; em 7 de Setembro de 1971 assina-se em Brasília a Convenção de igualdade de direitos e deveres entre brasileiros e portugueses; em 27 de Abril de 1974 o governo brasileiro reconhece o regime saído da Revolução portuguesa, e logo em 1978 o Presidente Ramalho Eanes visita o Brasil, visita retribuída em 1981 pelo General João Figueiredo.

O Brasil, que assumiu o africanismo na problemática interna de integração da população, reencontra-se com a África na temática de uma *política externa independente*, sem ferir o essencial da relação luso-brasileira tal como ficou apontado no Tratado de 1825, antes colaborando no seu fortalecimento.

Portugal, que abandonou por acto revolucionário o conceito que fizera do Brasil o paradigma do êxito da sua acção colonizadora no mundo, aderindo ao nativismo da ONU, procurou reencontrar-se com os povos das antigas colónias, agora independentes, segundo um reinventado modelo de cooperação. Por via destes conceitos convergiram ambas as soberanias, sem alterar a relação privilegiada, no projecto que tomou forma com a Comunidade dos Povos de Língua Portuguesa

---

[14] SAN TIAGO DANTAS, *Política Externa Independente*, Rio de Janeiro, Civilização Brasileira, 1962.

– CPLP, oficialmente nascida em 27 de Julho de 1996, sendo o tratado assinado no Centro Cultural de Belém, em Lisboa, e reunindo sete Estados: Angola, Brasil, Cabo Verde, Guiné-Bissau, Moçambique, Portugal e São Tomé e Príncipe, esperando-se a adesão de um Timor completamente independente.

Desde a Revolução de 1974 que se fortaleceu em Portugal o conceito de que aquele facto punha fim a um regime e à sua política, mas não ao património histórico comum aos povos do antigo império, à participação da língua e dos valores miscigenados, à cooperação no mundo globalizado, à formação de padrões de intervenção participada na comunidade internacional.

São muitas as intervenções úteis no processo que conduziu à institucionalização, mas convém destacar a intervenção de José Aparecido de Oliveira, Embaixador do Brasil em Portugal durante a Presidência de Itamar Franco (1992-1994). As visitas que efectuou aos vários Estados de que se pretendia a adesão, os encontros de intelectuais e políticos que promoveu, o talento com que mobilizou e fez convergir as vontades, foram essenciais para o resultado, que finalmente foi adoptado como projecto de governo pelo Presidente Fernando Henriques Cardoso.

A dispersão geográfica dos Estados envolvidos no tratado obriga a termos em boa consideração, no que toca à formulação de projectos participados, o fenómeno dos grandes espaços políticos que se vão definindo como patamares intermédios e a caminho da globalização.

Portugal pertence à União (política) Europeia, Cabo Verde, Guiné e São Tomé são atraídos para a área do franco, Angola ficará abrangida no espaço liderado pela África do Sul, Moçambique entrou para a Comunidade Britânica, e o Brasil dinamiza o Mercosul e não pode evitar o projecto hegemonizador do continente americano conduzido pelos EUA.

Uma preocupação básica traduz-se em exigir a consideração da eventual contradição estratégica entre cada um desses grandes espaços, deles com o conceito estratégico da CPLP e até de cada um dos seus membros.

Tendo este facto sempre presente, são de evidenciar os temas da língua, da cultura, da cooperação técnica e científica, da formação, da segurança no âmbito vasto da Agenda para a Paz de Boutros Boutros-Ghali, sobretudo no sector da *peace-building*, em que as forças portuguesas desempenham em África, logo a partir de 1974, um papel relevantíssimo. Acrescentemos a solidariedade de acção nos organismos internacionais de diálogo, cooperação e decisão, designadamente nas Agências Especializadas da ONU e nas ONG's, tudo lugares onde o número pesa no processo decisório.

É tendo em conta estes condicionamentos visíveis que se pretende proceder ao levantamento de pistas para o desenvolvimento e fortalecimento das solidariedades horizontais que o tratado da CPLP visa servir, não sendo animadoras a lentidão e falta de recursos disponíveis que vão sublinhando o andamento do processo.

COOPERAÇÃO ECONÓMICA

A COMUNIDADE DOS PAÍSES DE LÍNGUA PORTUGUESA NO CONTEXTO DA GLOBALIZAÇÃO: PROBLEMAS E PERSPECTIVAS

Adelino Torres
Manuel Ennes Ferreira

CPLP: Um projecto condicionado

Na análise dos problemas e perspectivas da CPLP na conjuntura actual teremos em conta três factores que, no plano metodológico, nos orientam no tratamento da problemática:

Em primeiro lugar o factor **"mundial"**, ou seja, de que modo a existência da CPLP é condicionada pelo contexto global em que está inserida e como a poderemos apreciar à luz de alguns debates teóricos contemporâneos que circunscrevem a questão do desenvolvimento e das relações internacionais;

Seguidamente, o factor **"intra-comunitário"**, quer dizer os elementos que estão na origem (ou resultam) do equilíbrio das relações entre os países dentro do espaço da CPLP. Este parâmetro é determinado pela eventual percepção estratégica do papel que a CPLP pode desempenhar.

Por último o factor **"interno"**, o qual corresponde às experiências nacionais e à óptica segundo a qual cada um dos países membros apreende o futuro da CPLP. Em síntese, que *"economias externas"*, se as houver, a Comunidade é susceptível de criar e, eventualmente, quais são, para os PALOP, as *"expectativas racionais"* daí resultantes?

Nesse contexto multifacetado conjugam-se naturalmente vectores de convergência e divergência, de isolamento, bilateralidade e multilateralidade. Embora este capítulo se concentre essencialmente sobre a economia, os autores estão bem conscientes de que os problemas estão longe de ser apenas de ordem económica.

Como dissemos, começaremos por enquadrar a realidade da CPLP no âmbito da economia mundial deste início do século XXI, interrogando algumas das tendências que se delineiam a Norte e a Sul do planeta bem como as características dessa rápida mutação que, como tudo indica, irá condicionar a própria existência da CPLP. Na medida em que não são ainda claras as perspectivas que esse movimento global anuncia, não nos aventuraremos, bem entendido, a fazer predições teleológicas.

Podemos, no entanto, emitir algumas hipóteses sobre eventuais resultados do processo em curso.

As relações "intra-comunitárias" serão abordadas com base nos resultados obtidos nos primeiros quatro anos de funcionamento da CPLP, o que, sendo um período ainda muito curto, é no entanto já suficiente para alicerçar algumas interrogações preliminares ainda que provisórias.

O processo de desenvolvimento no interior de cada um dos países membros, será tratado mais sinteticamente e apenas na medida em que as políticas internas (económicas, de governação, etc.) têm incidência sobre as potencialidades e dinâmica do projecto de comunidade.

Os limites da CPLP

A Comunidade dos Países de Língua Portuguesa ou CPLP, criada em Julho de 1996, agrupa sete países: Angola, Brasil, Cabo Verde, Guiné-Bissau, Moçambique, Portugal e São Tomé e Príncipe, sendo certo que, num futuro próximo, um novo país virá reforçar esta comunidade: Timor Lorosae[15], conforme foi, aliás, desejado pelos representantes dos sete países na recente 3ª Cimeira da CPLP em Maputo: "Os

---

[15] «A inclusão explícita de Timor-Leste entre os membros da CPLP aparece como a prova mínima da seriedade activa e passiva deste projecto lusófono». Cf. FERNANDO SANTOS NEVES, *Para uma crítica da razão lusófona: onze teses sobre a CPLP e a Lusofonia*, Lisboa, Edições Universitárias Lusófonas, 2000. A visita do Presidente português Dr. Jorge Sampaio e, mais recentemente, do Presidente brasileiro Dr. Fernando Henrique Cardoso, a Timor Lorosae confirmam que este país integrará rapidamente a CPLP onde até agora tem participado como observador.

A Comunidade dos Países de Língua Portuguesa no contexto da Globalização   25

Chefes de Estado e Governo saudaram a participação de Timor-Leste e transmitiram o desejo de que, a muito breve prazo, Timor-Leste requeira a sua adesão à CPLP como 8.º membro."[16]

A CPLP apresenta-se como um espaço de cooperação baseado na língua comum e num conhecimento onde se procuram elementos de convergência histórica que reforcem a sua coesão[17].

Enquanto comunidade, conceito que pressupõe conteúdos económicos, políticos, culturais, etc., que geram complementaridades e, consequentemente, formas de solidariedade de vária ordem, a CPLP está longe de ser uma instituição consolidada. Essencialmente parece faltar ainda à CPLP um projecto que subordine de alguma forma os interesses particulares dos Estados a uma estratégia que os supere[18], ou – para empregar as palavras do financeiro George Soros no seu mais recente livro – a um *"realismo geopolítico."*[19]

Mas se esta afirmação parece evidente seja qual for a óptica em que nos coloquemos, ela afigura-se ainda mais pertinente no plano estritamente económico.

Com efeito, não se vê como é que a CPLP poderá formalizar uma interacção convergente dos *comportamentos* (dos Estados e dos indivíduos enquanto agentes económicos), quando essa convergência não pode ser concebida na ausência de uma *"estabilidade de objectivos"*, sem a qual, em última análise, não é exequível elaborar modelos que formalizem, com coerência mínima, caminhos possíveis para a construção de uma cooperação económica para o desenvolvimento do espaço da CPLP.

---

[16] Cf. CPLP, *Declaração de Maputo dos Chefes de Estado e de Governo da CPLP*, Maputo, 17-18 de Julho de 2000: ponto 2.

[17] Estes elementos são fundamentais, mas é indispensável não perder de vista que sem uma definição de objectivos claros, quer dizer uma estratégia política, na qual estejam igualmente empenhados os países membros, todas as iniciativas se diluirão em retórica. Vd. ALFREDO MARGARIDO, *A lusofonia e os lusófonos: novos mitos portugueses*, Lisboa, Edições Universitárias Lusófonas, 2000.

[18] O que não está a acontecer ainda. O n.º 18 de revista *Lusofonia* (Outubro--Novembro 2000) publicou um dossier especial sobre a Agência Brasileira de Cooperação (ABC), cuja actividade parece muito mais orientada para a expansão dos interesses brasileiros em África do que para promover, no quadro comunitário da CPLP e conjuntamente com Portugal, uma acção concertada.

[19] GEORGE SOROS, *Open Society: Reforming Global Capitalism*, Londres 2000: 304.

É claro que podemos admitir a hipótese da conjunção de *objectivos estáveis"* com *"comportamentos instáveis"*[20], como poderia ser o caso da CPLP, se, por um processo de aprendizagem, os últimos se fossem a pouco e pouco ajustando aos primeiros. Porém, o problema que se coloca actualmente é que não se descortina, por detrás das retóricas, qual ou quais os *"objectivos estáveis"* (estratégias claramente delineadas) que poderão servir de esteio ao projecto de uma "comunidade lusófona".

Se esse pressuposto é inconsistente, como parece ser o caso da CPLP, os *"comportamentos"* serão, por definição, erráticos, dependentes da conjuntura política ou mesmo de humores de circunstância, o que não é certamente uma via prometedora de futuro.

É ainda necessário não perder de vista dois factores que estão no centro das justificações da CPLP e que eventualmente podem vir a assumir-se como ambíguos no seu conteúdo e implicações práticas: a Língua e a História.

Se destacarmos o primeiro, é óbvio que a *"Língua Oficial"* é duplamente importante: serve em cada Estado como factor de consolidação de uma indispensável estabilidade interna; é uma força de agregação num espaço geograficamente fragmentado como o da CPLP.

No entanto pode revelar-se frágil, se as diversas tensões de identidade, que estão mais ou menos latentes ou até mesmo mais explicitamente exteriorizadas, vierem a dar origem a novos espaços próprios (Estados), à semelhança do que ocorreu, aliás, recentemente com o exemplo servo-croata ou com diversas repúblicas da ex-URSS. O exemplo de Angola, Guiné-Bissau e Moçambique ocorre-nos de imediato.

O segundo factor geralmente evocado é o da *"História"*. Aí o discurso político oficial carreia, implicitamente, uma concepção *"civilizacional"* que se quer positiva, sem tensões, minimizando "efeitos negativos" passados, o que até pode ser justificável se se entender que é do interesse de todos buscar o caminho mais curto para resolver problemas do presente e equacionar os do futuro...

Mesmo que, no limite, não se ponha em causa essa metodologia, é contudo aconselhável não perder de vista os seus limites que transparecem em duas ambiguidades:

---

[20] Sobre este assunto ver PIERRE-NOËL GIRAUD, *L'inégalité du monde*, Paris, Gallimard, 1996: 35 sgs.

A Comunidade dos Países de Língua Portuguesa no contexto da Globalização   27

Por um lado, pelo optimismo superficial que sugere, esta retórica da legitimação não dá conta dos *"encontros e desencontros"* gerados por essa história (quer dizer, não tira dela consensos suficientes) entre portugueses, brasileiros e africanos, em particular no que se refere aos séculos XIX e XX, o que a torna suspeita aos olhos de alguns.

Por outro lado, a história do passado colonial é obviamente diferente conforme a sua leitura é feita por uns ou por outros (ex-colonizadores ou ex-colonizados), o que dá origem a interpretações contraditórias. Ao percorrerem transversalmente as ideias, estas podem alterar a acção ou enviesar os seus objectivos, mesmo se tal não é explícito ou conscientemente apreendido...[21]

Estas breves anotações pretendem apenas chamar a atenção para alguns parâmetros que intervêm na análise das relações intra-CPLP, alertando para a relativa fragilidade dos conceitos que lhe servem de alicerce...

Ademais, a própria situação económica e social dos PALOP enfrenta problema sem medida comum com os de Portugal e do Brasil. Como é que economias nesse estádio se poderão integrar num sistema global com base na informação e na tecnologia, quando não dispõem de infra-estruturas de comunicação nem de recursos humanos adequados? Manuel Castells comenta dizendo que é "como se se tivesse tentado a industrialização sem electricidade"[22]

Assim, o estudo da CPLP suscita desde logo interrogações de vária ordem: em que medida esta iniciativa corresponde, no plano intra-comunitário, aos interesses dos seus membros?[23] Por outras palavras, quem ganha o quê e como? Indo mais longe, de que modo a existência

---

[21] Relacionado com alguns aspectos destas problemáticas, ver por exemplo: ARLINDO BARBEITOS, "Sociedade, Estado: sociedade civil, cidadão e identidade", dactilografado. Manuscrito inédito facultado pelo autor.

[22] Cf. MANUEL CASTELLS, *A África na era da Internet*, "Folha de São Paulo (S. Paulo)", 20/8/2000.

[23] A edição do 10 de Janeiro de 2001 do jornal *Expresso* (Lisboa) noticiava que o Presidente da Assembleia da República portuguesa, ALMEIDA SANTOS, entende que a CPLP *"ainda não revelou maturidade"* que permita pensar-se na *"institucionalização de uma cidadania comum"* para os países desta comunidade. Mesmo sem ir tão longe, poderia perguntar-se que passos foram feitos pelo menos para melhorar a circulação dos cidadãos nesse espaço na base do critério de uma razoável reciprocidade, ou como compatibilizar esse processo com as violentas limitações do Acordo de Shengen?

desta comunidade está submetida a condicionalismos internacionais, quer eles sejam determinados pelos interesses de áreas de influência como a velha "Trilateral" (EUA, União Europeia, Japão)[24], quer resultem das obrigações que decorrem dos objectivos de instituições internacionais, nomeadamente da OMC ou do Acordo de Cotonou que liga a União Europeia ao conjunto de países onde se integram os PALOP? Ou, dito de outro modo, como poderão estes países africanos preencher os requisitos traçados pela Organização Mundial do Comércio (OMC) em termos de abertura ao comércio internacional, dada a insuficiência das suas infraestruturas e a fraqueza dos meios de que dispõem? De que modo as políticas económicas que lhes são exigidas se poderão ajustar aos parâmetros e metodologias fixados pelo Fundo Monetário Internacional e o Banco Mundial, e como as conciliar com a urgência dos problemas sociais com que se debatem?

Os PALOP fazem parte dos países ACP signatários do Acordo de Cotonou, e como tal são beneficiários das ajudas previstas nesse quadro, enquanto Portugal, membro da União Europeia, não pode firmar acordos especiais que contrariem os tratados comunitários já existentes.

Aliás, supomos que não foi certamente por acaso que o Secretário de Estado da Cooperação, Luís Amado, numa entrevista facultada ao jornal *Expresso* de Lisboa[25], não referiu a CPLP propriamente dita e – compreensivelmente – pôs sobretudo o acento tónico no conjunto mais amplo da União Europeia-África, sublinhando a necessidade de «*reforçar* (a) *capacidade de intervenção política da UE, que é mais importante que a soma dos esforços que o Reino Unido, França e Portugal podem desenvolver separadamente ou em grupo.*»[26]

No que concerne à CPLP, é preferível afastar a concepção romântica de uma "desinteressada" e singular *"irmandade"*, confinada a um espaço histórico e linguístico *sui generis*. Enquanto instrumento conceptual tal pretensão é uma falácia e, como meio de acção, pouco mais do que uma inutilidade.

---

[24] HOLLY SKLAR (Edited by), *Trilateralism – The Trilateral Commission and Elite Planning for World Management*, Boston, South End Press, 1980.

[25] *Expresso* (Lisboa), Março 2000: "Cimeira Euro-Africana – Luís Amado: "A nova parceria implica a liquidação da hipoteca colonial", entrevista igualmente reproduzida no *site* do ICEP: «hyperlink http://www.portugalnews.pt »,

[26] *Ibid.*

Bem entendido, nem a legitimidade do projecto nem as conveniências de cada país estão aqui em causa. Parece-nos mesmo que estas últimas só ganhariam em ser francamente assumidas, desde que, no essencial, estejam em conjunção com os objectivos comuns enunciados no acordo[27]. A grande dificuldade será encontrar a *interface* entre interesses nacionais e comunitários, tanto mais que os particularismos dentro da CPLP não podem sobrepor-se aos (ou serem contraditórios com os) objectivos da União Europeia em que todos os membros (e até certo ponto, o próprio Brasil), se encaixam a diversos títulos. Sejam quais forem as ambições nacionais dentro da CPLP, ou a real capacidade de concretizar um "projecto comum" a estes países, tais objectivos terão sempre de ser equacionados no seio de uma Comunidade mais alargada que é a *União Europeia-Países ACP*, extensível futuramente ao espaço mediterrânico[28] e provavelmente à América Latina se tivermos em conta que a União Europeia, o Mercosul e o Chile lançaram já, em 24 de Novembro de 1999, as negociações com vista a criar, até 2003, a maior zona de livre comércio do mundo. Uma coisa é certa: no mundo contemporâneo, a condução das relações internacionais já não é mais separável da política interna de cada Estado, como noutras épocas, nem compatível com a existência de coligações contraditórias entre si.

Quanto às vantagens da existência da CPLP, estamos em crer que elas decorrem menos do *económico* do que do conjunto, assaz impreciso aliás, dos factores sócio-culturais e linguísticos na medida em que estes facilitam diálogos cruzados com incidências em vários planos, incluindo o da economia.

---

[27] A noção de "interesse" interpretada unicamente no sentido de um *utilitarismo* vulgar é trivial e necessita de ser clarificada. Como observa JURANDIR FREIRE COSTA, «qualquer conceito que pretende esgotar a inteligibilidade do que analisa, a partir de um único ponto de vista, incorre (em) erro. Mas usada no sentido pragmático corrente, a noção pode ter utilidade, desde que possamos ver suas vantagens e desvantagens. Uma das grandes vantagens da ideia de "interesse" é, sem dúvida, de nos libertar da tarefa de sermos anjos em corpos de mamíferos falantes". Cf. JURANDIR FREIRE COSTA, *Análise dos fundamentos e características da posição filosófica dos "utilitaristas"*, "Folha de São Paulo (S. Paulo)", 9/01/2000.

[28] Vd. C. REYNAUD et A. SID AHMED (Sous la direction de), *L'avenir de l'espace méditerranéen*, Paris, Publisud, 1991; R. BISTOLFI (Sous la direction de), *Euro-Méditerranée, une région à construire*, (Prefácio de Edgard Pisani), Paris, Publisud, 1995.

Todavia, admitindo que a CPLP gera externalidades favoráveis aos seus membros, não é menos verdade que a experiência se reveste de fragilidades – onde o elemento psicológico é decisivo[29] – razão pela qual entendemos que seria imprescindível um *"projecto político"* (no sentido amplo do termo e dentro dos limites atrás enunciados) que lhe desse consistência, salvaguardando ao mesmo tempo uma multipolaridade de poderes e influências tendentes a rejeitar qualquer hegemonia.

Por outro lado, se, nas condições internacionais vigentes, parece ter sido (temporariamente) atenuado o perigo de conflitos "ideológicos", o mesmo não acontece com o surgimento de conflitos "identitários" que não são difíceis de detectar desde já.[30]

É talvez aqui que reside a incógnita do futuro desta comunidade, cujo alcance e significado tentaremos pôr em relevo a seguir.

Debates sobre os fundamentos da globalização

A época contemporânea é caracterizada pelo que se convencionou chamar "globalização", termo mais frequentemente utilizado do que "mundialização", salvo nos países de língua francesa[31].

---

[29] Na entrevista anteriormente citada, o Secretário de Estado da Cooperação, LUÍS AMADO, apercebeu-se de vários problemas desse tipo e tentou enquadrá-los a um nível mais elevado, revelando uma visão estratégica de Estado. É evidente que à questão do *Expresso* segundo a qual «os africanos acusam os europeus de terem 'complexos neocoloniais'» ele só poderia retorquir que «a noção de 'responsabilidade' ou de 'culpa' já não é essencial». Assim deveria ser, de facto. Resta saber se esses combates de retaguarda estão tão definitivamente ultrapassados como alguns querem acreditar... Cf. *Expresso* (Lisboa), Março 2000: "Cimeira Euro-Africana – LUÍS AMADO: "A nova parceria implica a liquidação da hipoteca colonial", *op. cit.*

[30] Verificável se nos dermos ao trabalho de consultar a obra literária (romance, poesia) e certos ensaios de escritores africanos, incluindo os por vezes chamados "luso-africanos", na realidade intelectuais africanos de ascendência europeia...

[31] JACQUES ROBIN in "Transversales Sciences/Cultura", Novembro-Dezembro de 1999, refere-se a *"mundialização globalizada"*. Os autores franceses utilizam mais frequentemente *"mundialização"* do que *"globalização"*, termo que os anglo--saxónicos preferem. Segundo SABINE URBAN, de uma maneira geral a "globalização" é entendida como um processo mais radical do que a mundialização, na medida em que diz respeito a todos os aspectos da vida e atinge um grande número de pessoas (SABINE URBAN in M. RICCIARDELLI *et al.*, "Mondialisation e sociétés multiculturelles – L'incertain du futur", Paris, PUF, 2000.

O fenómeno, que não sendo recente se acelerou desde há cerca de vinte e cinco anos, foi influenciado por processos económicos, em particular a intensa reorganização dos sistemas produtivos, a internacionalização do mercado dos capitais financeiros e os progressos da informática e outras tecnologias.

Embora os aspectos económicos sejam fundamentais, é pouco provável, contrariamente à convicção de certos autores[32], que os modelos dos economistas possam, por si sós, fornecer respostas seguras à complexidade crescente deste contexto[33], como o revela o fosso que separa o optimismo liberal, que aborda a *"ciência económica"* como uma ciência "positiva", do projecto "normativo", crítico e interdisciplinar das correntes heterodoxas.

Em oposição à orientação liberal, as heterodoxias recusam o paradigma neoclássico, preconizam a necessidade da intervenção pública e integram os factores sociais numa sistémica onde a economia é inseparável tanto da política como de outras vertentes do conhecimento e da acção.

C. Chavagneux observa a esse propósito, relembrando os ensinamentos de Susan Strange, que a "separação entre as abordagens, as ideias e os fundamentos das disciplinas da ciência económica e da ciência política conduz a análises erradas que estão na base de maus conselhos de acção política"[34]. Roger Tooze, ao fazer o balanço da obra e da contribuição intelectual de Susan Strange, desenvolve igualmente esta questão.[35]

---

[32] FRANCO MODIGNIANI, *Science économique et dynamique du réel*, in "Ricciardelli 2000", *op. cit.*

[33] KARL POLANYI escrevia em 1947 que se «a economia de mercado criou (...) um novo tipo de sociedade (...), este mundo novo de "motivos económicos" baseava-se numa falácia. Na sua essência, a fome e o ganho não são mais "económicos" que o amor e o ódio, o orgulho ou o preconceito. Nenhum motivo humano é por si "económico". Não existe algo como uma experiência económica *sui generis,* no sentido em que o homem pode ter uma experiência religiosa, estética ou sexual". Cf. K. POLANYI, *A nossa obsoleta mentalidade mercantil*, "Revista Trimestral de Histórias & Ideias (Porto)", n.º 1, 1978.

[34] Cf. CHRISTIAN CHAVAGNEUX, *Les années Susan Strange*, "Alternatives Économiques (Paris)", n.º 185, Outubro 2000.

[35] ROGER TOOZE, SUSAN STRANGE, *Academic International Relations and the Study of International Political Economy*, "New Political Economy (Londres)", Vol. 5, n.º 2, 2000.

Para os primeiros (os liberais) a globalização vai melhorar consideravelmente o desenvolvimento das sociedades, nomeadamente dos Países em Desenvolvimento (doravante PED) do Sul na medida em que lhes oferece novas oportunidades de modernização e progresso. Estamos de certo modo, para utilizar as palavras de Adriano Moreira, em plena "teologia do mercado que domina o conceito estratégico ocidental"[36]. De facto, nas relações com o Sul, nomeadamente com África, o anterior *"trade not aid"*[37] sublimou o seu sentido primeiro de sabença chã, procurando assumir o estatuto de "filosofia", ardentemente cultivada pelo *main stream* dos "economistas reducionistas", como os apelidou Michel Beaud[38]. Um outro grande economista, Joseph Stiglitz, ex-Vice Presidente do Banco Mundial, observou igualmente: "Desde o fim da Guerra Fria, as pessoas encarregadas de levar o evangelho do livre mercado até os mais longínquos cantos do mundo ganharam um poder tremendo. Esses economistas, burocratas e funcionários agem em nome dos Estados Unidos e dos outros países industriais avançados, mas falam uma língua que poucos cidadãos medianos compreendem e que poucos dos responsáveis pelo traçado das políticas se dão ao trabalho de traduzir. Hoje em dia a política económica talvez constitua a parte mais importante da interacção dos EUA com o resto do mundo. Entretanto, a cultura da política económica internacional na mais poderosa democracia do mundo não é democrática."[39]

Na óptica daqueles liberais[40] o processo de globalização actualmente vivido inspira-se nas regras do "mercado livre" consideradas como garantes da melhor afectação de recursos na medida em que se baseiam no interesse dos actores económicos considerados individualmente.

---

[36] Cf. ADRIANO MOREIRA, *Estudos da conjuntura internacional*, Lisboa, Dom Quixote, 1999: 349.

[37] Um dos autores – aliás ilustre – que defendeu a concepção do "trade not aid" foi PETER T. BAUER. Vd. bibliografia.

[38] MICHEL BEAUD, *Le basculement du monde*, Paris, La Découverte & Syros, 2000.

[39] JOSEPH STIGLITZ, *O que eu aprendi com a crise mundial*, trad. port., S. Paulo, "Folha de São Paulo", 15 de Abril de 2000.

[40] O conceito "liberal" é aqui tomado no sentido económico estrito e não no sentido político mais amplo. A questão do "liberalismo" (político), problemática muito rica e complexa, não se confunde necessariamente com a do "liberalismo" económico *stricto sensu*. Note-se igualmente que, mesmo na primeira acepção do termo, há diversas orientações entre as filosofias expressas. O conceito serve, todavia, os propósitos da nossa exposição ainda que dentro dos limites apontados.

Da teoria à prática

As negociações em 1993 do *Uruguay Round*, que permitiram a criação da OMC, eram justamente baseadas nesses princípios. O que não impediu que os PED tivessem reduzido as suas barreiras aduaneiras muito mais fortemente do que os países desenvolvidos, os quais mantêm uma protecção severa precisamente nos sectores em que os seus parceiros pobres são mais competitivos.

Thierry de Montbrial recorda que cinco anos depois do acordo de Marrakech pouco foi feito pelos países ricos para levar à prática os princípios liberais proclamados. Em 750 quotas regulamentando a entrada de produtos têxteis nos EUA, só 13 foram suprimidas. Quanto à União Europeia, esta apenas eliminou 14 das suas 219 quotas. Em resumo, as tarifas aduaneiras suportadas pelos PED são superiores em cerca de um terço àqueles que se aplicam aos países industrializados[41].

A evolução global dos últimos anos, apresenta alguns aspectos positivos que não podem ser ignorados, como o ter favorecido a inserção dos países em desenvolvimento no movimento de mundialização. Lamentavelmente porém, os frutos da "modernidade" – apesar da ambivalência do conceito[42] – foram muito desigualmente repartidos. Enquanto certos países, em particular da Ásia Oriental, souberam tirar proveito dos acontecimentos pondo em prática estratégias de desenvolvimento dinâmicas, outros ficaram à margem. Foi o caso da quase totalidade dos países africanos cuja vulnerabilidade às variações das cotações das matérias-primas, em particular, ficou uma vez mais demonstrada, não ultrapassando em 1999 uma fraca taxa de crescimento média de 2% que, para além disso, esconde fortes disparidades entre as regiões. Um tal resultado é obviamente insuficiente para reduzir uma pobreza alarmante quando se sabe que 46% da população africana vive abaixo do chamado "limiar de pobreza", ou seja com menos de um dólar por dia[43].

Essa percentagem de 46% contrasta em particular com os 24% do conjunto dos países em desenvolvimento e em transição, e, de

---

[41] Cf. Thierry de Montbrial, *Pour combattre les pensées uniques*, Paris, Flammarion, 2000: 76

[42] Vd. Saurin, "Globalisation, Poverty and the Promises of Modernity" 2000, in Vandersluis and Yeros 2000b; Leclerc, *La mondialisation Culturelle* 2000.

[43] CEPII, *L'économie mondiale 2001*, Paris, La Découverte, 2000.

acordo com as metas fixadas pelo Banco Mundial, calcula-se que para diminuir em metade a pobreza africana até 2015 este continente deveria conseguir uma taxa de crescimento anual de 8%, objectivo com bem poucas hipóteses de ser alcançado.

Esta grave situação é confirmada pela taxa de crescimento anual média do PIB por habitante (em paridade do poder de compra) da África Subsaariana, que foi negativa, no período 1987-1999, quer dizer de − 2%.

Também a parte da África no total dos fluxos líquidos de capitais destinados aos PED diminuiu continuamente desde os anos 80, passando de 27% em 1980, a 17% em 1990 e a cerca de 8% em 1996[44]. Verificou-se igualmente uma extrema concentração dos fluxos de investimento directo estrangeiro num pequeno número de países. Em 1998 cinco países do Sul (China, Brasil, México, Singapura e Indonésia) recolheram 55 % do total do IDE destinado aos países em desenvolvimento (contra 41 % em 1990). Só a Malásia recebe mais IDE do que todo o continente africano, cuja parte nas trocas mundiais de bens e serviços tem igualmente vindo a decrescer, passando de cerca de 5% em 1950 a 2% em 1998[45], confirmando a observação de Gerald Helleiner de que há uma relação directa entre comércio e investimento directo estrangeiro, e que "o comércio de amanhã é o produto de decisões de investimento de hoje."[46]

Nos textos que precedem o Acordo de Cotonou, a Comissão Europeia reconhece que os resultados dos Acordos de Lomé foram decepcionantes, nomeadamente quanto ao impacto das preferências comerciais não recíprocas, as quais não impediram uma diminuição da parte dos ACP no mercado europeu, de 6% em 1976 para 2 % em 1999, ao mesmo tempo que 60% das exportações totais dos ACP permaneceram concentradas em apenas 10 produtos.[47]

Por outro lado, o último relatório da CNUCED refere-se ao acesso

---

[44] Cf. THIERRY DE MONTBRIAL et PIERRE JACQUET, Sous la direction de, *Ramsès 2001 – Rapport Annuel Mondial sur le Système Économique et les Stratégies*, Paris, Dunod/IFRI, 2000: 63.

[45] *Ibid.*

[46] GERALD K. HELLEINER, *The New Global Economy: Problems and Prospects* (1990), in *DAHMS* 2000b.

[47] Cf. Textos introdutórios a: COMISSÃO EUROPEIA, *ACP-EU Partnership Agreement, op. cit.*.

dos produtos dos PED aos mercados dos países desenvolvidos, indicando que "certos países desenvolvidos aplicam ainda aos têxteis, ao vestuário e aos sapatos direitos elevados e as quotas não desapareceram. Para além dos direitos aduaneiros, medidas sanitárias e fitosanitárias constituem, em certos casos, um obstáculo ao crescimento das importações de produtos africanos. Apesar dos melhoramentos introduzidos nalguns deles, os esquemas SGP continuam insuficientes em relação às necessidades da África. As exportações africanas de produtos agrícolas continuam a ser objecto de salvaguardas especiais."[48]

O relatório *Ramsès 2001* é igualmente severo, falando de "má vontade manifesta" dos países industrializados em aplicarem os princípios liberais que dizem defender, opondo-se, na prática, a uma liberalização equilibrada das trocas, "o que traduz uma certa hipocrisia tendo em conta as declarações oficiais."[49]

Num plano diferente, os argumentos liberais suscitam outras interrogações: por exemplo, é possível observar que a acepção de "mercado livre" transmitida pelos modelos teóricos do liberalismo económico é assaz distinto das dinâmicas do real. Ignorar esta "refutação" (no sentido popperiano) empírica é uma maneira de contornar o problema, não de o resolver. Ademais, como saber se o "liberalismo económico" (que considera o comportamento e a racionalidade da empresa como motor central da economia, senão mesmo do todo societal) deve ser considerado como o fundamento de uma abordagem macro-económica adequada? Isto tendo em vista que os problemas societais não se restringem às questões económicas, nem tão pouco à "racionalidade", a menos que aceitemos, como regra, uma univocidade de pensamento perigosamente redutora.

O modelo que os neoclássicos apresentam como «*a*» ciência, é por muitos considerado apenas como «*uma*» visão da ciência, interessante e bem construída, mas não menos discutível do que outras.

Se Ricardo – para só falar deste autor – considerava, com poderosos argumentos, que a única questão que pode ser objecto de análise científica é a da repartição da riqueza, os neoclássicos, numa posição

---

[48] CNUCED *Rapport de la Conférence des Nations Unies sur le Commerce et le Développement sur sa dixième session – Tenue à Bangkok du 12 au 19 février 2000*, UN, Genebra, Doc. TD/390 de 21 septembre 2000.

[49] MONTBRIAL ET JACQUET, *Ramsès 2001, op. cit.*: 71

diametralmente oposta, entendem que a única questão científica é a da criação de riqueza, e que, desde logo, o objectivo da economia é o estudo da afectação óptima de recursos aplicada à satisfação de necessidades alternativas. Por outras palavras, a "repartição da riqueza" é para eles um problema secundário ou negligenciável que, por uma parte, se resolve por si só, e, por outra parte, é exógeno ao campo disciplinar da economia. Não admira que esta concepção, tão abstracta como inflexível, que consagra o divórcio entre o *económico* e o *social,* ao ser levada à prática através de políticas económicas executadas por instituições poderosas como o FMI, suscite violenta oposição social nos países, especialmente do Sul, onde é aplicada.

É sabido que cada fase da evolução histórico-económica é caracterizada por uma produção doutrinal específica, que explica as transformações concretas ocorridas. Essas transformações estão correlacionadas com o factor de hegemonia predominante do qual decorre o poder. Como Joaquim Aguiar notou com perspicácia, até ao século XX o factor de hegemonia era o "controlo do território, da população e dos recursos"; após a Segunda Guerra Mundial o factor de hegemonia foi a "circulação dos produtos" em comércio livre, com os Estados Unidos assumindo a liderança; desde os anos 80 o factor de hegemonia passou a ser a "mobilidade", com a fragmentação dos territórios em espaços regionais em torno de centros competitivos alimentados por redes de relações e fluxos de produtos, de capitais e de tecnologias.

O mesmo autor observa, correctamente, que estes factores não são mutuamente exclusivos mas estão hierarquizados: "quem detém a hegemonia mundial é quem apresenta maiores índices de mobilidade, e é isso que lhe permite valorizar os dois anteriores factores de hegemonia e os tipos de poder comercial e militar."[50]

Poderíamos talvez prolongar este raciocínio com uma outra observação: ainda que qualitativamente diferentes em determinados conteúdos, as duas últimas fases (hegemonia pela "circulação" e hegemonia pela "mobilidade"), sendo complementares e na sequência uma da outra, empurram o conceito de "livre comércio" mais além. Paralela-

---

[50] Cf. JOAQUIM AGUIAR, *Modelos de Globalização,* in "Teixeira (Nuno Severiano), Rodrigues (José Cervaens) e Nunes (Isabel Ferreira)", Coordenação de, *O interesse nacional e a globalização,* Lisboa, Cosmos/Instituto de Defesa Nacional, 2000: 62.

mente, a "produção doutrinal" da ciência económica acompanha este processo, teorizando-o *a posteriori*.

Mas esta posição *doutrinária* (neoliberal), sendo admissível em termos de uma prática de banal "oportunismo" (no sentido neutro de "aproveitamento de oportunidade") é, nalgumas das suas expressões pelo menos, completamente diferente de uma teorização que resultaria da "descoberta científica desinteressada" (que pressupõe interrogações e sobretudo *incertezas*), dado que a postura *confirmacionista* que daí decorre, se limita, antes de mais, a justificar uma correlação de forças. Dito de outro modo, não se trata – nas tendências que estamos a referir – de uma visão *"ex-ante"* como o aconselharia o método hipotético-dedutivo *(crítico)* da ciência, sempre aberto à *"falsificabilidade"* (Popper), mas de uma formulação *"ex-post"* *(positivista)* adaptada a uma determinada "hegemonia", de origem eminentemente indutiva, mesmo se ela assume determinadas formas ditas de abstracção "pura"...

Este *indutivismo* é legitimado teoricamente em gabinetes de estudo privados, centros de pesquisa ou universidades, mas em última análise cabe às instituições internacionais a tarefa de o normalizar, impondo-o como uma axiomática de referência.

As instituições de Bretton Woods, onde este *"mainstream"* doutrinário é levado à prática, contam-se justamente entre as mais eficientes difusoras dos seus axiomas.

As instituições de Bretton Woods

A esse propósito, Joseph Stiglitz escrevia: "A próxima reunião do FMI levará a Washington muitos dos activistas que ajudaram a arruinar a reunião da Organização Mundial do Comércio no fim do ano passado. Eles dirão que o FMI é arrogante. Eles dirão que o FMI não sabe ouvir os países em desenvolvimento que, em tese, deveria ajudar. Eles dirão que o FMI é cheio de segredos e avesso a controlos democráticos. Eles dirão que os "remédios" económicos receitados pelo FMI frequentemente pioram as coisas – transformam 'arrefecimento' em recessão, e recessão em depressão. O argumento deles é bom. Fui economista--chefe do Banco Mundial de 1996 até Novembro passado, durante a mais grave crise económica global ocorrida em meio século. Vi como o FMI, de mãos dadas com o Departamento do Tesouro norte-americano, respondeu a ela. E fiquei horrorizado."[51]

Acrescenta-se ainda que o montante total das quotas-partes em dólares, fixado aquando da criação das instituições de Bretton Woods em 7,6 mil milhões de USD, corresponde hoje a 212 mil milhões de Direitos de Saque Especiais, ou seja a cerca de 285 mil milhões de USD. O montante total das quotas-partes (todos os países) situava-se à volta de 4% das exportações mundiais, o que significa que as quotas-partes dos países não progrediram tão rapidamente como o comércio mundial, sobretudo a partir de meados dos anos 80. Por essa razão os PED têm feito reiterados pedidos de aumento dessas quotas-partes, mas – para além de outras questões – a estrutura particularmente pesada do FMI tem dificultado esse revisão que daria certamente aos países do Sul (nomeadamente asiáticos) um maior peso do que aquele que detêm actualmente no seio da instituição. Esse desequilíbrio causa tensões que, neste âmbito, também não confirmam o optimismo liberal.

Conceitos e controvérsias da globalização

Para os heterodoxos, a globalização – apesar de muitos deles admitirem que esta não é necessariamente negativa em toda a sua extensão – pode revelar-se uma ameaça para as nações menos favorecidas, como se verifica pela polarização que se agudizou entre países ricos e países pobres na última década[52]. Certos investigadores afirmam também que a globalização "corresponderia menos a um facto, quer dizer a um novo regime internacional já estabelecido, do que a práticas e a uma argumentação com vista a reorganizar as economias dos países industrializados em proveito das empresas mais internacionalizadas"[53].

Aliás, se o tema da globalização se tornou omnipresente é também em grande parte porque permite às grandes firmas internacionalizadas pesar cada vez mais decisivamente sobre a redefinição das instituições económicas no seu espaço económico de origem[54].

---

[51] Cf. STIGLITZ, *O que eu aprendi com a crise mundial*, 1999, *op. cit.*

[52] Vd. HELLEINER, *op. cit., in* DAHMS 2000b.

[53] Cf. SERGE CORDELLIER, Sous la direction de, *La mondialisation au-delà des mythes*, Paris, La découverte, 2000: 36.

[54] Vd. CORDELLIER 2000, *op. cit..*

A Comunidade dos Países de Língua Portuguesa no contexto da Globalização   39

Desde logo, não se vê de que modo se aplicariam as "leis" do dito mercado (*livre*) à análise de uma conjuntura que, se não lhe é completamente estranha, se mostra pelo menos fortemente enviesada em relação à pretendida "elegância" do modelo. *Grosso modo,* tudo se passa como se se estivessem a extrair conclusões de premissas que se referem a um outro contexto, o que é duplamente discutível: nos planos lógico e epistemológico.

Na perspectiva da lógica formal parece haver aqui um raciocínio circular que subverte todas as regras silogísticas (as conclusões devem resultar das premissas); no plano epistemológico porque se trata de uma discutível tese "confirmacionista" que, a nosso ver, escapa dificilmente à ratoeira axiomática, na medida em que permite situações de resistência à refutação empírica. Ou seja, ignora a metodologia da "falsificabilidade" popperiana a qual, sejam quais forem os seus limites, afigura-se geralmente mais adequada em termos científicos[55].

Por outro lado, como lembrava há muitos anos um autor hoje injustamente esquecido (Bertrand Nogaro), "não basta que uma teoria nova apareça, mesmo que seja mais subtil do que as precedentes, para marcar um progresso, nem mesmo para merecer ocupar lugar na ciência (...). Um trabalho de selecção impõe-se, no decurso do qual é indispensável não perder de vista que o objecto da economia política não é de se entregar a exercícios de espírito a propósito dos fenómenos económicos, *mas de os explicar*".[56]

Note-se igualmente – como certos liberais o admitem – que o principal problema colocado pela economia de mercado e, *a fortiori*, pela globalização, é a sua regulação[57].

---

[55] Observa-se que o princípio da "falsificabilidade" preconizado por KARL POPPER como critério de demarcação entre o que é científico e o que não é científico, nos parece uma metodologia válida mesmo no campo das ciências económicas. Não partilhamos portanto a velha tese de MILTON FRIEDMAN segundo a qual os economistas não precisam que os seus pressupostos sejam "realistas", ainda hoje evocada por muitos. (Vd. M. FRIEDMAN, *The Methodology of Positive Economics*, in "Essays in Positive Economics", Chicago, 1989, pp. 3-43). Não acolhemos igualmente a ideia de MARK BLAUG, segundo o qual existiria na obra de Friedman um "travo" de K. POPPER (Cf. MARK BLAUG, *A metodologia da economia*, 2ª ed., Lisboa, Gradiva), nem tão pouco a tese, professada por alguns, segundo a qual haveria convergência ou semelhança entre o "liberalismo" de Popper e o de M. Friedman.

[56] BERTRAND NOGARO, *La méthode de l'Économie Politique*, Paris, Librairie Générale de Droit et de Jurisprudence, 1939, p. 272. (Sublinhado nosso).

[57] MONTBRIAL 2000, *op. cit.*: 42.

A concorrência supõe uma organização baseada num contrato social e a missão das instituições é justamente de facilitar essa convergência.

No que respeita às consequências da globalização, alguns investigadores heterodoxos apontam para a interacção de três lógicas que definem o processo de globalização[58].

A primeira conduziria à derradeira realização da modernidade ocidental; a segunda abriria caminho à destruição sistemática do Estado-providência e, por ricochete, do Estado-nação[59], sancionando deste modo o "fim do político"; a terceira resultaria num movimento de erosão, ou mesmo destruição, da maior parte das culturas a Norte e a Sul do planeta, cuja fase terminal seria a mundialização da comunicação[60].

Os autores que pensam assim não sustentam, porém, que a conjugação destas lógicas abre caminho ao "fim da história" de inspiração hegeliana popularizado por Fukuyama[61].

Com efeito, a última década do século XX demonstrou, contrariamente a certas previsões catastrofistas dos anos 70[62], que o crescimento em vários países do Sul permitiu em certa medida que algumas centenas de milhões de pessoas se libertassem da pobreza.

Mas, ao mesmo tempo que se verifica essa evolução positiva, constata-se igualmente que uma parte substancial da humanidade vê a sua situação deteriorar-se, não beneficiando da imensa riqueza criada pela economia mundial, em especial nas duas últimas décadas. A po-

---

[58] Cf. PHILIPPE ENGELHARD, *O homem mundial*, trad. port., Lisboa, Instituto Piaget, 1998.

[59] Um filósofo (Taine) dizia que muito pior do que um Estado mau é a supressão do Estado. De facto, a revista *Courrier de l'Unesco* (Fevereiro de 2001) publicou recentemente um *dossier* sobre a demissão, falência e mesmo ausência do Estado em diversas regiões do mundo. As consequências revelam-se literalmente destruidoras e profundamente regressivas para as populações, mesmo quando estas se organizam para sobreviver. São paradigmáticos os casos da Colômbia, Haiti, República do Congo (ex-Zaire), Somália, Guatemala e Afeganistão.

[60] *Ibid.*, p. 11

[61] FRANCIS FUKUYAMA, *O fim da história e o último homem*, trad. port., Lisboa, Gradiva, 1992. Ver outros títulos do mesmo autor na bibliografia.

[62] Nomeadamente certas correntes das "Teorias da Dependência", entre as quais se pode destacar a conhecida posição de Gunder Frank relativamente à sua tese do "desenvolvimento do subdesenvolvimento".

breza[63] continua a aumentar em números absolutos[64], o que é reconhecido por diversas instituições internacionais. Tal situação seria a consequência mais imediata da interacção das lógicas atrás apontadas.

Daí a necessidade de apontar algumas ideias controversas ou mal definidas que, a nosso ver, têm contribuído para uma certa falta de clareza do debate.

Em primeiro lugar não é inútil chamar a atenção sobre uma questão de reflexão quanto a um ponto essencial do debate: a globalização estará de facto a conduzir à "destruição do Estado-nação"? Ou deverá a globalização ser vista essencialmente como uma nova forma de "reorganização da hierarquia dos Estados", em termos de poder e de precedência?

A primeira tese é largamente partilhada pelos heterodoxos, mas certos especialistas de geopolítica inclinam-se para a segunda[65]. A resposta não é simples. Em todo o caso, as consequências afiguram-se substancialmente diferentes num e noutro caso.

Por outro lado importa reavaliar a ideia de que qualquer intervenção no mercado é mais perniciosa do que benéfica, e, desde logo,

---

[63] Deve notar-se no entanto que o conceito de "pobreza" é por vezes pouco claro e que os dados quantitativos podem encerrar alguma ambiguidade. SERGE LATOUCHE adopta nesta matéria uma perspectiva relativista, interessante pelas pistas que abre, mas que nos suscita algumas reservas. Este autor observa que «o que desqualifica a pobreza para apreender as dificuldades da vida quotidiana em África é que – conceito ocidental e económico – ela só pode "funcionar" no pressuposto de uma sociedade individualista. Na sociedade onde reina ao mesmo tempo a solidariedade e a hierarquia, isso não é pertinente. A pobreza pressupõe sempre o confronto do homem isolado face à sua impotência. Numa sociedade não individualista, o grupo é inteiramente rico ou pobre, mesmo se o indivíduo está numa situação que responde aos critérios inversos: pobre num grupo rico ou rico num grupo pobre. O problema já não é então um problema de pobreza económica unicamente de pessoas (...). Por outro lado é preciso um mínimo de sentido cívico e não de solidariedade étnica, tribal, etc., para que a pobreza "funcione" (...). Numa sociedade não individualista e sem civismo, a categoria da pobreza não é por conseguinte uma categoria *operatória*». Cf. SERGE LATOUCHE, *L'autre Afrique – Entre don et marché*, Paris, Albin Michel, 1998.

[64] Num dos seus últimos livros, HENRI BARTOLI sublinha que "se nunca houve tantas riquezas, nunca houve tantos pobres". Cf. HENRI BARTOLI, *Repenser le développement*, Paris, Unesco/Economica, 1999.

[65] AYMERIC CHAUPRADE, *Introduction à l'analyse géopolitique*, Paris, Ellipses, 2000.

que a célebre "mão invisível"[66] deve ser interpretada à letra, no sentido liberal, bem entendido (mas Joan Robinson também observava com humor que "a mão invisível pode servir para estrangular"...), quase como se fora uma *lei da física*, por assim dizer[67]. Mas se devemos recusar sacrifícios rituais no altar da *teologia de mercado* (Adriano Moreira), também não devemos negar a importância fundamental deste para a análise da situação económica e social, o que foi absurdamente esquecido por não poucos autores heterodoxos na euforia dos anos 60-70.

Em seguida, as noções de "mercado livre" e de total "desintervenção" do Estado, tão evocadas pelo liberalismo mais radical, são conceitos pouco claros ou mesmo imprecisos. É óbvio que os mecanismos de mercado, tanto quanto os mecanismos de coordenação mercantil, não funcionam nem sem *instituições*, entendidas como organismos que fixam regras e que dispõem de meios de as fazer respeitar; nem sem *convenções*, ou seja normas e princípios imateriais que criam a indispensável confiança entre os actores para fazer funcionar os mecanismos de mercado. Sem contar que a perspectiva liberal confunde demasiadas vezes *instituições* e *governo*, tudo amalgamado no conceito de *Estado*, o que é inexacto[68].

Finalmente, resta ainda saber – tendo em vista a conjuntura actual – qual o significado que deve ser atribuído ao conceito de "mercado". É óbvio, como nota Engelhard, que na situação actual este conceito já não pode ser confundido com o de *"mercado concorrencial"* que continua a ser evocado. Por exemplo, os elementos sobre a origem dos fluxos de investimentos directos estrangeiros no mundo revelam uma

---

[66] A expressão de Adam Smith é – a nosso ver - erradamente transformada numa ideia central na obra deste autor, cuja autoridade daria cobertura a alguns excessos. Na verdade Adam Smith apenas refere, de passagem e de maneira alegórica, a expressão *"mão invisível"* em duas passagens da sua obra: uma na *Riqueza das Nações* (Lisboa, Gulbenkian, 1.º vol. 1981, 2.º vol. 1983)) e outra na *Teoria dos Sentimentos Morais* (S. Paulo, Martins Fontes, 1999). A interpretação abusiva a que ela deu lugar já foi discutida por especialistas anglo-saxónicos. Vd eventualmente em português: ADELINO TORRES, *A economia como ciência social e moral: algumas observações sobre as raízes do pensamento económico neoclássico: Adam Smith ou Mandeville?*, revista "Episteme", Lisboa, Universidade Técnica de Lisboa, I, n.º 2, 1998, pp. 95-122.

[67] Como diz ENGELHARD: "Em economia, diferentemente do que se passa em física, as pedras não caem sempre da mesma maneira" (Engelhard 1998).

[68] Cf. PIERRE-NOËL GIRAUD, 1996: 61.

grande concentração de capitais nas chamadas firmas transnacionais (FTN), nomeadamente nos países desenvolvidos.

Como observa Harry Dahms, tem sido um truísmo do pensamento económico considerar que o princípio do mercado é o mecanismo mais desejável para assegurar a divisão do trabalho, o crescimento, o desenvolvimento e, através da concorrência, mais produtividade e eficácia. No entanto, em que medida esta presunção é adequada numa perspectiva analítica e como base de políticas económicas?

Atribuem-se hoje, nota Amartya Sen, "tais virtudes ao mercado que já não se pensa sequer em pedir-lhe contas. Quem quer que se obstine em mencionar os seus defeitos revela uma empedernida e antiquada mentalidade, uma inadaptação ao espírito do tempo, como se continuasse a ouvir músicas de 1920 em discos de 78 rotações. Preconceitos antigos deram lugar a novos. Considera-se heresia a verdade de ontem e a heresia de ontem passou a ser a nova superstição (...). O dogma do dia (em favor de uma pura economia de mercado) deve ser submetido a um exame rigoroso e, a meu ver, ser parcialmente rejeitado."[69]

Se o mercado é ainda um elemento importante da conjuntura, também já não é possível deixar de reconhecer que o "processo económico já não pode ser explicado em termos de lógica de mercados". Basta recordar que no final do século XX "as 200 maiores firmas transnacionais empregavam menos de 0,75% da força de trabalho mundial embora representassem 28% da actividade económica do mundo, enquanto que, por outro lado, as 500 maiores empresas atingiam 70% do comércio mundial"[70]. Mesmo considerando que estas estimativas são algo imprecisas, elas não deixam de chamar a atenção sobre a natureza dos mecanismos de mercado ditos "auto-reguladores" como categoria analítica e descritiva da problemática socio-científica. Tudo leva a crer que a noção de "mercado, como categoria empiricamente viável", perdeu a sua utilidade analítica, e que a categoria de "mercado" necessita ser substituída pela de "rede" (*network*) que funciona segundo o princí-

---

[69] AMARTYA SEN, *Development as Freedom*, 1999: 111-112.

[70] Segundo o *World Investment Report 1999*, das Nações Unidas, em 1997 as 100 maiores FTN do Norte empregavam um total de 11,6 milhões de pessoas (menos 1,5 % do que em 1996) enquanto que as 50 maiores FTN do Sul empregavam 1,7 milhões de pessoas (mais 9,7 % do que em 1996).

pio da *"concentração sem centralização"* [71], o que é também discutido por Manuel Castells na sua monumental obra sobre a *era da informação*[72].

O papel das firmas transnacionais

Note-se que o fenómeno de concentração transnacional tem vindo a acelerar-se sobretudo desde 1998, marcado por *super-fusões* reagrupando frequentemente empresas oriundas de países diferentes. Este processo não é inédito na evolução do sistema capitalista. O que é novo é o aparecimento de firmas transnacionais oriundas dos países em desenvolvimento do Sul. Certos autores interpretam-no como uma nova modalidade da unificação do mercado mundial expressa no que chamam o «*Império do 'capital colectivo'*», no qual «*participam tanto os capitalistas americanos como os seus homólogos europeus, tanto os que constróem a sua fortuna na corrupção russa como os do mundo árabe, da Ásia ou da África que podem permitir-se enviar os seus filhos a Harvard e o seu dinheiro a Wall Street*"[73]

A explicação vale o que vale, mas resta um problema mais imediato: o do redobrado vigor, tanto a Norte como a Sul, das tendências oligopolísticas.

É certo que há autores para os quais a concentração e a concorrência não são necessariamente antagónicas, quer dizer que *a concentração é apenas uma mudança na dimensão da concorrência*[74].

Nessa perspectiva, a concentração seria tão somente uma forma de passagem da concorrência no espaço local à concorrência no espaço nacional.

Donde se conclui que o actual movimento de abertura das fronteiras impulsionado pela OMC, de concerto com os governos do Norte, e a concentração oligopolística que dele decorre, é o único meio de as

---

[71] Cf. HARRY F. DAHMS, *Epilog*, in *DAHMS* 2000a: 424-425.

[72] MANUEL CASTELLS, *L'ère de l'information,* trad. francesa em 3 vols.

[73] TONI NEGRI, *Vers l'agonie des États-nations? "L'Empire", stade suprême de l'ímperialisme*, "Le Monde Diplomatique", (Paris), janvier 2001: 3

[74] Vd. ANDRÉ PIATTIER, *En guise d'introduction*, in "André Piattier *et alii*", *Les formes de la concurrence*, Paris, Gautier-Villars, 1964.

empresas serem concorrenciais efectuando a última passagem, desta vez para o espaço mundial.

A observação é pertinente, mas torna-se necessário indagar ainda se a questão da *"dimensão"*, ou melhor do poder que decorre dessa dimensão, não poderá ter outras consequências para além das estritamente económico-administrativas.

Consequências que poderiam significar – muito para lá da simples "mudança de métodos" – que a *dimensão* também é susceptível de dar origem a uma verdadeira *"mutação de objectivos"*, no sentido em que as FTN, extravasando o âmbito técnico-económico que é o seu, se imiscuiriam na esfera da decisão política propriamente dita.

Em tal hipótese, a sua acção adulteraria as competências do Estado, ou, em última análise, esvaziaria as regras da democracia constitucional arrastando com ela os fundamentos da democracia deliberativa, e, mais amplamente, da "razão pública"[75] de que fala John Rawls.

Na prática podemos já detectar manifestações dessa tendência, nomeadamente nas versões mais radicais[76], quando os seus partidários evocam a exclusiva "legitimidade" do mercado com vista a combater e a desacreditar o Estado[77] – e não apenas, por admissíveis razões partidárias, este ou aquele governo – proclamando sem *nuances* que o *"económico deve sobrepor-se ao político"*.

Ao fim e ao cabo este pensamento utilitarista de senso comum revela-se teoricamente medíocre, mas pode, no entanto, ter uma séria consequência: contribuir para subverter a lógica da *"razão pública"*, o que não é de somenos importância...

---

[75] RAWLS escreve: "A ideia da razão pública esquematiza ao nível mais profundo os valores morais e políticos básicos que irão determinar a relação de um governo constitucional com os seus cidadãos e as relações destes entre si". Cf. JOHN RAWLS, *A lei dos povos*, trad. port., Coimbra, Quarteto, 2000: 144.

[76] Por exemplo na escola dos chamados *"anarco-capitalistas"* – mas não só – animada por David Friedman (filho de Milton Friedman) o qual critica o pai e Hayek por não serem suficientemente radicais na sua filosofia anti-Estado. Cf. MICHEL BEAUD et GILLES DOSTALER, *La pensée économique depuis Keynes*, Paris, Seuil, 1993: 159.

[77] K. POPPER, no final da sua vida relembrava numa entrevista que "não há mercado livre sem intervenção do Estado. O que afasta de imediato certas ideias correntes: não pode haver mercado livre, sejamos claros, sem intervenção do Estado". Cf. KARL POPPER, *La leçon de ce siècle*, Paris, Anatolia Editions, 1993: 65 ("Coll. 10/18").

Seja como for, este fenómeno da concentração transnacional coloca pelo menos a questão fundamental do reforço do poder de certa variante de "mercado" ao nível internacional. É certo que tais operações de concentração estão submetidas nos EUA à *Federal Trade Commission* e, na Europa, à *Comissão Europeia*. Mas fora desses dois espaços – e a CPLP situa-se em parte no seu "exterior", se se pode dizer, o que reforça a dificuldade ou mesmo a precariedade do projecto, na medida em que não é visível nenhum mecanismo interno, regulador ou de coesão, que a coloque ao abrigo de factores exógenos de dominação incontrolável – a consolidação do poder do mercado não é submetida a qualquer vigilância, havendo fortes razões para recear que se reforcem posições a nível internacional que multipliquem os abusos.[78]

A experiência dos últimos decénios demonstra tanto o carácter ilusório de certas utopias "ultraliberais" (automatismos à semelhança das leis da natureza), como o erro do Rudolf Hilferding no seu conhecido livro *Das Finanz Kapital*[79] (1910) quando escrevia: "Com a concentração do capital aumenta o poder do empresário na luta pelo contrato de trabalho, *mas também a capacidade de organização dos operários concentrados*"[80].

Os efeitos práticos das primeiras estão longe de corresponderem à harmonia das previsões teóricas, se recordarmos os surpreendentes paradoxos da economia contemporânea[81]: acumulação de meios técnicos e financeiros como nunca antes fora visto, e concomitante espiral de pobreza, desemprego, tensões e violências latentes ou declaradas...

De igual modo, diferentemente do que Hilferding vaticinou, o movimento sindical acumulou *"um atraso histórico em relação ao processo de internacionalização do capital"*[82], ao mesmo tempo que as firmas transnacionais procederam a uma "deslocalização" que contraria igualmente a tendência mencionada para o sector laboral...

---

[78] JEAN-MARIE CHEVALIER, *La concentration économique et ses limites*, in "Michaud" 2000: 646-654.

[79] RUDOLF HILFERDING, *Le capital financier*, trad. fr., Paris, Les Éditions de Minuit, 1970.

[80] HILFERDING, *op. cit.*: 477 (itálico nosso).

[81] Vd. PAUL ORMEROD, *A economia borboleta – Uma nova teoria geral do comportamento sócio-económico*, trad. port., Lisboa, Europa-América, 2000.

[82] Cf. ANNIE FOUQUET *et alii* (Coordination de), *Le syndicalisme dans la mondialisation*, Paris, Les Éditions de l'Atelier, Paris, 2000: 77 (itálico nosso).

Como é que os dados do problema poderão ser alterados é matéria actualmente em debate no mundo inteiro.

Uns mantêm-se ainda confiantes ao leme da nau liberal, mas já sem saberem se encontrarão ao largo um mar de acalmia ou de tormentas[83].

Outros preconizam a criação de autoridades mundiais de regulação[84], ou a formação de "alianças transnacionais entre ONG, movimentos sociais, partidos políticos e confederações sindicais" agindo no próprio seio da OMC.[85]

Mas talvez uma das originalidades do período actual seja a presença do elemento *"contestabilidade"* das políticas públicas, que se expande desde Seattle.

O que demonstra, aliás, que a *globalização*, submetida a interpretações diversas e frequentemente contraditórias, não é em todo o caso uma situação unívoca ou fechada sobre si própria, donde a complexidade e ambiguidade do conceito.[86] Não sem razão, Giorgio Colli anotava que "a nossa visão está já modificada pelos nossos conceitos. Os conceitos são relações, não abstracções."[87]

Relativamente à origem das firmas transnacionais que actuam na economia mundial, as estatísticas de 1997 mostram a preponderância dos EUA entre as 100 maiores FTN do mundo: quase um terço delas são de origem norte-americana. Nesse grupo só figuram duas FTN provenientes do Sul: uma da Venezuela e outra da Coreia do Sul. A maior do mundo em termos do total de activos é a americana General Electric (indústria electrónica) com 304 mil milhões de USD.

---

[83] GEORGE SOROS, conhecido financeiro internacional, habitual frequentador do Forum Económico Mundial de Davos, participou desta vez (2001) no Forum Social Mundial de Porto Alegre onde defendeu reformas. A sua iniciativa, mal compreendida por alguns, merece atenção, tanto mais que a intuição ou capacidade de previsão do bem informado Soros não precisam ser comprovadas...

[84] JEAN-MARIE CHEVALIER, *La concentration économique et ses limites*, in "Michaud" 2000: 646-654.

[85] Cf. ANNIE FOUQUET 2000, *op. cit.*

[86] Vd. JOSÉ CARLOS VENÂNCIO, *O facto africano: elementos para uma sociologia de África*, Lisboa, Vega, 2000: 128-133; LUÍS LOBO FERNANDES, *O modelo Global: espaço de teste da paz e segurança internacionais*. Dactilografado. Manuscrito inédito facultado pelo autor (Fevereiro 2001), a publicar na revista "Nação e Defesa" (Lisboa); ADELINO TORRES, *Prefácio*, in "Romano Entzweiler", *Os desafios de tributar na era da globalização*, Florianópolis/Brasil, Editora Diploma Legal, 2000.

[87] GIORGIO COLLI, *Nietzsche: Cahiers posthumes III*, Paris, Éditions de l'Éclat, 2000: 103.

No total das 100 maiores FTN do mundo, 98 pertencem a países do Norte e 76 a apenas 5 países: EUA, Japão, França, Alemanha e Reino Unido.

Se examinarmos, por outro lado, as 50 FTN mais importantes dos países do Sul (quadro 2), surge em primeiro lugar uma FTN proveniente da Venezuela (Petroleos de Venezuela, S.A.), a qual possui um total de activos de 47 mil milhões de USD, correspondendo a cerca de 15% da maior FTN do Norte (General Electric).

Podem observar-se as seguintes características:

Dos 16 países do Sul donde são provenientes FTN, 5 são latino-americanas e 8 asiáticas. A África só está representada pela República da África do Sul e o Médio Oriente pela Arábia Saudita.

QUADRO 2
**As 50 maiores FTN dos Países em Desenvolvimento
classificadas por activos no estrangeiro**

País de origem e número de FTN por país	Montante total agregado dos activos das FTN de cada país em 1997 (em milhões de USD)
Hong Kong (8 FTN)	58 808
China (6)	26 488
Coreia do Sul (6)	91 239
Brasil (5)	56 375
Singapura (4)	18 653
Chile (4)	28 303
África do Sul (3)	11 307
México (3)	15 217
Argentina (2)	17 211
Malásia (2)	36 330
Taiwan (2)	6 796
Hong Kong/Bermudas (1)	11 970
Venezuela (1)	47 148
Filipinas (1)	3 020
India (1)	6 175
Arábia Saudita (1)	18 187
China + Hong Kong + Hong Kong/Bermudas (15)	97 266

UN, 1999, p. 86 sgs. (cálculos nossos)

A Comunidade dos Países de Língua Portuguesa no contexto da Globalização   49

NOTA: Se compararmos a classificação referente às 100 maiores Firmas Transnacionais dos países desenvolvidos com a classificação das 50 maiores provenientes dos países em desenvolvimento, constatamos que o desfasamento é considerável. Basta referir que o total dos activos da primeira FTN dos países do Sul, que é a indústria petrolífera da Venezuela (47 mil milhões de USD), corresponde a pouco mais do que 15 % dos activos totais da primeira classificada dos países do Norte, ou seja a General Electric dos EUA (304 mil milhões de USD).

Mas se, apenas para fixar ideias, medíssemos a "capacidade financeira" de cada país agregando os activos totais das firmas transnacionais dele provenientes, verificaríamos – o que passa por vezes desapercebido – que a China se sobrepõe aos restantes na medida em que Hong Kong integra agora aquele país. Ou seja, as FTN da China continental (6 FTN) mais as FTN de Hong Kong (8 FTN), a que se acrescenta a FTN que é copropriedade de Hong Kong e Bermudas, formam 15 firmas transnacionais chinesas com activos totais no valor de 97.266 milhões de USD. Se agregarmos da mesma forma o número e correspondentes activos das FTN latino-americanas, obteríamos 19 FTN com um total de activos correspondente a 120 126 milhões de USD. A assinatura do acordo entre a China e os EUA em 15 de Novembro de 1999, abriu àquele país a porta para a adesão à OMC. O acordo que assinou posteriormente com a União Europeia, em 19 de Maio de 2000, sobre a abertura recíproca dos mercados, confirma essa orientação. Falta saber quais as consequências da irrupção da China na economia mundial e quais os meios de "pressão" que poderão ser utilizados para afrontar o rude desafio de levar a China a abandonar o regime autocrático vigente, o trabalho de prisioneiros que não é excessivo assimilar ao trabalho escravo, o "dumping" social, etc.

Quanto à África do Sul, os activos das suas 3 FTN somam 11.307 milhões de USD.

É evidente que a proveniência geográfica de uma firma não é suficiente para a considerar de determinada nacionalidade, tanto mais que a circulação mundial dos capitais bem como o seu anonimato (sem falar dos "paraísos fiscais") não facilitam a identificação da sua real propriedade. Podemos no entanto considerar aquele indicador um elemento de trabalho útil.

A existência de firmas poderosas que surgiram nos países do Sul permite chamar a atenção para dois pontos:

Se a actividade de grandes e modernas empresas transnacionais tem naturalmente as vantagens da dimensão e, teoricamente, de uma maior "eficiência", não é menos verdade que elas estão a contribuir, ao nível mundial, para um vazio político e para uma flagrante ausência de projecto, na medida em que, como já se disse, não há organização política que exerça uma soberania supranacional e imponha uma ordem jurídica digna desse nome.

Muitos autores interrogam-se também sobre o declínio africano comparado com o de outros continentes. A observação tem razão de ser se nos lembrarmos que o estádio de desenvolvimento em que se encontrava a África nos anos 60 era pelo menos equivalente ao da maioria dos países asiáticos. A distância entre a Ásia e a África é hoje considerável, o que parece demonstrar que as políticas asiáticas terão sido mais apropriadas do que as aplicadas em África.

Por outro lado, embora o desnível de poder económico entre as FTN do Norte e do Sul seja importante, a mesma tendência ao crescimento e à concentração parece delinear-se em ambos os hemisférios. O caso da China é particularmente evidente.

Mas seria excessivo interpretar esta aparente "convergência" como um elemento "nivelador" (ou de junção) entre os Estados do Norte e do Sul, susceptível de os aproximar num mesmo *élan* de desenvolvimento interdependente e de pacífica solidariedade.

Uma tese aparentada, embora de conteúdo distinto, foi outrora defendida por Raymond Aron relativamente a uma pretendida semelhança na evolução "técnico-económica" dos regimes capitalista e comunista dentro do que R. Aron chamava a *"sociedade industrial"*, chegando a ter alguns convictos defensores, entre os quais um empresário americano, Samuel Pisar[88], mas é por de mais conhecido que se revelou uma ilusão.

Também por razões diferentes, poder-se-ia talvez dizer algo de semelhante no caso das relações entre *"ex-colonizadores"* e *"ex-colo-*

---

[88] É aliás curioso que um intelectual tão lúcido e bem informado como RAYMOND ARON tenha incorrido nesse erro sobre cujas raízes filosóficas valeria ainda a pena voltar a discutir um dia... Nessa matéria, Karl Popper viu melhor a origem da clivagem e mais fundo a incomensurabilidade das matrizes disciplinares subjacentes à "democracia ocidental" por um lado, e ao "comunismo soviético" por outro. Aliás, para adoptar a linguagem de Feyerabend, os casos concretos em epígrafe são menos "teorias" do que "enunciados de observação", confusão que nem sempre foi deslindada nesta velha discussão...

A Comunidade dos Países de Língua Portuguesa no contexto da Globalização   51

nizados" o que, pelos vistos, ainda tem sentido integrar nas análises Norte-Sul ou relativas à CPLP[89].

O "Consenso de Washington"

A maneira como os espaços regionais se inserem no contexto mundial é, em grande parte, condicionada pela percepção que as instituições internacionais – em particular o Fundo Monetário Internacional (FMI) e o Banco Mundial (BM) – têm da conjuntura internacional[90]. As duas instituições criadas em 1944 em Bretton Woods conjugam

---

[89] Não é este o lugar para desenvolver o assunto. Mas não podemos deixar de chamar a atenção para certas análises sobre o chamado "Terceiro Mundo" que repousam em meros equívocos. Com efeito, o problema dos intelectuais e cientistas ocidentais reside, com honrosas excepções, em lerem quase sempre a realidade da África ou da Ásia com os critérios da sua própria cultura num sempiterno "etnocentrismo" cuja monotonia é pouco recreativa... O desinteresse das editoras europeias pelos autores do Terceiro Mundo contribui também em grande medida para esta ignorância. Relembra-se que um dos primeiros livros publicados há quase 50 anos sobre os problemas do "desenvolvimento" e da história asiática foi o de um intelectual indiano, ainda hoje citado: K. M. PANIKKAR, autor de *Asia and Western Dominance* (1953). Panikkar dá-nos um duro e (para muitos) surpreendente exemplo de como os ocidentais e a sua história são vistos por intelectuais asiáticos. Embora num outro contexto, o mesmo se poderia dizer, no que se refere ao continente africano, de Franz Fanon. Ver também: ALFREDO MARGARIDO, 2000, *op. cit.* Quer se admita ou não, as questões históricas (para não falar das "raciais") irão ensombrar durante muito tempo as relações entre o Norte e o Sul, especialmente quando são aproveitadas com demagogia e má fé, como o demonstra a entrevista dada à revista *Lusofonia* (*op. cit.*, Outubro-Novembro 2000) pelo Embaixador brasileiro Elim Dutra, Director-Geral da Agência Brasileira de Cooperação (ABC). Este, ao citar o Presidente F. H. Cardoso segundo o qual o "Brasil não é um país pobre: é um país injusto", achou útil acrescentar da sua própria lavra que **"esta injustiça não é de hoje, vem de 500 anos atrás"**, curiosa frase que é lícito interpretar como sendo uma maneira de dizer aos africanos que *estamos todos (Brasil e PALOP) contra o antigo colonizador...* O que dá uma ideia das dificuldades que esperam a CPLP se este tipo de mentalidade prevalecer... Só chamamos a atenção para o assunto em contraponto ao optimismo *acrítico* com que a CPLP é por vezes encarada, o que não ajuda em nada a prossecução de uma política onde prevaleça um espírito comunitário de progresso – ou seja, virado para o futuro e não para o passado - que se sobreponha a slogans de circunstância e a certas modalidades já desfasadas da "liturgia nacionalista" ...

[90] Vd. SINGER 1995.

52 *Cooperação Económica*

geralmente o essencial das suas ideias e esforços formando o que se chamou o *"Consenso de Washington"*[91].

O "Consenso de Washington", que tem estruturado nos últimos vinte anos as relações entre as instituições de Bretton Woods e os países do Sul, tem tido como principais palavras de ordem a privatização, a liberalização e o respeito dos grandes equilíbrios económicos. Estas orientações foram vivamente criticadas por diversos autores. O ex--vice-presidente do Banco Mundial, Joseph Stglitz[92], por exemplo, defendeu a necessidade de ultrapassar essa perspectiva, porque "os objectivos do desenvolvimento são mais vastos do que os que são tomados em consideração nesse *consenso,* as políticas que este preconiza são insuficientes e, na prática, certos actores do desenvolvimento que tiveram sucesso fizeram pouco caso dessas proposições. Tal *consenso* confundiu demasiadas vezes os meios com os fins: tomou a privatização e a liberalização das trocas como fins em si, em vez de como meios de um crescimento mais duradouro, equitativo e democrático". Por outro lado, o Consenso de Washington "concentrou-se em demasia sobre a estabilidade dos preços, em lugar do crescimento e estabilidade da produção". Também não soube reconhecer que o reforço das instituições financeiras é tão importante para a estabilidade económica como o controlo dos défices orçamentais e da massa monetária. Concentrou--se sobre as privatizações mas não deu importância à infra-estrutura institucional necessária ao bom funcionamento dos mercados e, particularmente, à concorrência".

A chegada à presidência do Banco Mundial de James Wolfenshon em 1995 contribuiu até certo ponto para algumas mudanças positivas. Na verdade subsistem fortes dúvidas que J. Wolfenshon, submetido a pressões várias, possa levar a cabo esta "nova doutrina", como o mostra o facto de ter sacrificado o vice-presidente Joseph Stiglitz. A mais recente eleição de um novo presidente dos EUA, cujo conservadorismo é conhecido, também não incita ao optimismo nesta matéria. Por isso nos parece exagerado falar, como alguns, de "nova doutrina" do Banco

---

[91] O "Consenso de Washington" designa um conjunto de recomendações neoliberais emanando das duas instituições de Bretton Woods: FMI e BM.

[92] JOSE STIGLITZ, Discurso pronunciado na CNUCED no quadro das "Conferências Prebisch" em 19 de Outubro de 1998. Traduzido em francês pela revista *L'Économie Politique* (Paris), 5, 2000, com o título «Vers un nouveau paradigme pour le développement».

A Comunidade dos Países de Língua Portuguesa no contexto da Globalização   53

Mundial para o século XXI num quadro de "desenvolvimento integrado" de "combate à pobreza".

Tanto esta instituição como o FMI puseram ultimamente o acento tónico no problema da "pobreza" e não tanto na estabilização e crescimento. Aparentemente é uma mudança de atitude encorajadora que dá aos países do Sul oportunidade de iniciativas. Mas que não se traduz necessariamente em boas notícias para os pobres, diz J. Madeley: em muitos casos as exigências dos planos de ajustamento estrutural dos Banco Mundial-FMI são bem mais duras do que as exigidas pelos regulamentos da OMC, e os países em desenvolvimento ficam com obrigações que vão para lá dos compromissos que assumem com a OMC[93].

Enfim, é útil não perder de vista que o artigo 1.º dos estatutos do Banco Mundial foi escrito em Julho de 1944 e mantém-se inalterado desde então. Para além de generalidades sobre "desenvolvimento" esse artigo apresenta, em duas alíneas, aquilo que são os objectivos fundamentais desta instituição: **a expansão do comércio e a expansão do investimento privado internacional**[94]. Não se vê, com excepção de inflexões sem consequências decisivas ou de retóricas cosméticas, por que razão seriam radicalmente alterados princípios que formam, ainda hoje, o núcleo duro de uma filosofia que continua consignada estatutariamente...

É actualmente claro que as estratégias económicas da última década, encorajadas pelas instituições financeiras multilaterais, tiveram, tal como as suas congéneres dos anos 60-70 por razões diferentes, efeitos limitados ou negativos sobre o processo de desenvolvimento, especialmente devido à *"financeirização"* da economia global e ao consequente endividamente externo dos países do Sul desde os anos 80.

No seu último relatório intitulado *Combater a pobreza* (2000), o Banco Mundial pretende agora demarcar-se de um discurso baseado nas virtudes das políticas macro-económicas e do ajustamento estrutural, concretizando uma mudança que começara a delinear-se desde meados dos anos 90, quando os estragos sociais provocados pelo ajustamento e a sucessão de crises financeiras abalaram os "bons alunos" asiáticos. Daí a reabilitação de um certo número de ideias quanto ao papel do Estado, das instituições e da necessidade de lutar contra as de-

---

[93] JOHN MADELEY, *Hungry for Trade*, Londres, Zed Books, 2000: 59
[94] CHRISTIAN COMELIAU, *Les impasses de la modernité*, Paris, Seuil, 2000: 171.

sigualdades, ideias que tinham sido afastadas pela vitória das teses ultra-liberais desde o início dos anos 80. Mas para ajudar os PED a prevenir e a ultrapassar os incidentes negativos da globalização económica e financeira, tirando proveito dessa globalização e adaptando-se às novas regras do jogo e às oportunidades eventualmente oferecidas, a comunidade internacional terá que ir mais longe. Não apenas repensando "estratégias e políticas de desenvolvimento que tenham em conta os aspectos sociais, humanos e ambientais do desenvolvimento"[95], mas reformando profundamente as velhas instituições de Bretton Woods. Infelizmente, pelo menos nos próximos anos, pensamos que se trata de uma tarefa improvável...

Como já se disse as primeiras controvérsias no seio destas organizações surgiram no início dos anos 90 por ocasião do relatório sobre o "milagre" asiático. O Banco Mundial reconheceu então a divergência sobre o papel do Estado entre os que ele próprio denominava "revisionistas" e "neoclássicos" mas decidiu em favor dos segundos. O seu *Relatório do desenvolvimento no mundo* (1997), consagrado à "intervenção" do papel do Estado no desenvolvimento, apenas concedeu a este uma (tímida) participação numa política mista de *partnership* e de incitação ao investimento do sector privado.

No essencial são as ideias de um liberalismo ortodoxo e rígido, especialmente na sua vertente financeira, que continuam a impor-se, em especial no que se refere à circulação dos movimentos de capitais, incluindo os de curto prazo, apesar das inúmeras críticas a esses movimentos erráticos e especulativos que nada acrescentavam ao crescimento das economias asiáticas. A crise dos países asiáticos a partir de 1997 veio confirmar as razões dessa inquietação, mas a liberalização da economia continua incluída nas *condicionalidades* das instituições de Bretton Woods, especialmente do Fundo Monetário Internacional.

Apesar das críticas fundamentadas de que tem sido alvo o FMI continua – com o consentimento dos governos que nele participam e cuja responsabilidade não pode ser escamoteada ou endossada ao FMI, como o seu próprio ex-Director-Geral, Michel Camdessus, o denunciou recentemente[96] – a aplicar as mesmas receitas sejam quais forem as cir-

---

[95] Cf. CNUCED, *op. cit.*, *Rapport de la Conférence des Nations Unies sur le Commerce et le Développement sur sa dixième session – Tenue à Bangkok du 12 au 19 février 2000*, UN, Genebra, Doc. TD/390 de 21 septembre 2000.

[96] HENRI TINCQ, *Michel Camdessus, ancien directeur général do FMI: "Être chrétien, c'est rechercher le bien public"*, "Le Monde" (Paris), 16 de Janeiro de 2001.

cunstâncias e a diversidade dos casos, factor também apontado por Joseph Stiglitz. Num dos seus mais recentes escritos, este refere que o FMI "apoia as instituições democráticas dos países que auxilia. Na prática, ele enfraquece o processo democrático com a sua imposição de políticas". De facto, prossegue, "os críticos acusam a instituição de adoptar uma abordagem "fábrica de salsichas" para lidar com a economia, e eles estão certos (...). Os especialistas do FMI acreditam que são mais brilhantes, que têm melhor formação e que são menos politicamente motivados do que os economistas dos países que visitam. Na realidade os líderes económicos daqueles países são muito bons – em muitos casos mais brilhantes ou têm melhor formação do que o *staff* do FMI, que frequentemente consiste em estudantes de terceira categoria de universidades de primeira categoria (...). Falando francamente, se eu perguntasse num exame *"Qual deve ser a postura fiscal da Tailândia"*, e se um aluno meu escrevesse a resposta dada pelo FMI, apanhava um zero."[97]

Para os heterodoxos, se de facto o Estado não deve ter como missão nem reparar as falhas do mercado nem substituir os agentes privados investindo no seu lugar, tem todavia, numa perspectiva politicamente moderada, um papel essencial: oferecer aos agentes privados, por intermédio de incitações diversas, um quadro de acção seguro que lhes permita investir no longo prazo (Stiglitz). A política mista consistiria então numa relação contratual entre o privado e o público e não numa definição *a priori* da produção de bens e serviços relevando de uma esfera ou de outra.

Ética num mundo global

No entanto, como defende um número cada vez maior de analistas[98], falta ainda debater as normas e dimensões éticas que devem estar na origem (e nos resultados) das escolhas públicas, pois não basta subs-

---

[97] JOSEPH STIGLITZ, "O que eu aprendi com a crise mundial", *op. cit.,* 2000

[98] Um dos mais conhecidos é o Prémio Nobel da Economia Amartya Sen que debate a questão nomeadamente no seu notável: *On Ethics and Economics*, Oxford, 1991. Entre outros autores recentes, ver na bibliografia: L.W. Summer, 1999; J.P. Maréchal, 2000; Henri de France, 2000; Henri Bartoli, 1999; René Passet, 2000; Vanderluis and Yeros 2000a.

crever o compromisso das instituições internacionais em desenvolver "capacidades de intervenção eficazes de um ponto de vista social". Resta saber quem define, e com que legitimidade, as normas de eficácia que contemplem o social e as regras de justiça que se inscrevam na eticidade. Como escreveu o filósofo Hans Jonas, é preciso uma *"ética do futuro"*, no sentido de "uma ética de hoje que se preocupe *com* o futuro e entenda proteger os nossos descendentes das consequências das nossas acções presentes. A necessidade disso impôs-se porque a nossa acção de hoje, sob o signo de uma globalização da técnica, sugere um futuro tão ameaçador, que a responsabilidade moral obriga a tomar em consideração, no decurso das nossas decisões quotidianas, o bem daqueles que serão ulteriormente afectados por elas sem ter sido consultados."[99]

A defesa da ética pressupõe a existência de *valores universais ou universalizáveis*[100] e implica a necessidade de recusar um relativismo descomprometido de valores que tudo justifica, incluindo o injustificável e que, em certos aspectos, é ilustrado pela famosa declaração de nihilismo de Nietzsche: *"Não há factos, só interpretações"*[101]. É a razão porque devem ser aplicadas ao comércio internacional normas (universais) relacionadas, por exemplo, com a utilização do ambiente, com os produtos fabricados por prisioneiros, com o tráfico de emigrantes clandestinos ou com o trabalho das crianças…

Num plano mais alargado, ao nível mundial, as organizações não-governamentais e outras entidades têm-se batido igualmente pela aplicação de princípios éticos que atenuem parte das injustificadas (e crescentes) desigualdades entre países ricos e pobres. Por exemplo, com a proposta da chamada "Taxa Tobin" (uma taxa irrisória sobre os movimentos de capitais especulativos) como forma de introduzir uma certa moralização nas relações internacionais.

---

[99] HANS JONAS, *Pour une éthique du futur*, trad. fr., Paris, Payot & Rivages, 2ª ed., 1999: 69.

[100] Comeliau 2000: 211.

[101] Citado por ROGER KIMBALL in «"The Killing of History": why relativism is wrong», *New Criterion* (USA), Vol. 15, n.º 1, Setembro 1996. Reproduzido em; «hyperlink http://www.newcriterion.com ». Vd igualmente Keith Windschuttle, *The Killing of History: How a Discipline is Being Murdered by Literary Critics and Social Theorists*, Macleay Press, 1996.

Numa entrevista ao jornal francês *Le Monde*, o antigo director-geral do Fundo Monetário Internacional contesta a proposta da "taxa Tobin" por ser *"simplesmente irrealizável na sua versão internacional" e porque se arriscaria a "fazer a fortuna dos centros off shore, esses buracos negros do sistema financeiro mundial que tragam o dinheiro sujo. Comecemos por submeter estes últimos à lei comum da transparência e da boa conduta bancária. Se há alguma coisa a tributar, no plano mundial, serão sobretudo as exportações de armas! Matavam-se dois coelhos de uma só cajadada: obtinham-se recursos para os países pobres e responder-se-ia a essoutro objectivo que pretende que a paz seja o outro nome do desenvolvimento. Veja-se a África: se não pararmos as guerras alimentadas pelas nossas vendas de armas – que, relembro, provêm em 90% dos oito países mais avançados – desfazemos com uma mão o que tentamos fazer com a outra na ajuda ao desenvolvimento."*[102]

Passemos sobre o facto de não nos termos apercebido que Michel Camdessus, nos anos em que foi director do FMI, alguma vez tivesse posto a sua autoridade em jogo para, pelo menos, defender essas ideias. Mas se há alguma razão nas suas palavras, também nos parece que passa demasiadamente depressa sobre a questão prioritária dos centros *off shore* que, segundo ele próprio reconhece, reciclam "o dinheiro sujo". É curioso que, com alguma candura, o raciocínio linear de M. Camdessus aponte sobretudo para as "vendas de armamento", campo da acção política dos governos, onde as instituições de Bretton Woods não têm possibilidades de exercer um controlo directo (logo não se lhes pode atribuir responsabilidades), e se limite a uma mera "profissão de fé" sobre os centros financeiros *off shore*, domínio onde, precisamente, aquelas instituições têm competências específicas e para as quais não seria certamente difícil conceber meios de intervenção...

Em contrapartida, quanto às dificuldades bem conhecidas dos países africanos, manda a verdade dizer que o *"subdesenvolvimento"* não chega para tudo justificar[103]. Visto exclusivamente como causa exógena única das dificuldades pós-independência, aparece como um ar-

---

[102] HENRI TINCQ, *Michel Camdessus, ancien directeur général do FMI: "Être chrétien, c'est rechercher le bien public"*, 2001, *op. cit.*.

[103] Cf. LAURENT MONNIER, *La tradition de l'histoire immédiate en République Démocratique du Congo*, in *JACOB* 2000: 201-216.

gumento incompleto quando se analisa a crise nos PALOP. Especialmente nos casos de Angola e, até certo ponto, de Moçambique, países que, mais do que os restantes PALOP, dispunham nas vésperas da independência de estruturas económicas e de recursos humanos que, em determinada medida, eram suficientes para assegurar uma transição aceitável. Sabe-se que os acontecimentos posteriores ajudaram a liquidar por muitos anos os trunfos e esperanças que restavam nestas duas regiões. Esses acontecimentos resultaram tanto de políticas internas executadas – como é hoje particularmente visível em Angola – como de causas externas – porventura mais decisivas ainda – especialmente as que se prendiam com condicionalidades e oportunismos – digamos, para abreviar razões – da *guerra fria* de que os PALOP foram actores e vítimas[104].

A verdade porém é que as vulgatas sobre as origens do "subdesenvolvimento", unívocas e frequentemente simplistas, continuam a segregar uma lógica própria, no interior da qual se repetem ideias feitas, interiorizadas por demasiados intervenientes. Essas constantes repetições *confirmacionistas* (aqui também se evita a metodologia *falsificacionista* popperiana, inclusivamente em trabalhos de investigação científica) acabaram por criar uma metalinguagem do (e sobre o) "subdesenvolvimento" ...

A esse propósito é indispensável chamar a atenção para um ponto fundamental que aponta para uma realidade um pouco mais complexa do que, por vezes, as aparências levam a pensar: é hoje possível, devido aos meios tecnológicos disponíveis a nível mundial e à facilidade de circulação de conhecimentos técnico-científicos, de ideias e de pessoas, "saltar etapas" em períodos de tempo cada vez mais curtos, inimagináveis até há poucas décadas.[105]

Quanto às *"capacidades individuais"*, não há razão nenhuma para que os africanos não possam fazer o mesmo e com igual talento, se tiverem acesso às condições materiais adequadas, o que não é o caso actualmente.

---

[104] Vd. MANUEL ENNES FERREIRA, *A indústria em tempo de guerra (Angola, 1975-91)*, Lisboa, Cosmos/IDN, 1999.

[105] Cf. Esse processo, ainda que variável conforme as circunstâncias, nichos de mercado ou sectores de especialidade, não pode ser ignorado. Por exemplo o número de *sites* internet, entre 1994 e 1996, em dois anos apenas, passou, na China, de 2 a 2 500 e, na Argentina, de 1 a 5 312. Vd. JOSEPHA LAROCHE, *Politique internationale*, Paris, L.G.D.J./Librairie Générale de Droit et de Jurisprudence, 2000: 414.

A Comunidade dos Países de Língua Portuguesa no contexto da Globalização 59

De modo geral cremos que as "explicações" deterministas do "fracasso africano" (a nosso ver, temporário, se forem preenchidas determinadas condições) são, em termos científicos, irrelevantes, e o *"afropessimismo"*, que muitos alimentam e outros interiorizam, mais do que um erro é uma falsidade algo perversa.[106]

Importa ainda não esquecer que um significativo número de africanos qualificados exerce a sua profissão na Europa e no continente americano, e não em África como, provavelmente, muitos deles teriam preferido. Trata-se de uma questão complicada com múltiplas causas, ligadas por sua vez ao problema mais vasto das migrações internacionais[107], cuja solução não se encontra à vista. Não pretendemos analisar aqui este problema, mas unicamente assinalar, para fixar ideias, que a África não está tão desprovida de capacidades, efectivas ou potenciais, como por vezes se julga. O que acontece é que ela não soube, ou não pôde, aproveitá-las.

Paralelamente, e estreitamente imbricada com o anterior mas menos visível porque se insere no sistema social interno dos países, é a actual *"subutilização"* ou mesmo a *"não utilização"* em muitos países, do trabalho das pessoas mais qualificadas para exercerem determinadas funções de responsabilidade. Não raro, esse desperdício interno de competências tem a ver com o tipo de regime político e com a questão – remediável em prazos realistas – da *"good governance"*, que tanto tem preocupado as instituições internacionais.

Estas observações apenas procuram chamar a atenção para certas formas de simplismo indutivo que, demasiadas vezes, dão lugar a "evidências" axiomáticas e a preconceitos indefensáveis.

Não se pretende, é claro, minimizar os sérios perigos que ameaçam a África. O atraso dos países africanos é real e pode ainda acentuar-se nos próximos anos[108].

---

[106] Vd. por exemplo: ADELINO TORRES, *Horizontes do desenvolvimento africano no limiar do século XXI*, Lisboa, Vega, 2ª ed. 1999.

[107] Ver por exemplo: OCDE, *Migration et développement – Un nouveau partenariat pour la coopération*, Paris, OCDE, 1994, e igualmente a revista *International Migration*, Oxford, Blackwell Publishers.

[108] Devemos sublinhar, no entanto, que há soluções disponíveis para combater as crescentes desigualdades mundiais. Estas não dependem de "leis" económicas mas sim de escolhas políticas. O fatalismo ambiente segundo o qual "leis" económicas deterministas pesam inelutavelmente sobre o destino dos homens é altamente

No domínio das novas tecnologias a África conhece dificuldades maiores do que o resto do mundo.

É pouco provável que as *"autoestradas da informação"*, apresentadas frequentemente como o projecto político-industrial do 3.° milénio e vector fundamental do desenvolvimento moderno, respondam, num horizonte temporal previsível, às expectativas do continente, contrariamente a uma concepção tecnicista partilhada pelos homens políticos.

Neste paradigma tecnocrático, a utopia, nas palavras de António Marques Bessa, "dispensa a História e elabora a sua própria justificação", reclamando-se "sobretudo de um discurso científico e amplamente sistemático"[109].

Pretensão que releva da ideologia por duas ordens de razões pelo menos:

    – Porque ignora que o espaço liberalizado das telecomunicações, em vias de mundialização, continua profundamente desigual; enquanto não se resolver essa desigualdade material, o resto é pouco mais do que miragem;

    – Porque a tecnocracia vigente fabrica uma espécie de *"homem unidimensional"* que, identificando a ilusão com a realidade, é cada vez mais incapaz de distinguir *"o que é"* do que *"deve ser"*[110].

Enfim, no contexto mais amplo das relações internacionais, se não houver alteração nas modalidades de cooperação e ajuda – ou seja nas políticas – a hegemonia cultural das potências ocidentais só poderá reforçar-se[111] relegando para o museu das velharias as pretensões a uma "interdependência", substracto da "modernidade" global...

Em suma, o aproveitamento da internet por parte das diferentes regiões do globo está longe de corresponder ao optimismo de alguns,

---

contestável: por detrás das orientações económicas, há escolhas políticas aceites ou recusadas e toda a estratégia "depende de um julgamento de valor sobre o que é justo e injusto" (Vd. JACQUES GÉNÉREUX, *Une raison d'espérer*, Paris, Plon, 1998, citado em AAVV, *L'économie repensée*, Paris, Editions Sciences Humaines, 2000: 73).

[109] Cf. ANTÓNIO MARQUES BESSA, *Utopia, uma visão da engenharia de sonhos*, Lisboa, Europa-América, 1998: 224.

[110] Vd. HERBERT MARCUSE, *L'homme unidimensionnel*, trad. fr., Paris, Minuit, 1968; HENRI LEFEBVRE, *Sociéte close ou société ouverte?: l'homme unidimensionnel d'Herbert Marcuse*, "Le Monde" (Paris) 16-17 de Junho 1968: 9.

[111] Cf. J. LAROCHE 2000, *Ibidem*.

A Comunidade dos Países de Língua Portuguesa no contexto da Globalização   61

apesar do rápido crescimento em número de computadores pessoais (PC) em certos países, como assinalámos a título ilustrativo nos casos da China e da Argentina.

Relembra-se que no início deste terceiro milénio há cerca de 250 milhões de PC para uma população global de 6 mil milhões: só 3% das pessoas têm acesso a este meio de comunicação. A desigualdade é ainda mais evidente se nos lembrarmos que, no sector das *"super-calculadoras"* os países do G7 representam globalmente entre 90% e 95% da potência instalada, sublinhando uma vez mais a relação estreita existente entre capacidade industrial, nível de desenvolvimento e cálculo dito de *"alto desempenho" (haute performance)*.[112]

Se é certo que, numa visão apressada, a internet *"já chegou"* aos mais remotos lugares do planeta, em termos concretos a realidade é algo diferente: só 12 dos 54 países africanos (22%) têm actualmente ligações à rede *(web)*.

Segundo o Instituto Panos[113] (agência internacional de informação), 80% da população mundial seria deficitária em matéria de telecomunicações. Nas zonas rurais dos PED as condições são bem piores.

Ora sem dispendiosas infra-estruturas (por exemplo, a internet depende de linhas telefónicas, e estas escasseiam) será particularmente difícil para os PED utilizar rápida e eficazmente as novas tecnologias.

As estatísticas sobre o número de linhas telefónicas por cada 1.000 pessoas em 1998 são reveladoras:

- ❑ Países da OCDE: 490 linhas;
- ❑ Países em desenvolvimento: 58 linhas;
- ❑ África Subsaariana: 14 linhas.

Comparando essas médias com a situação nos países da CPLP:

- ❑ Portugal: 413 linhas;

---

[112] O cálculo de *" alto desempenho"*, que era representado pela máquina dita *Cray-1* em 1970, tornou-se num instrumento crucial em numerosas aplicações industriais e comerciais nas quais a capacidade de cálculo é indispensável à exploração de sistemas. Ele permite uma redução dos "tempos de desenvolvimento dos novos produtos e o recurso menos frequente à validação em tamanho natural". Cf. JEAN-CLAUDE ANDRÉ, *Le calcul à haute performance: un enjeu de puissance*, in "Géopolitique" (Paris), n.° 71, septembre 2000: 121-124.

[113] Citado por J. LAROCHE 2000: 415. Vd. http://www.onewworld.org/panos/panos-info.html

- Brasil: 121 linhas;
- Cabo Verde: 98 linhas;
- São Tomé e Príncipe: 22 linhas;
- Guiné-Bissau: 7 linhas;
- Angola: 6 linhas;
- Moçambique: 4 linhas[114]

A temática é tanto mais relevante quanto se sabe – já todos os estudos prospectivos da OCDE o demonstraram – que *há uma correlação directa entre as expectativas de desenvolvimento económico de um país e a densidade da sua rede de telecomunicações.*

Como acabamos de ver o problema atinge em especial os PALOP, pondo em evidência os fortes desequilíbrios intra-CPLP, que referimos noutros pontos deste trabalho, apesar de também subsistirem dificuldades no Brasil e, embora por razões diferentes, algumas em Portugal.

Neste último, o *estrangulamento* não resulta, no essencial, da falta de infra-estruturas, da escassez de *know how* ou da insuficiente capacidade de financiamento, mas tem mais a ver com a anormal "política de preços" aplicada até aqui essencialmente pela *Portugal Telecom*[115].

A despeito dos obstáculos as novas tecnologias oferecem – a mais ou menos longo prazo – um apreciável campo de acção em determinadas vertentes da cooperação intra-CPLP[116].

Retomando a questão da "ética" que vínhamos referindo anteriormente, é conveniente esclarecer que, no plano institucional, a desejável

---

[114] Cf. PNUD, *Relatório do desenvolvimento humano 2000*, Lisboa, 2000.

[115] A imprensa portuguesa denunciava, em finais de 2000, que o acesso à *web* era o mais caro da Europa devido, em parte, à estratégia empresarial dominante da *Portugal Telecom.*

[116] A utilização de uma língua comum internacional, para a qual não existe alternativa, como EDWARD W. SAID observa com realismo no caso dos países do Sul (E.W. SAID, *Representações do intelectual*, Lisboa, Colibri, 2000: 41) facilita convergências e proporciona vantagens para todos os intervenientes, o que não pode ser ignorado. Mas deve também observar-se que é recomendável não alimentar ilusões nesta matéria: o realismo político ensina que os *"interesses de Estado"* (ou recônditos pretextos por ele dissimulados) podem facilmente sobrepor-se às *"afinidades"* (linguísticas ou outras). Se, num prazo razoável, a CPLP não conseguir definir conteúdos nem conduzir a resultados concretos, de ordem material ou política, os sucessivos encontros e cimeiras redundarão em circunlóquios inúteis e o projecto esboroar-se-á sem glória...

cooperação entre os Estados não resulta de uma repentina conversão à moral, mas sim da possibilidade eventual de "transformar uma vaga ideia moral, sem consistência real, em regra de direito com a sanção do seu não-respeito."[117]

No plano das instituições internacionais, o tema tem também oportunidade. Contudo, apesar da agitação havida no seio das instituições de Bretton Woods no final dos anos 90 e de se falar em reestruturações vindouras tanto no BM como no FMI[118], é pouco provável que, a breve prazo, assistamos a alterações profundas na filosofia de ambos. A "ética" continuará a ser o parente pobre e as proclamações sobre "justiça", "igualdade de oportunidades", cooperação para um "desenvolvimento sustentado", etc., terão, durante muito tempo ainda, pouca correspondência na acção...

Não devemos, é certo, perder de vista que o poder de decisão de tais instituições se inscreve numa teia complexa de relações: independentemente dos poderes tanto do BM e FMI como dos Governos que participam nestas instituições, há que atender ao poder próprio das grandes firmas transnacionais (FTN), o qual não resulta nem de uns nem de outros, podendo ser exercido à margem de qualquer supervisão ou controlo, o que coloca sérios problemas. É verdade que as FTN podem não ter, teoricamente, poder para coagir directamente os governos a cumprir as suas directivas, mas, como observa Harry Dahms, usufruem certamente de capacidade para ditar as regras do jogo da concorrência internacional[119], as quais condicionam as políticas económicas desses mesmos governos... Recentemente o director do Forum Internacional sobre a Globalização, Edward Galdsmith, declarava que *"já não se pode distinguir a política dos governos da política das multinacionais"* (*Le Monde*, 23 Janeiro 2001).

Se, de uma maneira geral, o conteúdo social das políticas acabasse por ser esvaziado em benefício do "económico" e da *"mercadorização"* dos homens e das coisas, as abstracções e *"ideal-tipos"* à maneira

---

[117] RAYMOND FORNI, *Morale et relations internationales*, in "Pascal Boniface (Sous la direction de), Morale et relations internationales", Paris, PUF/IRIS, 2000.

[118] Já em 1977 Fred Block escrevia que "a batalha dos Estados Unidos para alargar a sua liberdade de acção internacional no campo monetário destruiu o velho sistema de Bretton Woods". Cf. FRED BLOCK, *The International Monetary Order in Crises* (1977), in *Dahms* 2000b: 317.

[119] HARRY DAHMS 2000a: 428.

de um Gary Becker[120] poderiam transformar-se em realidade quotidiana banal onde a última réstia de "ética" seria evacuada.

A hipótese não pode ser afastada. Para o bem e para o mal, a manipulação genética e a clonagem como formas de actividade lucrativa, a comercialização de órgãos humanos, a destruição do ambiente para acumulação de riquezas particulares, etc., já não pertencem ao reino do imaginário. Se muitas dessas descobertas e inovações são, sem dúvida, susceptíveis de abrir caminho a grandes benefícios para a humanidade, podem igualmente semear esta via de alçapões e ciladas sem retorno. Sabemos pelo menos desde Hiroshima que se a política não é inocente, a ciência também não...

É evidente que a "globalização" não é nem uma ideologia nem uma conspiração, mas tão somente um *processo*. Como tal, dependente do projecto político que lhe dará sentido e da acção que a moldará. As suas consequências não dizem unicamente respeito aos países cientificamente avançados mas a todo o mundo, desenvolvido e em desenvolvimento a Norte e a Sul do planeta. A economia global não é separável da sociedade global.[121]

Forças centrífugas e linhas de rumo da CPLP

Não é possível deixar de tomar em consideração estes elementos, por muito distantes que eles nos possam parecer no estado actual das coisas, quando se reflecte sobre os rumos da CPLP, o compromisso moral que esta implica, e a sua admissível capacidade de intervenção no espaço mais alargado da *"economia-mundo"* de que falava F. Braudel.

Mas para poder manobrar no contexto alargado da *"globalização"* a CPLP necessita ser forte e coesa, pelo menos politicamente, tanto mais que não se descortinam os limites da lógica financeira dominante à qual a comunidade lusófona também está submetida, lógica financeira global que obedece a interesses privados sobre os quais a "coisa pública" parece não ter (ou não querer ter) qualquer controlo.

Um dos problemas que a globalização económico-financeira coloca resulta da difícil coexistência entre dois conceitos jurídicos cujas lógi-

---

[120] *In* por exemplo: GARY S. BECKER, *Human Capital*, Chicago, 3ª ed. 1993
[121] GEORGE SOROS 2000, *op. cit.*

A Comunidade dos Países de Língua Portuguesa no contexto da Globalização   65

cas são divergentes. O primeiro é o conceito de *soberania* sobre o qual se edificou o Estado-nação a partir de um arsenal jurídico que favoreceu a construção de uma economia nacional enquadrada por um direito interno defensivo. O segundo é o conceito de *livre comércio internacional* ou de *liberalismo*, cujo objectivo é a criação de um mercado mundializado pela adopção de um direito puramente económico destinado a ultrapassar as fronteiras dos Estados-nações[122]. A aplicação deste segundo conceito no quadro da Organização Mundial de Comércio, por exemplo, tem várias consequências: a falta de um *direito da concorrência intenacional* provoca uma desregulação do *direito da concorrência interna* dos Estados-nações; a recusa da maioria dos Estados membros da OMC em tratar seriamente o problema da *"cláusula social"* – especialmente os países em desenvolvimento (PED) – acaba por criar um *dumping* social planetário; a recusa em tratar a cláusula monetária falseia igualmente o jogo concorrencial ao nível mundial, o mesmo podendo ser dito a propósito da questão ambiental[123]. Todos estes factores impedem que se alcance o mínimo de igualdade, de equidade e de lealdade necessárias a uma progressão, em termos aceitáveis, das relações económicas internacionais. O argumento segundo o qual a globalização ajuda os PED a conseguir o seu desenvolvimento, é desmentido pelos factos. Uma das possibilidades dos países mais vulneráveis atenuarem a violência do impacto, é juntarem-se num movimento de integração regional ou congregarem os seus esforços em comunidades a que uma estratégia dê coesão.

Na declaração final que encerrou a sua décima conferência em Bangkok, em Fevereiro de 2000, o Secretário Geral da CNUCED observou que «o acontecimento marcante da nossa época foi o fim da guerra fria que suscitou a nova tomada de consciência do fenómeno da mundialização (...). Desde então os países do Terceiro Mundo devem posicionar-se em relação a este fenómeno, quer dizer que as suas escolhas estratégicas só podem ser de aceitar ou de rejeitar uma integração crescente num sistema único de relações comerciais e financeiras no qual os EUA surgem como a primeira potência (...). Uma das consequências da derrocada dos regimes socialistas na Rússia e na Europa de

---

[122] Cf. Christophe Leroy, *La mondialisation par le vide politique*, "Le Monde" (Paris), 12 sept. 2000

[123] Cf. Christophe Leroy 2000, *ibid.*

Leste é que doravante mais ninguém pensa que o facto de se isolar, comercialmente e financeiramente, do resto do mundo favorecerá o *"verdadeiro desenvolvimento"*. O debate incide agora sobre as condições em que os países deverão inserir-se na rede comercial e financeira mundial.»[124]

Embora esta última asserção seja exacta, cremos que ela é insuficiente na medida em que o debate não se resume às condições de integração comercial e financeira mas, como já apontámos, ultrapassa esses aspectos para assumir o significado político da própria sociedade. Num mundo em que o saber assume cada vez maior importância, para que os PED participem realmente na economia mundial, é necessário apoiar um desenvolvimento baseado no saber"[125]. Por isso a Conferência de Bangkok em Fevereiro de 2000 insistiu particularmente na necessidade de coerência da acção nos planos nacional e internacional, apontando para a complementaridade indispensável entre as políticas macro-económicas e sectoriais ao nível nacional e entre as políticas aplicadas tanto no plano nacional como internacional, o que implica cooperação e coordenação entre as instituições multilaterais através do reforço dos quadros institucionais. Para a comunidade internacional, tal como para cada sociedade nacional, o critério último é a maneira como trata os seus membros mais fracos.[126]

Também a democracia, a primazia do direito, uma gestão e uma administração transparentes e responsáveis, incluindo a luta contra a corrupção, são condições imperativas de um desenvolvimento sustentável. Os direitos do homem e as liberdades fundamentais têm de ser encorajados e protegidos. Do mesmo modo, a estabilidade macro-económica é um factor preponderante no crescimento económico e na atenuação da pobreza.[127]

Contextualização da CPLP na economia mundial

A actividade ou potencialidades dos países em relação à economia mundial podem ser apreendidas pela posição que ocupam

---

[124] Cf. CNUCED, *op. cit.*, Annexe VI.
[125] CNUCED 2000, *op. cit.*
[126] CNUCED 2000, *op. cit.*
[127] CNUCED 2000, *op. cit.*

A Comunidade dos Países de Língua Portuguesa no contexto da Globalização 67

na circulação dos capitais internacionais segundo as estatísticas das Nações Unidas[128].

Duas importantes constatações merecem, desde já, ser sublinhadas: a primeira, refere-se aos investimentos directos internacionais que aumentaram mais depressa do que a produção e as trocas mundiais desde o início dos anos 80. Os investimentos internacionais e mais particularmente os IDE tornaram-se "um dos motores da economia mundial, contribuindo não somente para a integração dos mercados, mas também, e cada vez mais, para a integração dos sistemas nacionais de produção."[129]

A segunda, diz respeito à composição dos fluxos de capitais que se modificou nos últimos anos. Os investimentos directos estrangeiros (IDE) e os investimentos estrangeiros de carteira (IEC) representam hoje a maior parte do total dos fluxos de recursos líquidos direccionados para os países em desenvolvimento. Mas se os IDE nos países em desenvolvimento aumentaram desde 1980, em contrapartida concentraram-se num pequeno número de países. As nações que não recebem IDE suficientes ficam privadas não apenas de capitais mas igualmente de outros recursos materiais e imateriais que são essenciais ao desenvolvimento.[130]

Se nos detivermos, agora com mais pormenor, sobre os fluxos de investimento directo estrangeiro (IDE) entrados nas diversas regiões entre 1987 e 1998, consignados no quadro 2, verificamos em primeiro lugar que o total mundial desses fluxos em 1998 quadruplicou em relação à média anual do período 1987-1992, passando de 173.530 milhões de USD para 643.879 milhões de USD. Em 1998, quase 72% dos fluxos de capitais dirigiram-se para os países desenvolvidos (460.431 milhões de USD) e apenas 26% (165.936 milhões de USD) para os países em desenvolvimento.

Dos 165 936 milhões de USD investidos nos PED, apenas 5% foram para o continente africano (incluindo a África do Sul). Mesmo a Europa Central e Oriental beneficiou de mais do dobro do IDE do que a África inteira. Deve igualmente notar-se que os fluxos de IDE recebidos pelo continente africano são desigualmente distribuídos

---

[128] UN, *World Investment Report 1999*, New York, 1999.
[129] CNUCED 2000, *op. cit.*
[130] CNUCED 2000, *op. cit.*

na medida em que os maiores recipendiários africanos foram o Egipto e a Nigéria.

O IDE entrado nos cinco países africanos de língua oficial portuguesa (PALOP) atingiu 632 milhões de USD em 1998, ou seja 7,6% dos fluxos de IDE enviados para o continente africano.

O conjunto dos sete países da CPLP (os cinco PALOP, mais o Brasil e Portugal) recebeu em 1998 cerca de 31.121 milhões de USD, soma dez vezes mais importante da que tinha recebido em média anual no período 1987-1992 e no ano de 1993. Esse crescimento foi superior ao crescimento dos fluxos registados no mundo, mas deveu-se quase exclusivamente ao Brasil.

Aliás no contexto da CPLP o Brasil ocupa um lugar particularmente destacado: dentro da CPLP, 92% dos fluxos de IDE dirigiram-se em 1998 para o Brasil, quase 6% para Portugal e apenas 2% para os cinco PALOP (cf. Quadro 2).

Os dados do quadro 2 registam um crescimento do IDE entrado em Angola (que mais que duplicou entre 1987-1992 e 1998, claramente concentrado no sector petrolífero e, em menor montante, no diamantífero) e em Moçambique (que viu o IDE triplicar em relação a 1996 e subir exponencialmente face à média anual de 1987-1992). As alterações positivas verificadas em Cabo Verde e Guiné-Bissau, se importantes do ponto de vista de cada um destes países devem, porém, ser relativizadas face aos montantes absolutos envolvidos.

Quanto aos fluxos de IDE saídos do continente africano em 1998, estes tiveram a sua origem, no essencial, na República da África do Sul (1.531 milhões de USD), fluxos que atingiram, nesse ano, o triplo dos IDE saídos dos restantes países de África (511 milhões de USD). Os IDE sul-africanos destinaram-se aos países vizinhos da África Austral.

No que se refere à CPLP só se registam saídas de IDE com algum relevo oriundas de Portugal (2.946 milhões de USD) e do Brasil (2.609 milhões de USD). Os fluxos de IDE provenientes dos cinco PALOP foram inexistentes ou negligenciáveis, apenas atingindo 0,02% do IDE total saído da CPLP.

Os *stocks* acumulados de IDE entrados na CPLP registam a mesma disparidade entre os PALOP e os dois restantes países, ocupando o Brasil, de longe, o primeiro lugar. Esta polarização em torno de Portugal e do Brasil repete-se quanto à acumulação de *stocks* de IDE saídos dos países.

QUADRO 2
Fluxos líquidos de IDE entrados nas regiões ou países de 1987 a 1998
(milhões de dólares US)

Regiões e países	1987-1992 (média anual)	1993	1996	1997	1998
Mundo	173 530	219 421	358 869	464 341	643 879
Países desenvolvidos	136 628	133 850	211 120	273 276	460 431
União Europeia	72 651	76 754	108 922	126 194	230 009
Europa Central e Or.[1]	1 576	6 757	12 406	18 532	17 513
PED[2]	35 326	78 813	135 343	172 533	165 936
Ásia	19 613	54 835	82 035	95 505	84 880
África (sem RAS)	3 010	3 469	5 907	7 657	7 931
RAS[3]	-24	-17	760	1705	371
América Latina e Caraíbas	12 400	20 009	46 162	68 255	71 652
CPLP:					
– Portugal	1 676	1 534	1 368	2 544	1 771
– Brasil	1 513	1 294	10 496	18 745	28 718
– Angola	178	302	181	412	396
– Moçambique	12	32	73	64	213
– Cabo Verde	1	4	29	12	15
– Guiné-Bissau	2	-	1	10	8
– S. Tomé e Príncipe	-	-	-	-	-
Total da CPLP	3 382	3 166	12 148	21 787	31 121
Total dos 5 PALOP	193	338	284	498	632
% dos PALOP em relação à CPLP	5,7 %	10,7 %	2,3 %	2,3 %	2,0 %

Fonte: UN, *World Investment Report 1999*, New York 1999, pp. 477-481
Notas: 1. Albânia, Belarus, Bulgária, Rep. Checa, Estónia, Hungria, Latvia, Lituânia, Moldávia, Polónia, Roménia, Federação Russa, Eslováquia, Ucrânia.
2. PED: Países em Desenvolvimento
3. RAS: República da África do Sul

É igualmente possível relacionar, em percentagem, o total do IDE com o Produto Nacional Bruto de cada país, tornando mais evidente a importância do IDE entrado em proporção da riqueza nacional criada. Ou seja, e de acordo com o quadro 3, a relação IDE/PNB é mais elevada em Angola (8,6%) e em Moçambique (6%) quando comparada quer com a dos restantes países africanos de língua portuguesa (Cabo Verde, 3% e Guiné-Bissau, 4%), quer com Portugal (1,6%), quer ainda com o Brasil (3,7%).

QUADRO 3
Relação entre o IDE líquido e o PNB em 1998
(milhões de dólares USD)

Países e regiões:	PNB	IDE	IDE/PNB
CPLP:			
– Angola	4 600	396	8,6%
– Cabo Verde	500	15	3%
– Guiné-Bissau	200	8	4%
– Moçambique	3 500	213	6%
– Brasil	767 600	28 718	3,7%
– Portugal	106 400	1 711	1,6%
PVD	5 698 500	155 225	2,7%
ASS	310 800	5 432	1,7%
OCDE	23 008 000	483 951	2,1%

Fonte: PNUD, *Relatório do Desenvolvimento Humano 2000*, Lisboa, 2000, pp. 210-213 3 pp. 219-222

Este facto mostra a importância dos capitais externos nos processos de desenvolvimento interno dos países, nomeadamente nos menos desenvolvidos, o que é dizer nos PALOP, onde a taxa interna de poupança bruta relativamente ao PIB é baixa (Cabo Verde), extremamente reduzida (Moçambique) ou mesmo negativa (Guiné-Bissau e São Tomé e Príncipe), conforme se pode ver no quadro seguinte (quadro 4):

QUADRO 4
Poupança interna bruta em percentagem do PIB em 1998

Países e regiões:	PNB
CPLP:	
– Angola	30,4%
– Cabo Verde	8,3%
– Guiné-Bissau	- 8,9%
– Moçambique	1,7%
– São Tomé e Príncipe	- 15,9%
– Brasil	18,6%
– Portugal	16,9%
PVD	25,6%
ASS	14,8%
OCDE	21,5%

Fonte: PNUD, *Relatório do Desenvolvimento Humano 2000*, Lisboa, 2000, pp.206-209

No que concerne às oportunidades oferecidas aos investimentos directos estrangeiros nos PALOP, por sectores industriais, no período relativo a 1996-1998, verifica-se que dos cinco PALOP só Moçambique e Cabo Verde ocupam posições nos diversos sectores económicos, com especial relevo para Moçambique. Não deixa de ser assinalável que Cabo Verde – cujos recursos naturais são escassos – tenha conseguido fazer-se representar nos têxteis e vestuário e no turismo. Nem Angola, nem a Guiné-Bissau, nem S. Tomé e Príncipe mereceram registo no relatório das Nações Unidas sobre investimentos, o que confirma tanto a fraqueza das suas estruturas económicas como as dificuldades que atravessam.

Se fizermos aqui um breve parênteses e passarmos para o plano internacional, podemos observar que os investimentos directos internacionais aumentaram mais depressa do que a produção e as trocas mundiais desde o início dos anos 80. Os investimentos internacionais e mais particularmente os IDE tornaram-se "um dos motores da economia mundial, contribuindo não somente para a integração dos mercados, mas também, e cada vez mais, para a integração dos sistemas nacionais de produção."[131]

Note-se todavia que o aumento dos investimentos directos (privados) contrasta fortemente com a diminuição da ajuda ao desenvolvimento (como se constata também no quadro 5, mais adiante), a qual é agora denunciada pelo próprio ex-director-geral do FMI, Michel Camdessus: *"Durante os anos 1990, quando os países ocidentais já não tinham necessidade de aumentar as suas despesas militares e recebiam dividendos da paz, nem um só tostão das economias assim realizadas foi consagrado à ajuda pública ao desenvolvimento dos países pobres. Pelo contrário, a ajuda ao desenvolvimento – que deveria aumentar até 0,70% do PIB – baixou de 0,37% em 1990 para 0,22% em 1999."*[132]

Também a composição dos fluxos de capitais se modificou nos últimos anos. O investimento directo estrangeiro (IDE) e os investimentos estrangeiros de carteira (IEC) representam hoje a maior parte do total dos fluxos de recursos líquidos direccionados para os países em desenvolvimento. Mas se os IDE nos países em desenvolvimento aumentaram desde 1980, em contrapartida concentraram-se num pequeno número de países. As nações que não recebem IDE suficientes ficam privadas não apenas de capitais mas igualmente de outros recursos materiais e imateriais que são essenciais ao desenvolvimento.[133]

Dentro da CPLP propriamente dita, o Brasil e Portugal recolheram o essencial dos IDE dirigidos a este espaço, com especial relevo para o Brasil a partir de 1996. A situação política, o problema dos recursos humanos qualificados e a questão da "governação", em suma, o *risco-país*[134], aliado à pequena dimensão e dinâmica dos mercados internos dos PALOP, são talvez as razões mais frequentemente evocadas para explicar o desinteresse dos IDE por estes últimos países.

---

[131] CNUCED 2000, *op. cit.*

[132] Entrevista realizada por TINCQ (Henri), 2001, *op. cit.*

[133] CNUCED 2000, *op. cit.*

[134] Embora existam várias metodologias de cálculo do 'risco-país', elas apresentam em comum uma valoração do risco político, do risco de política económica, do risco de estrutura económica e do risco de liquidez ao que se adiciona o risco de exposição específico associado ao investimento, o qual contempla o risco cambial, o risco de dívida soberana e o risco do sector bancário. Pelo facto de ele traduzir uma apreciação sobre a presente situação de um país e aquela que se espera venha a ocorrer no futuro, este indicador é tomado seriamente pelos grandes investidores internacionais. A este respeito ver, entre outros, The Economist Intelligence Unit, *Risk Ratings Review – Country Risk Service*, 1997.

A Comunidade dos Países de Língua Portuguesa no contexto da Globalização   73

Uma palavra impõe-se a este respeito. No caso de Cabo Verde, embora os três primeiros *itens* referidos no parágrafo anterior não apresentem grande poder explicativo para o diminuto IDE no país, já a ausência de recursos naturais e a reduzida dimensão do mercado interno ajudam a explicar tão fraco desempenho na captação de investimento estrangeiro. Ao invés, em Angola, onde à fraca capacidade de crescimento evidenciado por praticamente todos os sectores da actividade económica se associa um elevado risco político derivado da situação de conflito interno em que o país está mergulhado, a entrada cada vez mais acentuada de investimento estrangeiro dirige-se na sua quase totalidade para o sector petrolífero. Sendo uma *actividade-enclave*, onde o cálculo do risco-sectorial apresenta características muito particulares, o IDE líquido acaba por ser dominante ao nível dos países africanos de língua portuguesa e significativo no conjunto da África Subsaariana (ASS): 8,4% em 1996, só ultrapassado pela Nigéria e pela África do Sul[135], e 7,3% em 1998, novamente na 3ª posição, mas agora tendo à sua frente a Nigéria e o Zimbabwe[136].

QUADRO 5
APD líquida recebida e IDE líquido recebido, na CPLP
(milhões de dólares USD)

	APD		IDE		APD/IDE (em %)	
	1992	1998	1992	1998	1992	1998
Angola	346,1	352,2	178	396	194,4%	88,9%
Cabo Verde	119,0	129,8	1	15	11.900%	865,3%
Guiné-Bissau	104,2	95,7	2	8	5.210%	1.196%
Moçambique	1.462,9	1.039,3	12	213	12.190%	487,9%
Brasil	- 253,9	392,1	1.513	28.718	-	30,3%
PVD	45.205	34.449	31.786	155.225	142,2%	22,1%
ASS	16.759	12.580	1.575	5.432	1.064%	231,6%

Fonte: elaborado a partir de PNUD, *Relatório do Desenvolvimento Humano 2000*, Editora Trinova, Lisboa, 2000

---

[135] World Economic Forum, *The Africa Competitiveness Report 1998*, Geneva, 1998, p. 37.
[136] PNUD, *Relatório do Desenvolvimento Humano 2000*, Trinova Editora, Lisboa, 2000, pp. 210-213.

Assim, apesar do rigor com que Cabo Verde tem gerido o seu desenvolvimento, numa experiência considerada exemplar em África, e a despeito dos progressos alcançados, este país continua a debater-se com grandes dificuldades e permanece ainda muito dependente das remessas dos emigrantes, das receitas de turismo e da APD. Aliás, esta última forma de financiamento externo acaba por desempenhar um papel de primeira grandeza em qualquer um dos PALOP, verificando-se uma forte correlação entre as potencialidades e o desempenho económico dos países da CPLP e a importância da APD quando comparada com o IDE recebido (ver quadro 5):

Duas notas relativamente à leitura deste quadro: em primeiro lugar, verifica-se uma diminuição acentuada da importância da APD quando comparado com o IDE recebido, o que pode denotar uma melhoria, mesmo que muito aquém do desejável e necessário, nas condições internas dos países. A ser assim, os países doadores de APD diminuem as suas transferências ao mesmo tempo que aumentam o investimento. Ora esta asserção parece ter alguma validade na medida em que a importância da relação APD/IDE vai aumentando à medida que passamos do nível de país mais desenvolvido no seio da CPLP – o Brasil – até chegarmos ao mais carente – a Guiné-Bissau. Portugal não entra nesta análise porquanto é considerado um país doador de APD e, por esse facto, enquadra-se no chamado CAD da OCDE, isto é, o Comité de Ajuda ao Desenvolvimento.

Por seu turno o FMI tem, evidentemente, um papel activo nas economias dos países da CPLP, mas a influência destes no seio daquela organização pode considerar-se pequena se a medirmos em termos do número de votos de que dispõem. Para fixar ideias sobre este facto, o quadro seguinte (quadro 6) compara a repartição actual (Agosto 2000) dos direitos de voto no Conselho de Administração do Fundo Monetário Internacional entre os países mais importantes e os países da CPLP.

O total dos votos do conjunto de países que fazem parte do Conselho de Administração do FMI é de 2.134.286 votos, o que corresponde a 99,9%, dado que não estão aqui incluídos, por razões diversas, o Afeganistão, a Somália, a República Democrática do Congo e o Sudão[137].

---

[137] Cf. M. AGLIETTA et S. MOATTI, *Le FMI de l'ordre monétaire aux désordres financiers*, Paris, Economica, 2000, annexe 2.

Verifica-se, antes de mais, que com a sua quota-parte de 17,5%, os EUA podem sozinhos bloquear qualquer decisão do FMI.

QUADRO 6
Repartição actual dos direitos de voto no Conselho de Administração do FMI
(extracto)

Países	N.° de votos por país	% do total das quotas-partes
EUA	371 743	17,40
Japão	133 378	6,24
Alemanha	130 332	6,10
França	107 635	5,04
Reino Unido	107 635	5,04
CPLP:		
Brasil	30 811	1,44
Portugal	8 024	0,38
Angola	3 113	0,15
Moçambique	1 386	0,06
Guiné-Bissau	392	0,018
Cabo Verde	346	0,016
S.Tomé e Príncipe	324	0,015
TOTAL CPLP	**44 396**	**2,08**

Fonte: Aglietta et Moatti 2000: annexe 2

No que concerne à CPLP, o Brasil é neste capítulo o país mais influente e possui uma "capacidade de manobra" incomparavelmente maior do que os restantes 6 membros da comunidade lusófona. As quotas-partes de que dispõe equivalem a cerca de 70 % do total das quotas-partes da CPLP.

Aliás os autores citados (Aglietta e Moatti) entendem mesmo que, no plano monetário, as novas grandes potências que despontam, entre as quais mencionam o Brasil, num futuro mais ou menos próximo, não ficarão ligadas, provavelmente, nem ao euro nem ao dólar: "As relações monetárias vão ser multipolares e a concorrência das divisas será oligopolística"[138], o que vai de certo modo ao encontro das suposições

[138] Agliterra et Moatti, *op. cit.*: 215.

As dificuldades de multilateralização na CPLP

Um dos principais desafios que se colocam à CPLP, no domínio económico, diz respeito à multilateralização das suas relações económicas e financeiras. Para que se possa atribuir-lhe algum sentido e conteúdo económicos inovadores, a 'velha' ordem em que assentaram quer o comércio externo quer o investimento deve abandonar o carácter bilateral que foi a norma até à criação desta comunidade.[139]

Será que passados mais de quatro anos é possível detectar alguma alteração naquele padrão de comportamento bilateral?

Adiantando-nos desde já à interpretação dos quadros 7 a 10, e ao contrário do que foi aprovado na Declaração de Maputo na sequência da III Conferência da CPLP, de 17 e 18 de Julho de 2000, onde os Chefes de Estado e de Governo "tomaram boa nota da exposição de Portugal sobre *o desenvolvimento das relações económicas no quadro da CPLP, que revela o respectivo incremento após a criação da Comunidade*"[140], não se nota nem aumento nem diversificação nas relações intra-CPLP.

Pelo contrário, manteve-se aquilo que era anteriormente a tónica dominante do relacionamento económico, a saber, o predomínio esmagador de Portugal e o carácter bilateral das relações quase que exclusivamente confinadas a um direccionamento unívoco de Portugal face aos restantes membros da comunidade, conferindo àquele a característica de um pólo gravitacional no domínio económico da CPLP, manteve-se. E se o reforço avassalador do investimento português no Brasil é a única e importante nota a destacar, o mesmo não aconteceu em sen-

---

[139] É neste sentido que deve ser interpretado, por exemplo, um dos objectivos constante da Declaração Constitutiva da Comunidade dos Países de Língua Portuguesa de Julho de 1996: *"desenvolver a cooperação económica e empresarial entre si* e valorizar as potencialidades existentes, *através da definição e concretização de projectos de interesse comum*, explorando nesse sentido as várias formas de cooperação, bilateral, trilateral e multilateral", CPLP, *Documentos*, 1999, Lisboa, p.13.

[140] CPLP, *Declaração de Maputo da III Conferência dos Chefes de Estado e de Governo da CPLP*, 17 e 18 de Julho, Maputo, ponto 10.

tido inverso ou ao nível do comércio externo entre os dois países. Quebrar aquele padrão deveria ser uma das principais apostas e desafios que se colocava, e se coloca ainda, à CPLP, como anteriormente já havia sido realçado por Ferreira e Almas (1996; 1997)[141] e Torres (1999)[142].

Como entender então a congratulação atrás referida dos Chefes de Estado e de Governo dos países membros da CPLP? A resposta mais plausível é de que se trata, uma vez mais, de uma declaração de fé própria da linguagem diplomática destes eventos, vazia de conteúdo e sem qualquer substrato estatístico que possa levar àquela conclusão. Mas, por outro lado, e esta questão tem implicações um pouco mais gravosas, a menos que se considere e assuma que Portugal é o referido pólo aglutinador do relacionamento económico intra-CPLP, então aquela declaração é destituída de qualquer sentido e aderência à realidade do relacionamento económico intra-CPLP. Mas terá isso alguma coisa a ver com os propósitos de multilateralização na CPLP?

Para dar conta do evoluir do comércio externo e do investimento intra-CPLP, os quadros que se seguem são elucidativos.

Comecemos pela análise das **exportações** registadas entre os países membros da Comunidade (quadro 7).

A comparação dos períodos pré-CPLP e pós-CPLP, mesmo quando se tem em mente que as estatísticas apenas traduzem três anos subsequentes à sua constituição, indicam claramente que não houve reforço da importância relativa dos mercados internos de cada um dos países nas exportações intra-comunitárias. As variações percentuais, quer em sentido positivo quer negativo, têm pouco significado visto que se parte de um valor-base extremamente reduzido, quase estatisticamente irrelevante. Isto é verdade tanto para as exportações oriundas de Portugal quanto para as saídas dos restantes países, salvo, nalgumas situações, quando elas se dirigem a Portugal.

Neste caso, o mercado português funciona como um significativo

---

[141] MANUEL ENNES FERREIRA e RUI ALMAS, *Comunidade Económica ou Parceria para o Desenvolvimento: o Desafio do Multilateralismo na CPLP*, "Política Internacional", n.° 13, 1996, Lisboa, pp. 35-71; MANUEL ENNES FERREIRA et RUI ALMAS, *Les Contours Économiques de la CPLP*, "Lusotopie", 1997, Paris, pp. 11-33.

[142] ADELINO TORRES, *La Nouvelle 'Communauté de Pays de Langue Portugaise-CPLP' et la Coopération de l'Union Européenne: Quelques Problèmes*, in "Béraud et alii", 1999, pp. 152-166.

destino para produtos moçambicanos (8,7% em 1999) embora a tendência seja para a diminuição da importância do mercado português, o que é claramente visível desde 1992 e que se irá agravar significativamente em termos relativos, mas não necessariamente em termos absolutos, quando a unidade industrial de alumínio da Mozal começar a exportar os seus produtos. Entre os produtos moçambicanos exportados para Portugal, encontram-se basicamente o algodão não cardado nem penteado (cerca de 64% em 1997 e 45% em 1999% das exportações para Portugal) e os crustáceos (23% em 1997 e 42% em 1999).[143]

Mais recentemente, as exportações são-tomenses para Portugal, que indiciam uma tendência de subida, atingiram 26,6% das exportações totais de S. Tomé em 1998, graças ao incremento das vendas de peixes congelados, cujo valor exportado para Portugal, entre 1997 e 1999, foi multiplicado por mais de 10 vezes.[144]

Por outro lado, no caso de Cabo Verde, o mercado português denota uma situação de quase monopólio no destino das suas exportações e com uma tendência para a sua subida: 48,8% em 1993 e 89,7% em 1999.

Esta última situação, como mais à frente se verá, é interessante e aponta um dos cenários possíveis de alteração de comportamento empresarial ao aliar investimento com exportações. Ou seja: desde pelo menos 1996 que artigos de vestuário (camisas para homem) e calçado (partes de calçado e calçado de borracha, plástico e de couro), provenientes de investimentos portugueses na área da indústria em Cabo Verde, são responsáveis por mais de 80% das exportações daquele país para Portugal[145].

---

[143] De acordo com as estatísticas do comércio externo do INE (Portugal).

[144] Ver nota anterior.

[145] O calçado correspondeu a 57% das exportações para Portugal em 1998 e a 63% em 1999, enquanto o vestuário foi responsável, nesses mesmos dois anos, por 18% e 19% das vendas totais a Portugal, de acordo com as estatísticas de comércio externo do INE (Portugal).

QUADRO 7 – Exportações para os países da CPLP relativamente às exportações totais de cada país

(em percentagem)

ANGOLA

Exportações para:	Pré-CPLP						Pós-CPLP	
	1992	1993	1994	1995	1996	1997	1998	1999
Angola			*n.d.*					
Brasil	*n.d.*	0.09	0.35	0.02	*n.d.*		*n.d.*	
Cabo Verde	0.00	16.0	0.00	0.00	0.00		*n.d.*	
Guiné-Bissau			*n.e.*					
Moçambique			*n.e.*					
Portugal	4.4	2.2	1.6	1.7	1.6	1.9	1.7	1.2
São Tomé e P.			*n.e.*					

BRASIL

Exportações para:	Pré-CPLP						Pós-CPLP	
	1992	1993	1994	1995	1996	1997	1998	1999
Angola	3.4	6.8	2.6	*n.d.*	*n.d.*		*n.d.*	
Brasil								
Cabo Verde	0.00		*n.e.*					
Guiné-Bissau	0.00		*n.e.*					
Moçambique	0.00		*n.e.*					
Portugal	0.2	0.4	0.5	0.8	1.0	1.0	0.9	0.6
São Tomé e P.	0.3		*n.e.*					

CABO VERDE

Exportações para:	Pré-CPLP						Pós-CPLP	
	1992	1993	1994	1995	1996	1997	1998	1999
Angola			*n.d.*			*n.d.*	*n.d.*	
Brasil		0.02	0.01	0.02	*n.d.*			
Cabo Verde								
Guiné-Bissau	2.1	0.7	0.20	0.2	7.1	0.1	0.2	0.0
Moçambique			*n.e.*					
Portugal	0.31	0.38	0.46	0.58	0.51	0.54	0.54	0.61
São Tomé e P.			*n.e.*					

GUINÉ-BISSAU

Exportações para:	Pré-CPLP						Pós-CPLP	
	1992	1993	1994	1995	1996	1997	1998	1999
Angola			*n.e.*					
Brasil	*n.d.*	0.00	0.00	0.00	*n.d.*			
Cabo Verde			*n.d.*					
Guiné-Bissau								
Moçambique			*n.e.*					
Portugal	0.14	0.14	0.17	0.14	0.11	0.12	0.07	0.07
São Tomé e P.			*n.e.*					

MOÇAMBIQUE

Exportações para:	Pré-CPLP						Pós-CPLP	
	1992	1993	1994	1995	1996	1997	1998	1999
Angola			*n.d.*		*n.d.*		*n.d.*	
Brasil	*n.d.*	0.01	0.01	0.01				
Cabo Verde			*n.e.*					
Guiné-Bissau			*n.e.*					
Moçambique								
Portugal	0.18	0.24	0.24	0.24	0.21	0.21	0.28	0.30
São Tomé e P.			*n.e.*					

PORTUGAL

Exportações para:	Pré-CPLP						Pós-CPLP	
	1992	1993	1994	1995	1996	1997	1998	1999
Angola	3.0	0.2	0.4	0.3	1.0	0.6	0.5	
Brasil	*n.d.*	0.70	0.78	0.89	*n.d.*	*n.d.*	0.86	*n.d.*
Cabo Verde	80.0	48.8	58.8	82.9	77.9	74.1	88.9	89.7
Guiné-Bissau	38.1	12.8	2.8	27.3	2.9	3.2	1.5	0.1
Moçambique	13.1	12.7	8.9	8.4	7.7	8.9	7.6	8.7
Portugal								
São Tomé e P.	1.9	0.7	0.6	1.9	2.0	5.7	26.6	*n.d.*

SÃO TOMÉ E PRÍNCIPE

Exportações para:	Pré-CPLP						Pós-CPLP	
	1992	1993	1994	1995	1996	1997	1998	1999
Angola			*n.d.*					
Brasil	*n.d.*	0.00	0.00	0.00	*n.d.*			
Cabo Verde			*n.e.*					
Guiné-Bissau			*n.e.*					
Moçambique			*n.e.*					
Portugal	0.06	0.08	0.07	0.08	0.06	0.06	0.07	0.08
São Tomé e P.								

FONTE: Banco de Portugal (2000), *Evolução das Economias dos Palop 1999/2000*; Ferreira, M.E. et Almas, R. (1997), "Les Contours Économiques de la CPLP", *Lusotopie 1997*; Ministério das Relações Exteriores do Brasil, *Angola, Cabo Verde, Guiné-Bissau, Moçambique e São Tomé: Quadros Sintéticos*, 1994, Brasília.

NOTAS: 0.00 – comércio estatisticamente insignificante; *n.d.* – não disponível (provavelmente existe); *n.e.* – não existente ou insignificante.

80 *Cooperação Económica*

Em sentido oposto, a perda de importância do mercado português para as exportações guineenses deve ser atribuída ao crescimento das vendas de castanha de caju (cerca de 90% das exportações totais do país desde 1994[146]) que se destinam à Índia, país de destino de 59,1% das vendas da Guiné-Bissau ao exterior em 1996[147].

Uma nota de destaque para o valor irrisório que o mercado português representa nas exportações angolanas e brasileiras, em ambos os casos inferior a 1% das exportações totais desses países. Para o primeiro deles, Angola, a explicação reside na concentração das suas exportações no petróleo bruto e nos diamantes em bruto; no segundo caso, pese embora toda a retórica em volta da importância, das vantagens ou da necessidade da reciprocidade entre os dois países mais desenvolvidos da CPLP, Portugal não é claramente a tão desejada e propalada oportuna porta de entrada dos produtos brasileiros na União Europeia. Em 1998, por exemplo, a Alemanha representou 5,9% das exportações brasileiras enquanto a Holanda absorveu 5,4% dessas vendas[148]. E embora o nível de desenvolvimento e diversificação da actividade económica do Brasil não tenha paralelo com os países africanos de língua portuguesa, o certo é que as suas exportações direccionadas ao mercado português não são muito diversificadas, concentradas em torno de produtos primários que perfazem mais de 60% do total exportado.

Finalmente, uma referência para o facto de Angola representar uma diminuta parcela das exportações totais brasileiras, inferior a 0.5%, e igualmente uma muito reduzida parte nas vendas que o Brasil efectua em África: em 1992 atingiu 5,4% e em 1993 não ultrapassou os 3,3% reforçando uma tendência decrescente desde 1989, ano em que essa quota de exportação atingiu os 11,9%[149]. Em contraste, refira-se que Angola representou cerca de 70% e 45% das exportações portuguesas para África naqueles dois anos sucessivos.

---

[146] Banco de Portugal, *Evolução das Economias dos PALOP 1999-2000*, Lisboa, 2000.

[147] De acordo com The Economist Intelligence Unit, *Guinea-Bissau – Country Report*, 4th quarter, 1999, citado em ICEP, *Guiné-Bissau: um país, um destino*, s/d, Lisboa.

[148] De acordo com The Economist Intelligence Unit, *Brazil – Country Report*, June, 2000, citado em INE, *Brasil: um país, um mercado*, s/d, Lisboa.

[149] Ministério das Relações Exteriores, *Angola: Quadros Sintéticos*, 1994, Brasília.

A Comunidade dos Países de Língua Portuguesa no contexto da Globalização   81

Do ponto de vista das exportações dos PALOP para o Brasil, o único destaque vai para Angola: com um valor relativo mais assinalável (6,8% em 1993 e 2,6% em 1994), e bem mais significativo do que as vendas efectuadas a Portugal, essas exportações limitam-se aos óleos brutos de petróleo e ao gás de petróleo. Os restantes países vendem alguns produtos em valores não significativos, de tal modo que as próprias análises de mercado brasileiro não os especificam[150].

Em suma, à parte o papel que o mercado português representa para as exportações de alguns países da CPLP, o mercado angolano para as exportações portuguesas (pouco mais de 1%) e eventualmente ainda o mercado brasileiro relativamente a Angola, o panorama das exportações intra-CPLP continua a manter a incipiência registada antes da formação daquela Comunidade.

Quanto às **importações intra-CPLP** (quadro 8), as conclusões a retirar não são muito diferentes das relativas ao comércio de exportação.

Para lá do facto de Portugal ser, uma vez mais, o parceiro mais significativo da CPLP nas importações efectuadas pelos restantes países, há a destacar, no entanto, o peso de Angola nas importações totais de Cabo Verde (entre os 3% e os 4% em 1995 e 1996), essencialmente pelo fornecimento de combustíveis, situação essa que explica também a importância ainda maior de Angola enquanto fornecedor de S. Tomé e Príncipe: 4,5% em 1992, mais de 13% em 1996 e 11,5% em 1998.

Por outro lado, refira-se que Angola e Cabo Verde são os dois únicos mercados, de entre os PALOP, que absorvem produtos brasileiros com algum significado.

No caso de Angola, os produtos brasileiros apresentam uma importância crescente nas suas importações, tendo passado de uma quota de 2,6% em 1992 e de 1,9% em 1996 para valores entre os 4% e os 6% nos três anos seguintes. Embora não se tenha conseguido actualizar os dados estatísticos, tomando como referente anos anteriores, verifica-se que os açúcares e produtos de confeitaria, as gorduras e óleos animais e vegetais, as carnes e miudezas, os produtos da indústria de moagem e os veículos automóveis foram responsáveis por 54% e 67% das vendas totais a Angola em 1992 e 1993, respectivamente.

---

[150] Ministério das Relações Exteriores, *Cabo Verde, Guiné-Bissau, Moçambique, São Tomé e Príncipe: Quadros Sintéticos*, 1994, Brasília.

QUADRO 8 – Importações provenientes dos países da CPLP em relação às importações totais de cada um dos países

(em percentagem)

ANGOLA

Importações de:	Pré-CPLP					Pós-CPLP		
	1992	1993	1994	1995	1996	1997	1998	1999
Angola	*n.d.*	0.11	0.04	0.48	*n.d.*			
Brasil			*n.d.*			*n.d.*	*n.d.*	
Cabo Verde			*n.d.*			*n.d.*	*n.d.*	
Guiné-Bissau			*n.e.*			*n.e.*	*n.e.*	
Moçambique			*n.e.*			*n.e.*	*n.e.*	
Portugal	0.38	0.02	0.02	0.03	0.03	0.13	0.06	0.02
São Tomé e P.	4.5	7.3	4.8	4.4	13.3	6.7	11.5	*n.d.*

BRASIL

Importações de:	Pré-CPLP					Pós-CPLP		
	1992	1993	1994	1995	1996	1997	1998	1999
Angola	2.6	2.9	11.9	1.2	1.9	4.0	6.0	5.1
Brasil								
Cabo Verde	5.2	*n.d.*		4.3	3.1		*n.d.*	
Guiné-Bissau	0.1		*n.e.*				*n.d.*	
Moçambique	0.2		*n.d.*				*n.d.*	
Portugal	1.2	1.4	1.5	1.6	1.3	1.8	1.4	0.7
São Tomé e P.	0.00		*n.e.*				*n.e.*	

CABO VERDE

Importações de:	Pré-CPLP					Pós-CPLP		
	1992	1993	1994	1995	1996	1997	1998	1999
Angola					*n.e.*			
Brasil					*n.d.*			
Cabo Verde								
Guiné-Bissau					*n.d.*			
Moçambique					*n.e.*			
Portugal	0.00	0.00	0.01	0.02	0.02	0.03	0.02	0.02
São Tomé e P.					*n.e.*			

GUINÉ-BISSAU

Importações de:	Pré-CPLP					Pós-CPLP		
	1992	1993	1994	1995	1996	1997	1998	1999
Angola			*n.e.*					
Brasil		0.00					*n.e.*	
Cabo Verde			*n.d.*					
Guiné-Bissau								
Moçambique			*n.e.*					
Portugal	0.01	0.00	0.01	0.02	0.01	0.00	0.00	0.00
São Tomé e P.			*n.e.*					

MOÇAMBIQUE

Importações de:	Pré-CPLP					Pós-CPLP		
	1992	1993	1994	1995	1996	1997	1998	1999
Angola			*n.e.*					
Brasil			*n.e.*					
Cabo Verde			*n.e.*					
Guiné-Bissau			*n.e.*					
Moçambique								
Portugal	0.11	0.08	0.09	0.09	0.08	0.09	0.08	0.10
São Tomé e P.			*n.e.*					

PORTUGAL

Importações de:	Pré-CPLP					Pós-CPLP		
	1992	1993	1994	1995	1996	1997	1998	1999
Angola	34.1	26.6	22.5	20.4	21.5	22.4	20.3	18.8
Brasil	*n.d.*	0.22	0.25	0.34	*n.d.*	*n.d.*	0.38	*n.d.*
Cabo Verde	32.2	33.6	34.5	39.8	40.9	42.8	46.9	52.7
Guiné-Bissau	35.1	32.3	37.7	37.6	38.4	28.5	32.0	19.7
Moçambique	6.1	6.1	5.0	9.0	6.3	6.1	7.9	6.3
São Tomé e P.	38.7	35.4	28.3	38.2	29.0	26.3	41.4	*n.d.*

SÃO TOMÉ E PRÍNCIPE

Importações de:	Pré-CPLP					Pós-CPLP		
	1992	1993	1994	1995	1996	1997	1998	1999
Angola			*n.e.*					
Brasil	*n.e.*		0.00		*n.e.*			
Cabo Verde			*n.e.*					
Guiné-Bissau			*n.e.*					
Moçambique			*n.e.*					
Portugal	0.00	0.00	0.00	0.00	0.00	0.00	0.00	0.01
São Tomé e P.								

FONTE: Banco de Portugal (2000), *Evolução das Economias dos Palop 1999/2000*; Ferreira, M.E. et Almas, R. (1997), "Les Contours Économiques de la CPLP", *Lusotopie 1997*; Ministério das Relações Exteriores do Brasil, *Angola, Cabo Verde, Guiné-Bissau, Moçambique e São Tomé: Quadros Sintéticos*, 1994, Brasília

NOTAS: 0.00 – comércio estatisticamente insignificante; *n.d.* – não disponível (provavelmente existe); *n.e.* – não existente ou insignificante

A Comunidade dos Países de Língua Portuguesa no contexto da Globalização   83

Relativamente a Cabo Verde, as importações provenientes do Brasil situam-se entre os 3% e os 5%, essencialmente constituídos por tecidos, barras de ferro, aparelhos eléctricos para telefonia, açúcares de cana ou beterraba e produtos de confeitaria[151]. Quanto aos restantes PALOP, como já foi referido, os montantes envolvidos são negligenciáveis.[152]

Quanto ao peso relativo dos produtos brasileiros no mercado português ele tem vindo a diminuir desde a constituição da CPLP em 1996: neste ano o Brasil contribuiu para 1,3% das compras portuguesas, passando no ano seguinte para 1,8% e diminuindo em 1998 e em 1999 para apenas 1,4% e 0,7%. Os principais produtos envolvidos são os couros, a soja, a madeira em bruto e serrada, os açúcares, o café, o sisal e outras fibras têxteis, polímeros e partes de máquinas.

Em sentido inverso o mesmo acontece, isto é, as importações brasileiras provenientes de Portugal eram e mantiveram-se no período pós--criação da CPLP abaixo dos 0,5%, concentradas nas compras de azeite de oliveira, minérios de cobre, vinhos, moldes, livros e partes de motores[153], claramente suplantadas pelas importações de outros países europeus, nomeadamente da Alemanha (9,1%) e da Itália (5,6%) em 1998[154].

Mas como acima já foi referido, continua a caber a Portugal o papel central no comércio de importação intra-CPLP, nomeadamente para qualquer um dos países africanos de língua portuguesa, sendo o principal fornecedor destes países, com a excepção de Moçambique onde ocupa a 3ª posição.

Traduzindo estes elementos em quotas de importação desses países, Portugal preenche cerca de 20% do mercado angolano, cerca de metade do mercado cabo-verdeano, entre 20% e 30% do guineense, à volta dos 6% do mercado moçambicano e, finalmente, cerca de 40% do são-tomense.

Mantendo uma relação tipicamente clássica das trocas comerciais entre países desenvolvidos e países em vias de desenvolvimento, o que,

---

[151] Ministério das Relações Exteriores, *Cabo Verde: Quadros Sintéticos*, 1994, Brasília.

[152] A título de curiosidade refira-se que os principais produtos envolvidos são os açúcares e produtos de confeitaria, tractores, fogões de cozinha e cigarros, cf. Ministério das Relações Exteriores, *Guiné-Bissau, Moçambique, São Tomé e Príncipe: Quadros Sintéticos*, 1994, Brasília.

[153] ICEP, *Brasil: Informações Gerais sobre o Mercado*, s/d, São Paulo, Brasil.

[154] ICEP, *Brasil: um País, um Mercado*, s/d, Lisboa.

em termos de análise, faria ainda hoje as delícias dos teóricos da *escola dependentista*, as importações oriundas de Portugal correspondem a todo o tipo de produtos manufacturados, desde agro-alimentares a produtos químicos e plásticos, passando pelo vestuário e calçado, e acabando nas obras de metais comuns, nas máquinas e aparelhos eléctricos e no material de transporte.

Tomando aqueles cinco países conjuntamente, as importações de máquinas e aparelhos (22% do total), produtos alimentares (14%), produtos agrícolas (8%) e produtos químicos (9%), representaram mais de 50% das compras que efectuaram a Portugal em 1999. Nos dois anos imediatamente anteriores a mesma estrutura de importação e peso relativo foi observada[155].

Especificando por países[156], e tendo em atenção o ano de 1999, Angola importou de Portugal essencialmente bens alimentares e agrícolas (23%) seguido de perto pelas máquinas e aparelhos (18%). Depois aparecem os produtos químicos, as obras de metais comuns e os veículos e outros meios de transporte. Quanto a Cabo Verde a ordem é a mesma, representando os primeiros 19% e os segundos 17%, seguindo-se-lhes os combustíveis (14%), muito embora estes últimos tivessem ocupado a primeira posição em 1997 (27%) e se tivessem mantido em segundo lugar, individualmente, nos dois anos seguintes.

A ausência de condições naturais em Cabo Verde que lhe permita ser auto-suficiente nesta matéria e, sobretudo, o facto de desempenhar um papel importante em certas rotas do tráfego internacional aéreo, explicam este tipo de importação.

No que respeita à Guiné-Bissau, uma vez mais os produtos agrícolas e alimentares destacam-se (40% em 1999 e acima dos 30% nos dois anos anteriores), seguido pelas máquinas e aparelhos (14%) e material de transporte (13%).

Relativamente a São Tomé e Príncipe, e para não variar, as importações de produtos agrícolas e alimentares destacam-se (37%), após o que aparecem as máquinas e aparelhos (14%) e o material de transporte (11%).

Para Moçambique, contudo, o "retrato" não é o mesmo que nos casos anteriores: as aquisições efectuadas junto do mercado português

---

[155] Conforme estatísticas em Banco de Portugal, *A Evolução das Economias dos PALOP 1999-2000*, 2000, Lisboa.

[156] Ver nota anterior.

colocam em primeiro lugar e de forma clara, as máquinas e aparelhos (46% em 1999, depois de 36% em 1997 e 45% em 1998). Não sendo um movimento pontual, a razão radica na forte relação de investimento português no país que proporciona, por arrastamento, novas oportunidades de negócio ao nível das exportações portuguesas para aquele país. A mesma razão explica, por exemplo, a importância na estrutura de importação moçambicana com origem em Portugal, dos metais comuns e suas obras (9%) e dos produtos químicos (7%). Os produtos agrícolas e alimentares (cerca de 10% nos anos de 1997 a 1999) ocupam igualmente um lugar de destaque, por razões diferentes das que afectam a generalidade dos países africanos da CPLP.

Em contrapartida, produtos com fraco valor acrescentado, em bruto, raramente transformados industrialmente (a excepção são os artigos do vestuário e do calçado importados de Cabo Verde), caracterizam as importações portuguesas provenientes daqueles países africanos[157]: petróleo, café e granitos de Angola (90% do total importado); algodão não cardado e crustáceos de Moçambique (igualmente 90%); peixes congelados, crustáceos, óleo de coco e café de São Tomé e Príncipe (entre 80% e 90% das importações); madeira em bruto, peixes congelados e sementes e frutos oleaginosos da Guiné-Bissau (cerca de 60%).

Investimentos intra-CPLP

A segunda e importante componente de análise nas relações económicas no espaço da CPLP diz respeito aos **fluxos de investimento directo que os países membros dirigem entre si**. Para além do montante absoluto associado a este movimento de capital, é necessário seguir a mesma metodologia empregue anteriormente na interpretação da importância do comércio externo entre os signatários desta Comunidade.

Começando pelos investimentos efectuados por cada um dos países no seio da CPLP, tendo em conta o seu peso relativo no investimento total efectuado no estrangeiro por cada um deles (Quadro 9), a principal conclusão a extrair é que estamos de novo em presença de um papel mais activo desempenhado por Portugal.

---

[157] De acordo com as estatísticas do comércio externo do INE (Portugal).

QUADRO 9 – Investimentos nos países da CPLP relativamente ao IDE total de cada país no estrangeiro

(em percentagem)

ANGOLA / BRASIL / CABO VERDE

Investimentos em:	ANGOLA Pré-CPLP 1992	1993	1994	1995	1996	ANGOLA Pós-CPLP 1997	1998	1999	BRASIL Pré-CPLP 1992	1993	1994	1995	1996	BRASIL Pós-CPLP 1997	1998	1999	CABO VERDE Pré-CPLP 1992	1993	1994	1995	1996	CABO VERDE Pós-CPLP 1997	1998	1999
Angola											n.e.				n.e.				n.d.				n.d.	
Brasil			n.d.				n.d.												n.e.				n.e.	
Cabo Verde			n.e.				n.e.				n.e.				n.e.									
Guiné-Bissau			n.e.				n.e.				n.e.				n.e.				n.e.				n.e.	
Moçambique			n.e.				n.e.				n.e.				n.e.				n.e.				n.e.	
Portugal	0.0	2.6	0.5	0.5	1.6	1.5	0.9	2.2	0.3	#	0.9	4.5	32.2	30.1	93.1	58.8	0.0	0.3	0.1	3.0	0.1	0.8	0.2	1.4
São Tomé e P.			n.e.				n.e.				n.e.				n.e.				n.e.				n.e.	

GUINÉ-BISSAU / MOÇAMBIQUE / PORTUGAL

Investimentos em:	GUINÉ-BISSAU Pré-CPLP 1992	1993	1994	1995	1996	G-B Pós-CPLP 1997	1998	1999	MOÇAMBIQUE Pré-CPLP 1992	1993	1994	1995	1996	MOÇ Pós-CPLP 1997	1998	1999	PORTUGAL Pré-CPLP 1992	1993	1994	1995	1996	PORT Pós-CPLP 1997	1998	1999
Angola			n.e.				n.e.				n.e.				n.e.				n.d.				n.d.	
Brasil			n.e.				n.e.				n.e.				n.e.		n.d.	n.d.	0.24	n.d.	n.d.		n.d.	
Cabo Verde			n.e.				n.e.				n.e.				n.e.				n.d.				n.d.	
Guiné-Bissau											n.e.				n.e.				n.d.				n.d.	
Moçambique			n.e.				n.e.												n.d.				n.d.	
Portugal	0.0	n.e.	0.1	0.0	0.1	0.6	0.0	0.0	0.0	5.4	8.5	0.3	2.7	1.3	0.8	0.7								
São Tomé e P.			n.e.				n.e.				n.e.				n.e.				n.d.				n.d.	

SÃO TOMÉ E PRÍNCIPE

Investimentos em:	Pré-CPLP 1992	1993	1994	1995	1996	Pós-CPLP 1997	1998	1999
Angola			n.d.				n.d.	
Brasil			n.e.				n.e.	
Cabo Verde			n.e.				n.e.	
Guiné-Bissau			n.e.				n.e.	
Moçambique			n.e.				n.e.	
Portugal	n.e.	0.0	n.e.	0.1	0.1	0.0	0.0	0.0
São Tomé e P.								

FONTE: Cálculos dos autores e estatísticas provenientes de Banco de Portugal (2000), *Evolução das Economias dos Palop 1999/2000*; ICEP (s/d): *Um país, um mercado: Cabo Verde, Guiné-Bissau e Moçambique*; Ferreira, M.E. et Almas, R. (1997),"Les Contours Économiques de la CPLP", *Lusotopie 1997*

NOTAS: 0.00 – investimento estatisticamente insignificante; *n.d.* – não disponível (provavelmente existe); *n.e.* – provavlmente não existente ou insignificante

Embora se constate a existência de alguns projectos de investimento do Brasil em Angola, nomeadamente na área da construção (por exemplo, a Odebrecht na barragem de Capanda ou em outras obras de engenharia civil como foi o caso da hidroeléctrica do Gove em 1987 ou de reabilitação de infraestruturas de saneamento básico), da exploração diamantífera (de novo envolvendo aquela empresa brasileira no quimberlito da Catoca na Lunda-Sul ou a Construtora António Gutierrez em Lucapa na Lunda-Norte)[158] ou da pesquisa e prospecção de jazidas minerais (ferro, manganês e ouro, envolvendo a Odebrecht ou a Construtora Andrade Gutierrez em associação com a Companhia Mineira de Angola e a Ferrangol), nos restantes países, e de acordo com as publicações oficiais a que se teve acesso, nenhuma outra referência foi encontrada. Apenas manifestações de interesse na prestação de certos serviços (aeroporto da Praia e Porto Grande em Cabo Verde, por exemplo; aeroporto e porto de Maputo ou o projecto integrado de carvão de Moatize, em Moçambique; e aeroporto de S. Tomé, em S. Tomé e Príncipe).

Quanto aos investimentos brasileiros em Portugal, sabe-se que os 14 milhões de contos de 1994 equivaleram a 0,24% do investimento total daquele país no exterior. Tendo em conta que em 1997 esse montante foi, em termos líquidos, de 16,7 milhões de contos e em 1999 baixou para 11,1 milhões de contos, a conclusão que parece poder retirar-se é que Portugal não é destino prioritário nem importante para os empresários brasileiros. No entanto, como mais à frente se verá, na óptica de Portugal, país de destino desse investimento, o seu peso relativo já é significativo.

No que concerne à aplicação do investimento português nos países africanos de língua portuguesa, o seu peso relativo no IDE total português é muito reduzido. No período em análise nada se pode concluir sobre algum efeito indutor que a institucionalização da CPLP possa ter despoletado: o *"sobe e desce"*, sempre em percentagens reduzidas, é visível nas diversas situações, tendo atingido o seu máximo valor em 1999, em Angola, com 2,2% do IDE total português.

---

[158] É de admitir montantes de investimento brasileiro no mercado angolano, não só pelas notícias de actividade da empresa citada como de outras não referidas usualmente nos órgãos de comunicação social. O facto, por exemplo, da balança de capitais bilateral com Angola indicar a existência de um superávite de 14 milhões de USD em 1990 pode disso mesmo ser revelador, cf. Ministério das Relações Exteriores, *Angola: Quadros Sintéticos*, 1994, Brasília.

Em contrapartida, o mercado brasileiro tem vindo a tornar-se um pólo de atracção mais significativo para os empresários portugueses, tendo dado o primeiro salto em 1996, quando passou de 4,5% para 32,2% do total, reforçando estrondosamente em 1998 (93,1%) e mantendo-se bem acima dos 50% em 1999. As várias oportunidades de negócio que se abriram, aliadas aos processos de privatização de empresas brasileiras, à semelhança do que ocorreu em Cabo Verde e em Moçambique, explicam este movimento[159].

Quanto ao significado relativo dos investimentos recebidos pelos países da Comunidade e com origem nos países parceiros, o Quadro 10 dá conta desta realidade.

Primeira verificação: os investimentos com origem nos países africanos da Comunidade são ou inexistentes ou de reduzido valor absoluto e relativo nos mercados brasileiro e português.

No caso do Brasil, conseguiu-se apurar que o *stock* de capital investido por Angola no Brasil entre 1976 e 1986 foi de 38 milhões de USD (num projecto de pecuária), tendo sido nulo entre 1987 e 1995 e, se existente, estatisticamente insignificante entre 1996 e 2000[160].

No caso de Cabo Verde, embora não tenha sido possível apurar o montante e importância relativa, há que assinalar que a empresa estatal petrolífera angolana Sonangol adquiriu parte da sua congénere cabo-verdiana no processo de privatização da Enacol, onde está igualmente a empresa portuguesa Petrogal.

Por outro lado, sabe-se igualmente da participação de Angola em investimentos em S. Tomé e Príncipe, nomeadamente também aquando do processo de privatização ocorrido neste país.

Quanto ao IDE recebido por Portugal, o investimento brasileiro tem oscilado na sua importância relativa, atingido o seu máximo em 1999, valendo 10,7% do IDE aplicado em Portugal.

---

[159] Sobre este assunto e ainda sobre a análise do comércio externo bilateral, ver Joaquim Ramos Silva, "O Desenvolvimento Recente das Relações Económicas Luso-Brasileiras: Algumas Reflexões", comunicação apresentada ao *III Encontro de Economistas de Língua Portuguesa*, Macau, 28-30 de Junho de 1998.

[160] Banco Central do Brasil, *Investimento e Reinvestimento Estrangeiro no Brasil*, 1995 e Banco Central do Brasil, *Investimentos Diretos – Distribuição por País de Origem dos Recursos*, 2000.

QUADRO 10 – Investimentos provenientes dos países da CPLP em relação aos IDE – Total recebido por cada um dos países

(em percentagem)

Investimentos vindos de:	ANGOLA								BRASIL								CABO VERDE							
	Pré-CPLP					Pós-CPLP			Pré-CPLP					Pós-CPLP			Pré-CPLP					Pós-CPLP		
	1992	1993	1994	1995	1996	1997	1998	1999	1992	1993	1994	1995	1996	1997	1998	1999	1992	1993	1994	1995	1996	1997	1998	1999
Angola											n.d.				n.d.				n.e.				n.e.	
Brasil			n.e.				n.e.												n.e.				n.e.	
Cabo Verde			n.d.				n.d.				n.d.				n.d.									
Guiné-Bissau			n.e.				n.e.				n.e.				n.e.				n.e.				n.e.	
Moçambique			n.e.				n.e.				n.e.				n.e.				n.e.				n.e.	
Portugal	n.d.	0.01	0.27	0.00	0.09	0.14	0.02	0.05	n.d.	2.21	5.07	0.15	1.19	4.19	0.76	10.7	n.e.	0.00		n.e.		0.01	0.01	0.01
São Tomé e P.			n.d.				n.d.												n.e.				n.e.	

Investimentos vindos de:	GUINÉ-BISSAU								MOÇAMBIQUE								PORTUGAL							
	Pré-CPLP					Pós-CPLP			Pré-CPLP					Pós-CPLP			Pré-CPLP					Pós-CPLP		
	1992	1993	1994	1995	1996	1997	1998	1999	1992	1993	1994	1995	1996	1997	1998	1999	1992	1993	1994	1995	1996	1997	1998	1999
Angola			n.e.				n.e.				n.e.				n.e.		n.d.	58.1	87.1	35.8	n.d.		n.d.	
Brasil			n.e.				n.e.				n.e.				n.e.		0.00	0.71	2.14	n.d.	2.64	4.45	7.54	8.74
Cabo Verde			n.e.				n.e.				n.e.				n.e.		n.d.	n.d.	44.5	77.4	3.1	100	n.d.	n.d.
Guiné-Bissau											n.e.				n.e.		n.d.	100	21.8	61.1	40.6	100	15.7	n.d.
Moçambique			n.e.				n.e.										n.d.	n.d.	26.5	3.9	28.4	33.3	10.3	n.d.
Portugal	n.e.	0.00	n.e.	n.e.	0.00	0.00	#	n.e.	n.d.	n.d.	0.00	0.00	#	#	#	0.02								
São Tomé e P.			n.e.				n.e.				n.e.				n.e.				n.d.				n.d.	

Investimentos vindos de:	SÃO TOMÉ E PRÍNCIPE							
	Pré-CPLP					Pós-CPLP		
	1992	1993	1994	1995	1996	1997	1998	1999
Angola			n.e.				n.e.	
Brasil			n.e.				n.e.	
Cabo Verde			n.e.				n.e.	
Guiné-Bissau			n.e.				n.e.	
Moçambique			n.e.				n.e.	
Portugal	n.d.	0.00	0.00	n.e.	0.00	0.00	0.00	0.00
São Tomé e P.								

FONTE: Cálculos dos autores e estatísticas provenientes de Banco de Portugal (2000), *Evolução das Economias dos Palop 1999/2000*; ICEP (s/d), *Um país, um mercado: Cabo Verde, Guiné-Bissau e Moçambique*; Banco Central do Brasil (2000), *Investimentos Diretos – Distribuição por País de Origem dos Recursos*; Ferreira, M.E. et Almas, R. (1997), "Les Contours Économiques de la CPLP", *Lusotopie 1997*

NOTAS: 0.00 – investimento estatisticamente insignificante; *n.d.* – não disponível (provavelmente existe); *n.e.* – não existente ou insignificante; # - invest. líquido negativo

Em sentido inverso, os investimentos portugueses no Brasil foram responsáveis, em 1999, por 8,7% do IDE total entrado no Brasil, traduzindo um movimento anualmente crescente desde 1992.

Tendo um *stock* de capital de 106 milhões de USD até 1995, o que representava apenas 0,25% do total existente no país, o fluxo de investimento aumentou a partir desse ano, posicionando Portugal como 10º investidor em 1996 (atrás de países europeus como a França, a Espanha, a Holanda, o Luxemburgo e a Alemanha), como 6º investidor no ano seguinte (suplantado na Europa apenas pela Holanda e França), passando a ocupar o 5º lugar em 1998 (depois da Espanha e da França), o 3º em 1999 (atrás da Espanha) e igualmente o 3º lugar no 1º semestre de 2000 (de novo atrás da Espanha)[161].

Por fim, importa indagar qual o significado do investimento português no IDE recebido pelos países africanos de língua portuguesa.

Não se dispõe de informação sobre S. Tomé e Príncipe, mas as notícias sobre a actividade empresarial neste país levam a crer que o peso relativo dos investimentos portugueses é elevado, à semelhança do que ocorre nos restantes quatro países.

Em Angola, a presença empresarial portuguesa é grande e diversificada, pelo que as elevadas percentagens apuradas nos anos anteriores à formação da CPLP (58,1% em 1993 e 35,8% em 1995) se deverão manter. De notar que neste cálculo não se considera o investimento estrangeiro dirigido à indústria petrolífera.

Em Cabo Verde a situação do investimento português está ainda mais reforçada, tendo chegado a atingir os 100% em 1997. Certamente que o desenrolar das privatizações e a participação de Portugal deverá ter permitido que Portugal mantivesse lugar cimeiro, apenas 'beliscado' por investimentos italianos no sector hoteleiro.

O mesmo poderá ser dito sobre o significado do investimento português na Guiné-Bissau, como se vê no Quadro 10.

Também com posição de destaque em Moçambique, Portugal foi, pelo menos até 1997, o principal investidor neste país, seguido de perto pela África do Sul e a Grã-Bretanha. No entanto, tomando um período decorrente entre 1985 e Abril de 2000, Portugal passa para 3º lugar, atrás daqueles dois países, considerando-se o projecto Mozal

---

[161] *Ibidem.*

no valor de 650 milhões de USD. Sem ele Portugal seria o primeiro investidor[162].

Portugal: o *omega* da CPLP?

A análise do que tem sido o relacionamento económico e financeiro no espaço intra-CPLP não deixou dúvidas quanto ao papel central que, do ponto de vista económico, Portugal desempenha em todo este processo. O facto não é de estranhar e pode talvez ser explicado pela resolução do que se poderia chamar um *"exorcismo político-económico"*[163] que ocorreu nos anos subsequentes à independência dos países africanos de língua portuguesa. Este *"exorcismo"*, procurando legitimamente diversificar as suas relações económicas com o exterior implicou, ou deveria implicar, uma diminuição do peso relativo do comércio e do investimento bilaterais, embora não necessariamente em termos absolutos (Kleiman, 1977)[164].

Ora se nalguns casos isso ocorreu, não foi contudo tão acentuado quanto seria de esperar. Ao invés, funcionou aquilo que Livingstone[165] apelida de *"inércia negocial"* nas relações entre a ex-metrópole e as suas ex-colónias.

No entanto, esta *"inércia"* tem sido bem mais importante para os países africanos do que para Portugal, sublinhando o que está subjacente: a importância do *factor histórico* na explicação dos fluxos de comércio e de investimento bilaterais.

Tal factor não desempenha um papel tão diminuto, como vários autores pretendem. É assim, por exemplo, que Eichengreen and Irwin[166]

---

[162] CCPM (Câmara de Comércio Portugal-Moçambique), *Directório Moçambique 2000-2001*, 2000, Lisboa, p. 46.

[163] Num estudo sobre as relações económicas entre a França e a Inglaterra e as suas ex-colónias africanas, E. KLEIMAN, *Trade and the Decline of Colonialism*, "The Economic Journal", 86, 1976, pp. 459-480, desenvolve este tema.

[164] E. KLEIMAN, *Heirs to Colonial Trade*, "Journal of Development Economics", 4, 1977, pp.93-103.

[165] I. LIVINGSTONE, *The Impact of Colonialism and Independence on Export Growth in Britain and France*, "Oxford Bulletin of Economics and Statistics", 38, n.º 3, 1976, pp. 211-218.

[166] BARRY EICHENGREEN and DOUGLAS A. IRWIN, *The Role of History in Bilateral Trade Flows*, in "The Regionalization of the World Economy", Jeffrey A. Frankel (ed.), UCP, 1998: 55-56.

referem que "a teoria e a evidência sugerem que a história desempenha um papel no direccionamento do comércio internacional", demonstrando através da aplicação de um modelo que "a omissão de factores históricos sobredimensiona o comércio dos países da Europa continental com as suas antigas colónias depois de 1940".

No mesmo sentido, e com uma aplicação ao caso português, Dias demonstra que "no caso dos PALOP, os elementos de ligação que permanecem depois da descolonização têm ainda uma influência forte na orientação das exportações, constituindo forças de aproximação que se opõem às distâncias económica e geográfica"[167].

A explicação radica na análise da **dinâmica de crescimento e desenvolvimento interno** de cada um dos países, das suas estratégias, programas e projectos para o futuro. E aqui, claramente, Portugal optou pela integração prioritária da sua economia no espaço europeu, num primeiro momento, para depois se abalançar para o exterior. Do lado dos PALOP as dificuldades que cada um tem atravessado não têm permitido que se alicerce qualquer alternativa de relacionamento "preferencial", de ordem regional ou mais global.

Este entendimento da dinâmica económica interna de cada um dos países membros da Comunidade explica em grande parte tudo quanto se disse a propósito das relações intra-CPLP. O caso do Brasil, bastante diferente do que ocorreu e ocorre nos PALOP, demonstra igualmente e à semelhança de Portugal, que, do ponto de vista estratégico, aqueles países africanos e até mesmo o mercado português, não foram os espaços mais atractivos nas suas relações com o exterior. O que não quer dizer que não haja espaço para relações bilaterais no âmbito da CPLP, com Portugal ou com os PALOP, conforme Clóvis Brigagão sublinha[168].

No entanto, e derivado de relações históricas e de laços económicos enraizados, Portugal nunca deixou de olhar para as suas ex-coló-

---

[167] João Dias, *As Actuais Importações Portuguesas com Origem nos PALOP e a Importância da Anterior Ligação Colonial*, Documento de Trabalho n.º 27, CesA/ /ISEG, 1993: 10.

[168] Clóvis Brigagão, *Comunidade dos Países de Língua Portuguesa: Caminhos de Integração Fraterna*, "Política Internacional", n.º 13, 1996, pp. 13-24 e "Brasil & Portugal: Relações de Amizade e de Democracia, ou como Recuperar o Coração Partido", comunicação ao *Colóquio 'A Democracia e a Política Externa Portuguesa'*, Fundação Luso-Americana para o Desenvolvimento, Lisboa, 12-13 de Maio, 1999.

nias como um importante prolongamento estratégico, embora de *"segunda linha"*, na vertente económica.

Donde, não pode causar surpresa para os analistas, o facto de se ter assistido a várias interpretações do que deveria ser a CPLP, tanto do ponto de vista económico como noutras vertentes[169]. Essa discussão, mais forte em Portugal do que nos restantes países membros, ainda não está totalmente resolvida, como mais adiante se verá, e tem muito a ver com as condições económicas internas de cada um dos participantes desta Comunidade, associadas à interpretação que cada um faz e à maneira como tira as consequências políticas da pertença a essa comunidade.

Do ponto de vista económico não se vislumbram para o curto e médio-prazos alterações significativas nas estruturas económicas dos PALOP. Continuarão a ser países exportadores de matérias-primas ou de produtos quase sem transformação e por isso com pouco valor acrescentado nacional, importando todo o tipo de bens industriais, desde os produtos alimentares, o vestuário e calçado, até àqueles que sustentam a actividade económica, ou seja, os metais comuns e suas obras, os produtos químicos, as máquinas e o material de transporte.

Tendo em atenção o nível de desenvolvimento em que se encontra a economia brasileira, bem como a sua postura virada para o seu espaço regional, nada indica que, pelo menos num horizonte previsível, os países africanos possam representar para o Brasil um interesse económico muito significativo.

É evidente que aspectos específicos poderão ter grandes desenvolvimentos, até pelos montantes envolvidos. Estamos a pensar, em particular, quanto ao mercado angolano, nos sectores diamantífero e petrolífero, e em obras de engenharia civil e construção. Relativamente às suas relações com Portugal, estas poderão conhecer, quando muito, algum crescimento.

---

[169] Vd. MANUEL ENNES FERREIRA e RUI ALMAS, 1996, *op. cit.*. Com um enfoque mais centrado noutras vertentes ver igualmente MICHEL CAHEN, *Des Caravelles pour le Futur? Discours Politique et Idéologie dans l'Institutionalisation de la CPLP*, "Lusotopie 1997", Paris, 1997, pp. 391-433; YVES LÉONARD, *Da Descolonização à CPLP: as Relações Pós-Colonais*, comunicação ao "Colóquio 'A Democracia e a Política Externa Portuguesa'", Fundação Luso-Americana para o Desenvolvimento, 12-13 de Maio, Lisboa, 1999.

Resta assim a posição de Portugal. Como já foi referido, a opção económica portuguesa foi o mercado europeu, tendo as próprias circunstâncias conduzido a que os PALOP acabassem por perder peso relativo na economia portuguesa.[170]

Como se pode observar da leitura do Quadro 11, relativamente à situação anterior às independências daqueles países africanos e à instauração do regime democrático em Portugal (1974), não há nenhum caso em que as exportações dirigidas aos restantes membros da CPLP e as importações deles provenientes tenha registado uma melhoria da situação relativa no comércio externo português. As quebras mais significativas ocorrem com Angola, nas exportações para a Guiné-Bissau, com Moçambique e nas importações oriundas do Brasil.

Se se tomar agora em consideração a tendência anterior à constituição da CPLP e os três anos que se lhe seguiram, regista-se uma tendência de diminuição da importância relativa das exportações para Angola, para a Guiné-Bissau e para o Brasil, o mesmo acontecendo quanto às importações provenientes de Angola e do Brasil.

De sinal contrário registe-se quer a consolidação com ligeiro ascendente do papel do mercado cabo-verdiano, o que não deixa de surpreender face à reduzida dimensão do mercado e características do próprio país, quer de Moçambique. Em ambos os casos parece claramente que este movimento estará intimamente ligado à participação dos processos de privatização ocorridos naqueles países, associado à estabilidade e esforço que os respectivos governos têm colocado na condução das políticas económicas, criando um quadro atractivo para os empresários portugueses.

Mas esta interpretação das quotas de mercado nas exportações e nas importações portuguesas deve ser complementada com uma outra que tem em conta a evolução, em valor absoluto, das exportações e im-

---

[170] Sobre a evolução do relacionamento económico entre Portugal e os PALOP desde a independência destes últimos até à actualidade, ver ADELINO TORRES (coord.), *Portugal-PALOP: as Relações Económicas e Financeiras*, Ed. Escher, Lisboa, 1991, que abarca o período de 1976 a 1989; MANUEL ENNES FERREIRA, *Relações entre Portugal e África de Língua Portuguesa: Comércio, Investimento e Dívida (1973-1994)*, "Análise Social", vol. XXIX, n.º 129, 1994, respeitante ao período de 1973 e 1994; MANUEL ENNES FERREIRA, *Do Modelo Gravitacional ao Modelo dos Pólos de Difusão Regional? 25 anos de Política Externa Africana*, comunicação ao "Colóquio 'A Democracia e a Política Externa Portuguesa'", Fundação Luso-Americana para o Desenvolvimento, Lisboa, 12-13 de Maio, 1999, que aborda os anos de 1974 a 1999.

A Comunidade dos Países de Língua Portuguesa no contexto da Globalização   95

portações dirigidas ou provenientes daqueles países da CPLP. O Anexo 1 permite visualizar este último comportamento.

Constata-se que as exportações portuguesas para Cabo Verde aumentaram mais de cinco vezes desde o início da década de 90 e, no mesmo período, as importações foram multiplicadas por quase quatro. Aliás, não pode deixar de ser referido que, em 1999, este país adquiriu produtos portugueses no mesmo valor que o mercado brasileiro.

O mesmo fenómeno de aumento das exportações portuguesas ocorreu com Moçambique, embora com menor amplitude (entre duas e três vezes e meia mais), e com São Tomé.

No caso de Angola as exportações estagnaram em valores correntes e as importações caíram para um sexto do que eram.

Finalmente o Brasil, país com quem Portugal aumentou em valor as suas exportações e importações, nomeadamente as primeiras, mas que, como se disse, dá um sinal preocupante de diminuição dos valores envolvidos após a formação da CPLP.

QUADRO 11

Importância relativa do comércio externo português com os países da CPLP

(em percentagem do total do comércio externo português)

	Angola		Cabo Verde		Guiné--Bissau		Moçambique		S. Tomé		Brasil	
	Imp.	Exp.	Imp.	Exp.	Imp.	Exp.	Imp.	Exp.	Imp.	Exp.	Imp.	Exp.
Para memória:												
1973	6.36	7.20	0.04	0.83	0.13	1.38	2.97	4.96	0.14	0.24	2.92	0.99
1975	3.09	3.52	0.01	1.14	0.14	0.65	1.49	2.55	0.10	0.31	1.84	1.10
Pré-CPLP:												
1990	0.34	2.50	0.00	0.31	0.01	0.25	0.06	0.26	0.00	0.06	1.6	0.3
1991	0.37	3.35	0.01	0.31	0.01	0.20	0.06	0.23	0.00	0.06	1.4	0.2
1992	0.38	4.46	0.00	0.31	0.01	0.14	0.11	0.18	0.00	0.06	1.2	0.2
1993	0.02	2.25	0.00	0.38	0.01	0.14	0.08	0.24	0.00	0.08	1.4	0.4
1994	0.02	1.63	0.01	0.46	0.01	0.17	0.09	0.24	0.00	0.07	1.5	0.5
1995	0.03	1.70	0.02	0.58	0.02	0.14	0.09	0.24	0.00	0.08	1.6	0.8
1996	0.03	1.61	0.02	0.51	0.01	0.11	0.08	0.21	0.00	0.06	1.3	1.0
Pós-CPLP												
1997	0.13	1.94	0.03	0.54	0.00	0.12	0.09	0.21	0.00	0.06	1.8	1.0
1998	0.06	1.69	0.02	0.54	0.00	0.07	0.08	0.28	0.00	0.07	1.4	0.9
1999	0.02	1.22	0.02	0.61	0.00	0.07	0.10	0.30	0.01	0.08	1.1	0.6

Fonte: Banco de Portugal (2000), *Evolução das Economias dos PALOP;* INE (1974-2000), *Estatísticas do Comércio Externo* e *Comércio Internacional.*
Nota: os valores de 1999 para o Brasil referem-se a Jan-Outubro.

96 *Cooperação Económica*

Quanto aos fluxos de investimento português no espaço da Comunidade, observemos os Quadros 12 (em valor absoluto) e 13 (em percentagem do total do investimento português no estrangeiro):

QUADRO 12
Investimento directo português no espaço da CPLP, em termos líquidos
(em milhares de contos)

	1990	1991	1992	1993	1994	1995	1996	1997	1998	1999
Angola	272	470	1770	652	258	556	1950	4280	4820	11310
Cabo Verde	107	222	22	67	48	3060	139	2410	1110	7020
Guiné-Bissau	290	305	605	0	44	1	63	1770	225	42
Moçambique	626	444	274	1360	4000	269	3210	3680	3910	3330
São Tomé	148	0	o	12	0	5	172	175	146	148
Brasil	802	70	277	-82	429	4700	38600	85400	478500	300200

Fontes: construído a partir de Banco de Portugal (1991a 2000), *Relatório do Banco de Portugal (1990 a 1999)*; Banco de Portugal (1995;1997;2000), *Evolução das Economias dos PALOP (1994;1996/97;1999/2000); ICEP (s/d), Brasil: Um país, um mercado*
Notas: A partir de 1996, os valores apresentados incluem os lucros reinvestidos pelas empresas portuguesas; *o* - ausência de investimento

QUADRO 13
Investimento directo português no espaço CPLP, no total do investimento português aplicado no estrangeiro, em termos líquidos
(em percentagem)

	1990	1991	1992	1993	1994	1995	1996	1997	1998	1999
Angola	1,2%	0,7%	0,0%	2,6%	0,5%	0,5%	1,6%	1,5%	0,9%	2,2%
Cabo Verde	0,5%	0,3%	0,0%	0,3%	0,1%	3,0%	0,1%	0,8%	0,2%	1,4%
Guiné-Bissau	1,2%	0,4%	0,0%	0	0,1%	0,0%	0,1%	0,6%	0,0%	0,0%
Moçambique	2,7%	0,6%	0,0%	5,4%	8,5%	0,3%	2,7%	1,3%	0,8%	0,7%
São Tomé	0,6%	o	o	0,0%	0	0,1%	0,1%	0,0%	0,0%	0,0%
Brasil	3,4%	0,1%	0,3%	#	0,9%	4,5%	32,2%	30,1%	93,1%	58,8%

Fontes: construído a partir de Banco de Portugal (1991a 2000), *Relatório do Banco de Portugal (1990 a 1999)*; Banco de Portugal (1995;1997;2000), *Evolução das Economias dos PALOP (1994;1996/97;1999/2000); ICEP (s/d), Brasil: Um país, um mercado, Lisboa*
Notas: A partir de 1996, as percentagens incluem os lucros reinvestidos pelas empresas portuguesas 0% – estatisticamente não significativo; o – ausência de investimento; # – investimento líquido negativo

A primeira observação diz respeito, naturalmente, à forte concentração dos investimentos portugueses no Brasil, nomeadamente a partir de 1996.

Desde já deve ser referido que, mais do que uma consequência directa da formação da CPLP, tal movimento de capitais deve-se a uma aposta estratégica do governo português naquele mercado a que se associou a participação, com êxito, de diversas empresas portuguesas no processo de privatização da economia brasileira que abarcou diversas áreas e que tem envolvido elevados montantes. São os casos, por exemplo, da EDP na electricidade, da Portugal Telecom nas telecomunicações, do BES ou da CGD no sector bancário, entre outros. Paralelamente, muitas outras empresas portuguesas descobriram o mercado brasileiro, a sua dimensão e potencialidades regionais. Desta forma, em diversos sub-sectores da indústria transformadora ou no comércio e serviços é possível encontrar hoje empresas portuguesas: a Cimpor, a Sonae Indústria, Quintas & Irmão, Jerónimo Martins, Modelo Continente, Profabril, IPE (abastecimento de águas), Pararede, Somague, Grupo Amorim, Efacec, num total de 175 empresas que nos últimos cinco anos realizaram investimentos directos naquele país[171].

Em resultado disto, enquanto destino do investimento português, o mercado brasileiro saltou dos 4,5% em 1995 para 30% nos anos seguintes, atingindo o seu ponto máximo em 1998 com a concentração de 93,1% do investimento português no exterior. Em 1999 essa quota foi de 58,8%, isto é, cerca de 93% do investimento no espaço da CPLP.

Quanto aos restantes países, deve ser sublinhada a recuperação da posição cimeira de Angola, que após os anos que se seguiram ao recomeço da guerra civil em 1992, atrai de novo o investidor português. Em 1999, o investimento em Angola atingiu mais de 11 milhões de contos, tanto quanto o investimento líquido nos outros quatro PALOP, prolongando a tendência do ano anterior. Para além dos investimentos feitos no sector petrolífero, envolvendo a Petrogal, e no sector diamantífero, com o envolvimento da SPE (Sociedade Portuguesa de Empreendimentos), uma participada a 100% do IPE, que detém 49% da SML (Sociedade Mineira do Lucapa). O IPE ainda detém uma participação de 70% na Angorocha (extracção de granitos) e de 96% na SAE.

---

[171] Cf. *Expresso*, "Empresários descobrem Brasil", 23 de Dezembro de 2000.

98   *Cooperação Económica*

Independentemente destas duas empresas, quase todos os grupos bancários estão em Angola, directamente (BPI, BCP através do BPA, BTA) ou indirectamente (casos do BPSM e CCMA com participação no Banco Africano de Investimento). O BES tem um escritório e a CGD e o Montepio têm vindo a declarar a sua intenção de desenvolver actividade em Angola. Mas outras empresas se destacam no investimento e actividade em Angola, desde logo, as empresas de construção civil, como a Mota & Companhia, a Teixeira Duarte. Mas existe ainda uma multiplicidade de outras participações, nomeadamente na área da indústria transformadora. Isso explica que este sector tenha registado o maior crescimento em 1999, à frente da construção civil. De sinal contrário, houve uma diminuição do investimento no sector financeiro.

Esta presença alargada traduziu-se, por exemplo, no facto de que em 1999 metade do valor dos projectos aprovados em Angola tivessem como proponentes empresas portuguesas (129 projectos no valor de 581 milhões de USD)[172].

Em Cabo Verde, o investimento português acompanhou, em larga medida, o processo de privatizações. Encontramos, assim, neste país, a Portugal Telecom (com 40% da Cabo Verde Telecom; a Petrogal, com 32,5% da Enacol; a CGD e o banco Inter-Atântico com 52% do BCA; as mesmas duas entidades com 46% da Garantia e 41% da Promotora; o Montepio e IMPAR com 40% da CECV e a EDP e o IPE com 51% da Electra. A continuação do processo de privatizações (portos, estaleiro naval, *trading*, distribuição de medicamentos, transporte aéreo e marítimo) deverá assegurar a presença do investimento português neste país[173].

Quanto à Guiné-Bissau e a São Tomé, em ambos os casos o valor do investimento português aplicado é extremamente reduzido, com a excepção do ano de 1997 na Guiné-Bissau. Empresas tão diversas como a Petrogal, a Tertir, a Mantero, o BTA e o CPP (na Guiné-Bissau), o BNU e o BTA (em São Tomé), o IPE na produção e comercialização de cacau através da Bela Vista em São Tomé ou na produção

---

[172] Declarações de RUI ALMAS, delegado do ICEP em Luanda, cf. *África Hoje*, n.º 143, 2000: 47.

[173] De acordo com *Expresso*, "Cabo Verde privatiza dez empresas", 2000, e reportando declarações de responsáveis do governo cabo-verdiano de passagem por Lisboa, o investimento português representou 46% do investimento total entrado em Cabo Verde entre os anos de 1994 e 1999.

A Comunidade dos Países de Língua Portuguesa no contexto da Globalização 99

agrícola (Agribissau) na Guiné-Bissau são alguns dos exemplos de empresas portuguesas presentes nestes dois países.

Finalmente Moçambique. Este país foi aquele que deu início a um movimento mais acentuado de investimento nos PALOP, isto é, no ano de 1993. O processo de privatizações, uma vez mais, e a conversão de dívida em activos, a par de uma recuperação e estabilização da sua economia e do ambiente político, tornaram este país uma 'moda' para o investidor português. Tal como sucede nos países atrás analisados, o investimento português percorre todas as áreas, desde o imobiliário, serviços e transportes, até à actividade agrícola, industrial e financeira. A Petrogal, a Cimpor, o IPE (em áreas tão diferentes como o algodão, através da Agrimo e Canam, do descasque do cajú, pela Companhia Cajú de Nacala, produtos agro-químicos através da Agrifocus, manutenção de sistemas de águas via Aquatec, etc), BPI, BCP, EFISA, Mello, BTA e CGD todos estes no sector financeiro e segurador, a Sonae Indústria, a Mantero, a Tertir, etc, são apenas algumas das inúmeras empresas portuguesas ali em actividade.

No essencial essa actividade tem sido mantida, apesar de alguns revezes (o caso mais referido terá sido a actividade da Barbosa & Almeida no vidro) e de problemas de quando em vez assinalados (casos da Cimpor ou do Grupo Sonae), devidos essencialmente a dificuldades próprias do funcionamento da economia moçambicana[174].

A despeito de não fazer parte da informação contida nos quadros que acabámos de analisar, deve sublinhar-se que as estatísticas mais recentes, referentes aos nove primeiros meses de 2000 permitem verificar que o investimento bruto nos países africanos de língua portuguesa foi de 33,2 milhões de contos (o investimento bruto em 1999 havia sido de 25 milhões de contos), o que denota um franco crescimento[175].

---

[174] Enquanto na Barbosa & Almeida se referiram como causas para o abandono do mercado moçambicano, a dificuldade de garantir permanentemente o fornecimento de energia e a dificuldade em fazer escoar o produto final junto do mercado consumidor, o Grupo Sonae manifestou o congelamento do investimento no programa de arroz do vale do Zambeze devido ao problema das acessibilidades, isto é, estradas degradadas e ausência de postos de abastecimento, cf. *Expresso*, 11 de Novembro, 2000.

[175] Cf. ICEP, "Investidores Portugueses Preferem Angola", *Portugal News*, 9 de Janeiro de 2001. Deve ser referido, no entanto, que nesta notícia é dito que os 33,1 milhões de contos ainda estão abaixo dos 33,2 milhões de contos registados no ano anterior. Ora, conforme dados do Banco de Portugal, *A Evolução das Economias dos PALOP 1999-2000*, Lisboa, 2000: 55, o investimento bruto total havia sido de pouco mais de 25 milhões de contos...

A Angola destinou-se o grosso do investimento (21 milhões de contos, isto é, cerca de 65% do total dos PALOP), com destaque para o sector das indústrias transformadoras (45%), actividades financeiras (30%) e construção (quase 20%).

Em segundo lugar surge Moçambique, com 9,5 milhões de contos, seguindo-se-lhe Cabo Verde (1,5 milhões de contos), Guiné-Bissau (415 mil contos) e São Tomé e Príncipe (258 mil contos). As actividades imobiliárias e de serviços ocuparam a primeira posição quer em Moçambique quer em cabo Verde.

As actividades financeiras e de construção (em Moçambique) e as indústrias transformadoras e de construção (em Cabo Verde), aparecem a seguir.

Em suma: embora representando uma pequena fatia do investimento no exterior, o mercado dos PALOP continua a exercer uma atracção junto do empresário português. Alguns investimentos parecem assumir um carácter estratégico, como seja a participação da Petrogal em Angola ou monopolístico, como é a presença portuguesa no sistema financeiro em Moçambique, o que aliás tem merecido fortes reparos por parte de certos sectores moçambicanos.

Por outro lado, o processo de privatização nestes países tem desempenhado um importante papel catalizador. No entanto, à medida que se aproxima o fim das privatizações naqueles países, será de seguir de perto o comportamento do investimento português.

Completamente dispiciendo é o investimento directo que os PALOP aplicam em Portugal e, tal como o quadro 14 o demonstra, não merece qualquer comentário.

No entanto, e no que se refere ao Brasil, deve ser sublinhada a presença de várias empresas brasileiras em Portugal, o que permitiu que em 1999 os seus investimentos representassem cerca de 10% do investimento total entrado em Portugal.

QUADRO 14
Investimento directo proveniente do espaço da CPLP no total do IDE em Portugal, em termos líquidos
(em percentagem)

	1993	1994	1995	1996	1997	1998	1999
Angola	0,01%	0,27%	0,00%	0,09%	0,14%	0,02%	0,05%
Cabo Verde	0,00%	o	O	o	0,01%	0,01%	0,01%
Guiné-Bissau	0,00%	o	O	0,00%	0,00%	#	O
Moçambique	O	0,00%	0,00%	#	#	#	0,02%
São Tomé	0,00%	0,00%	O	0,00%	0,00%	0,00%	0,00%
Brasil	2,21%	5,07%	0,15%	1,19%	4,19%	0,76%	10,68%

Fontes: construído a partir de Banco de Portugal (1991a 2000), *Relatório do Banco de Portugal (1990 a 1999)*; Ferreira, M.E. et Almas, R. (1997), "Les contours économiques de la CPLP", *Lusotopie 1997*, Paris

Notas: 0% – estatisticamente não significativo; *o* – ausência de investimento; # – investimento líquido negativo

Para concluir este ponto acerca do relacionamento económico no espaço da CPLP, com um enfoque especial no papel de Portugal, resta verificar se se observa alguma alteração significativa ou tendencial respeitante à passagem de uma actividade mercantil (comércio externo, nomeadamente de exportação) para uma actividade de presença no terreno, isto é, através do assumir de um risco próprio da actividade empresarial de investimento.

A ser assim, duas conclusões se poderão retirar: por um lado, os países receptores de investimento português melhoraram o ambiente de acolhimento do investimento estrangeiro; e, em segundo lugar, a atitude do empresário português face ao risco também terá mudado, o que, a verificar-se, seria um bom sintoma.

O quadro 15 ajuda-nos a apreender melhor o que acaba de ser dito:

QUADRO 15
Relação entre o investimento (líquido) directo português e as exportações portuguesas em alguns países da CPLP

	1990	1991	1992	1993	1994	1995	1996	1997	1998	1999
Angola	0,46%	0,59%	1,60%	1,17%	0,53%	1,07%	3,19%	5,42%	6,53%	20,48%
Brasil	12,16%	1,30%	5,49%	#	2,94%	16,42%	100,8%	209,2%	1180%	1094%
Cabo Verde	1,45%	2,98%	0,28%	0,71%	0,34%	17,61%	0,72%	11,00%	4,69%	25,29%
Moçambique	10,21%	7,98%	6,00%	22,67%	55,74%	3,65%	39,74%	42,27%	31,72%	24,69%

Fonte: construído a partir de Banco de Portugal (1991 a 2000), *Relatórios do Banco de Portugal (1990 a 1999)*; Banco de Portugal (1995; 1997;2000), *Evolução das Economias dos PALOP (1994; 1996/97;1999/2000)*; ICEP (s/d), *Brasil: um país, um mercado*, Lisboa; INE (1974-2000), *Estatísticas do Comércio Externo e Comércio Internacional*, Lisboa
Notas: # – investimento líquido negativo

De facto, nos casos de Angola, Brasil e Cabo Verde, nomeadamente nos dois primeiros, há um claro aumento da relação entre o investimento líquido português naqueles países e as exportações que se dirigem para aquele mercado.

Quanto a Moçambique, embora esse *ratio* tenha vindo a diminuir desde 1997, o seu valor ainda é apreciável. Tal como em Cabo Verde e no Brasil, o aproximar do fim do processo de privatizações poderá condicionar a evolução da relação investimento português/exportações portuguesas. Se não ocorrer uma diminuição significativa será bom sinal, na medida em que poderá traduzir um movimento de investimento independente de empresas e mercados já estabelecidos. O seu conteúdo tem outras implicações e, como Helleiner destaca, poder-se-á estar a assistir ao *"comércio de amanhã que é o produto de investimento de hoje"*[176].

CONCLUSÕES

Situada a discussão acerca do futuro da CPLP, tendo em conta a realidade concreta do relacionamento económico intra-CPLP e o contexto de globalização que cada vez mais se afirma como inexorável, impõem-se algumas reflexões finais.

---

[176] Cf. HELLEINER (Gerald) 2000, *op. cit.*

A Comunidade dos Países de Língua Portuguesa no contexto da Globalização   103

Estas tentarão fazer realçar, como se se tratasse de uma abordagem em *círculos concêntricos*, por assim dizer, alguns aspectos determinantes do seu futuro, nomeadamente: os contextos de globalização e a situação regional e individual dos países membros.

O enquadramento da CPLP num contexto de globalização tem tanto mais razão de ser quanto a Declaração aprovada na III Conferência dos Chefes de Estado e de Governo da CPLP, se intitula precisamente *"Cooperação, Desenvolvimento e Democracia na Era da Globalização."*[177]

Numa perspectiva analítica, parece-nos evidente que os problemas actuais e futuros da CPLP não podem ser tratados *per se*, como uma questão empírica isolada e *sui generis*, romanticamente desvinculada de condicionalismos exógenos, alheia aos constrangimentos económicos, políticos e filosóficos que caracterizam a "globalização" e que, afinal, determinam sobremaneira o seu destino. Daí entendermos que a análise da "globalização" é um pressuposto incontornável e uma referência que baliza a reflexão sobre esta comunidade.

Por outro lado, apreender o alcance da CPLP, tal como outros países desenvolvidos ou em desenvolvimento, exige o enquadramento teórico que perspective os factos à luz da razão, pelo que a referência à teoria não constitui aqui um "desvio" ou "dispersão" em relação ao objectivo assinalado no início deste texto. Se, como declara com pertinência Edgar Morin, o desenvolvimento não é um problema tecnocrático mas sim político[178], também o tema que nos ocupa (a CPLP), não é um mero *case study* que releva da exclusiva "experiência" empírica encarada como "princípio ontológico", à maneira praticada nos anos 80 quando todas as estratégias consideravam o desenvolvimento como um problema técnico que pedia soluções técnicas[179]. Se muitos comungavam, ou comungam ainda, desta visão pretensamente "realista", não é para admirar que a Cooperação institucional dê tantas vez a impressão de caminhar às apalpadelas[180]...

---

[177] CPLP, III Conferência dos Chefes de Estado e de Governo da CPLP, *Cooperação, Desenvolvimento e Democracia na Era da Globalização*, 17-18 de Julho, 2000, Maputo, Moçambique.

[178] EDGAR MORIN, *Les sept savoirs nécessaires à l'éducation du futur*, Paris, Seuil, 2000.

[179] Como parece que certos empresários e não poucos técnicos têm ainda hoje tendência para acreditar...

[180] O que nos leva a acrescentar uma última pequena nota: se pensarmos bem,

É o motivo porque entendemos chamar a atenção para dois aspectos:

Em primeiro lugar, os problemas da sobrevivência da CPLP, sendo "internos" a cada um dos países e "intra-comunitários" nas correlações que se tecem nesse espaço, são igualmente inseparáveis da conjuntura externa. Assim, o processo da CPLP não pode ser alheio aos condicionalismos mundiais[181].

Em segundo lugar, se, como é óbvio, essa articulação se faz imediatamente ao nível empírico, este não é suficientemente explicativo porque, para lá das aparências que decorrem da observação, resulta antes de mais de contradições que lhe estão subjacentes e que estão expressas em debates de diversa ordem, tais como: entre liberalismo e intervencionismo, cientismo e ciência, *individualismo metodológico* e *holismo*[182], ortodoxia e heterodoxia económica, etc.

Quanto aos aspectos determinantes do futuro da CPLP a que fizemos referência, destacamos alguns deles:

Em primeiro lugar, no que se refere ao fenómeno da globalização, largamente tratado na primeira parte deste trabalho para enquadrar a CPLP, ficou claro que, a despeito de diversas resistências que se possam vir a levantar diante do liberalismo *puro e duro* que anima as prin-

---

a frequente atitude *"anti-teoria"* hiperempirista, muito comum entre os que se debruçam, a diversos títulos, sobre as relações Portugal-África, é ao fim e ao cabo uma forma (perversa ou ingénua) de *"teoria"*, na medida em que esquece que não há ciência sem teoria, que toda a observação pressupõe conjecturas ou postulados que lhe dão sentido, e que o problema não é fazer uma ilusória escolha entre "teoria" e "prática", mas – para encurtar razões - articular metodologicamente ambas sem perder de vista que a teoria é antes de mais um conjunto de hipóteses e não uma lei, um quadro de referência indicativo e não um objectivo em si.

[181] Por exemplo, as políticas de ajustamento estrutural promovidas pelo Banco Mundial baseavam-se no pressuposto de que os preços da matérias-primas obedeceriam a um *trend* favorável e que os países industrializados facilitariam o acesso dos produtos africanos aos seus mercados em aplicação de princípios "liberais" proclamados. Ora foi justamente o que não aconteceu. Não é pois para admirar que as iniciativas e concepção do Banco Mundial tenham sido muito criticadas. F. CHERU, professor da *American University*, em Washington, fez um balanço severo do ajustamento estrutural do Banco Mundial que "destruiu a capacidade produtiva dos países africanos" e "exacerbou a pobreza em África". Cf. F. CHERU, *The World Bank and structural adjustment in Africa*, "Africa Insight", vol. 25, n.° 4, 1995.

[182] Vd. entre outros: LOUIS DUMONT, *Essais sur l'individualisme*, Paris, Seuil, 1991. F.A. HAYEK, *The Counter-Revolution of Science – Studies on the Abuse of Reason*, Indianapolis, Liberty Fund, 1979.

A Comunidade dos Países de Língua Portuguesa no contexto da Globalização   105

cipais instituições e organizações internacionais (OMC[183] e FMI, em particular), tudo indica que as novas regras dali emanadas não poderão deixar de ser tidas em consideração. No entanto, há que esclarecer que o efeito da liberalização sobre o espaço da CPLP não pode ser encarado como se se tratasse de uma simples "abertura" daqueles mercados a outros países.

Pelo facto de a CPLP não ser uma zona de comércio livre, nem tão pouco dispor de uma "identidade" jurídica ou económica que lhe permita estabelecer qualquer acordo preferencial aceite como "cláusula de excepção" pela OMC, o espaço desta Comunidade continuará aberto às diversas influências da economia mundial. Tudo leva a crer que, com o tempo, assistiremos a uma concorrência e competitividade acrescidas em qualquer um dos mercados dos países membros da CPLP. O desafio estará em saber – supondo que tal será do interesse das partes – como acautelar formas de articulação entre os países lusófonos cujo passado histórico e cultural tem vertentes comuns que podem ser aproveitadas positivamente, numa visão de progresso que volte resolutamente as costas ao passado, tal como tivemos ocasião de sublinhar na nossa análise.

Em segundo lugar, e decorrente do que acima ficou dito, é praticamente certo que, dentro de muito poucos anos, se assistirá ao fim do "vínculo preferencial" que une os países africanos de língua oficial portuguesa a Portugal via Acordo de Cotonou. Isto é, quando terminarem as preferências de acesso ao mercado europeu, as quais discriminam actualmente outras nações não incluídas no conjunto dos países ACP.

As negociações da UE no seio da OMC apenas têm conseguido assegurar um período transitório até que a liberalização do comércio inclua todos os países sem excepção[184]. O problema que daí resulta e o desafio que se coloca, na perspectiva da CPLP, é semelhante ao referido no parágrafo anterior.

---

[183] Para Edward Goldsmith, director do Forum Internacional sobre a Globalização, "uma instituição internacional como a OMC que pretende enquadrar as práticas comerciais faz, na realidade, o inverso. Suprime todas as leis que constituem um obstáculo ao comércio e substitui-as por regulamentos que protegem os interesses das multinacionais" (Cf. *Le Monde* (Paris), 23 de Janeiro de 2001).

[184] Ver, por exemplo, entrevista de Philip Lowe, director-geral para o desenvolvimento da Comissão Europeia, ao *Le Courrier*, n.° 169, Bruxelles, 1998: 3.

Em terceiro lugar, como resposta ao fenómeno da globalização e às consequências práticas descritas acima, está previsto que se venham a estabelecer acordos tendentes à criação de zonas de comércio livre entre a UE e as organizações regionais de integração económica, onde os PALOP estão inseridos. Aliás, o Acordo de Cotonou coloca ênfase especial no apoio ao desenvolvimento das organizações regionais de integração e a sua conformação à liberalização do comércio mundial, o que acarreta consequências inevitáveis[185].

De que modo isso afectará as relações com países como o Brasil e Portugal[186]? Que desafios ou que oportunidades se poderão abrir? De que maneira a afirmação crescente do Brasil no Mercosul e o eventual acordo de livre comércio a estabelecer com os Estados Unidos afectará as relações do Estado brasileiro com os restantes países da CPLP?

Em quarto lugar, que sentido faz insistir em falar em *"espaços naturais"*[187], conceito tão evocado ainda hoje para defender algo de muito específico e diferente que seria o espaço da CPLP?

"Espaço natural" assente na mesma língua? *"Espaço natural"* baseado em estereótipos tão redutores da análise quanto distanciados da realidade, como seja, por exemplo, o termo *"países irmãos"*?[188].

---

[185] Sendo extensa a literatura sobre este assunto, ver, por exemplo, JOHN M. MBAKU, *Emerging Global Trade Blocs and the Future of African Participation in the World Economy*, "Journal of Economic Integration", vol. 10, n.° 2, 1995: 141-177; CLEMENT NG'ONG'OLA, *Regional Integration and Trade Liberalisation in Africa*, "Journal of World Trade", vol. 33, n.° 1, 1999: 145-171; WALTER KENNES, *La Dynamique Régionale dans le Nouveau Partenariat ACP-UE*, "Le Courrier", Édition Spéciale – Accord de Cotonou, Septembre, 2000: 29-30.

[186] MANUEL ENNES FERREIRA, *A Política Africana da União Europeia e as perspectivas para a Presidência Portuguesa no ano 2000:* momentum *ímpar?*, in "UE – Ano 2000: Perspectivas para a Presidência Portuguesa", Instituto Diplomático, Ministério dos Negócios Estrangeiros, Lisboa, 1999: 111-126.

[187] Ver a este respeito, o interessante artigo de BERNARD GORDON, *The Natural Market Fallacy*, "Foreign Affairs", vol. 77, n.° 3, 1998: 13-16.

[188] Ver, entre outros, EDUARDO PRADO COELHO, *Os labirintos da identidade*, "Público", 22 de Abril, 2000: "numa altura em que as Comemorações dos 500 anos do Brasil se enredam em penosos equívocos, duplicações, concorrências, hesitações e compromissos...a boa-vontade leitosa dos discursos oficiais e a generosidade quase ingénua de querer edificar pontes lusófonas devem ter como saudável contraponto abordagens desencantadas e por vezes cruéis", ou ainda, EDUARDO LOURENÇO, *Imagem e Miragem da lusofonia*, in "A Nau de Ícaro", Gradiva, 1999: 179, "Só para nós, portugueses, a lusofonia e a mitologia da CPLP é imaginada como uma totalidade

A visão é, como também referimos na nossa exposição, demasiado estreita e inoperante. Se no passado ela traduzia uma retórica assaz conservadora das relações internacionais, sem grandes consequências práticas, nesta era de "globalização" choca particularmente pelo seu carácter obsoleto. O que não significa que, se lhe forem dados conteúdos económicos, políticos e culturais concretos, ela não possa ser dinamizada num sentido mais construtivo. Mas, por enquanto, não só falta o "cimento" para construir o edifício da comunidade, como se desconhece ainda com que material poderá ser feito e qual o tipo de edificação a conceber e consolidar.

Em quinto lugar, e igualmente decorrente do ponto anterior, há já muito tempo que a ideia segundo a qual "Portugal seria _a_ porta de entrada dos PALOP e do Brasil na Europa", é uma concepção ultrapassada.

Ainda que Portugal seja uma das _"portas de entrada"_ no continente europeu, a verdade é que tenderá, num quadro de globalização, a sê-lo cada vez menos.

É natural que a diferença existente entre os países africanos de língua portuguesa implique também, no futuro, consequências distintas. Assim, não será difícil admitir que se manterá o papel primordial que Portugal ocupa _vis-à-vis_ Cabo Verde, Guiné-Bissau e São Tomé. No entanto, não parece líquido que a longo-prazo o mesmo acontecerá com Angola e Moçambique. E quanto ao Brasil, o Presidente da Câmara de Comércio e Indústria Luso-Brasileia e do Clube de Empresários do Brasil já desvaneceu as dúvidas: "considero que as relações com Portugal são privilegiadas pelas facilidades que a empatia gera e _não porque Portugal seja uma porta de entrada e de acesso à UE. De facto, não é verdade._ Toda a Europa tem o máximo interesse em trabalhar com o Brasil"[189].

Em sexto lugar, que problemas e desafios se colocam à CPLP com a integração de pleno direito do futuro país que será Timor-Lorosae?

---

ideal compatível com as diferenças culturais que caracterizam cada uma das suas componentes. Como portugueses, seria impossível e sem sentido não a imaginar assim, pois somos o espaço matricial da língua portuguesa... O que não podemos é atribuir a essa centralidade nossa na esfera lusófona outra dimensão que não seja essa de essência genealógica, de carácter estritamente comunicacional...".

[189] Entrevista concedida pelo Dr. António Bustorff, Presidente da CCILB e do CEB, _Forum Empresarial_, n.º 35, 22 de Abril, 2000: 14.

Do ponto de vista económico, que relacionamento é possível estabelecer com aquele país, tão longínquo sob vários aspectos? Olhá-lo apenas pelo sector do petróleo, onde Portugal, o Brasil e, quem sabe, Angola quererão ter uma palavra a dizer?

Em sétimo lugar, deve-se reconhecer que embora seja interessante tentar garantir – e mesmo reforçar – os laços económicos intra-CPLP, estes não podem ser considerados como um fim em si mesmo. É inevitável que cada país siga o seu caminho. O que a CPLP pode fazer é empenhar-se, com pragmatismo e sistematicamente, na construção e consolidação de convergências Mas cabe aos agentes económicos e aos governos trabalhar para que isso suceda.

Em oitavo lugar, tem de se assumir que o nível e a diversificação das relações económicas depende, em grande medida, da evolução interna, tanto económica como política, de cada Estado membro. Não é realista exigir mais.

Por exemplo, com um mercado exíguo como é o de Cabo Verde, haverá um ponto onde o ganho marginal com o aprofundamento do relacionamento económico bilateral tenderá a diminuir claramente para Portugal (e os empresários portugueses). O ponto de vista de Cabo Verde não tem necessariamente que ser o mesmo, e certamente não o será. Cabe aos intervenientes entender que o processo está, ou pode estar, "na ordem natural das coisas", e não tirar daí ilações despropositadas.

Do mesmo modo, enquanto a situação de Angola for a de conflito interno, as perspectivas de potenciação das relações económicas estarão limitadas. O voluntarismo não é bom conselheiro nem, tão pouco, um guia para a acção económica.

Em nono lugar, deve reconhecer-se que o entendimento quanto ao papel económico da CPLP não tem necessariamente que ser o mesmo para todos os países.

Mais cooperação empresarial, mais investimento, mais ajuda pública ao desenvolvimento, mais neste sector e menos naquele, mais prioridade à integração regional, etc., devem, obviamente, ser reconhecidos como legítimas pretensões de cada um dos países. Mas se é uma questão de senso comum que todas as partes admitam que os problemas não podem ser todos resolvidos ao mesmo tempo e com o mesmo grau de eficácia, também é compreensível que a sua urgência dê origem a tensões pontuais a que é indispensável dar respostas realistas e pragmáticas.

Em décimo lugar, um problema com que se tem de continuar a lidar é a valoração que cada país dá à sua própria participação nesta Comunidade.

O maior erro será tentar impor pontos de vista e assumir-se como líder da organização. Portugal e o Brasil têm interesses e estratégias que podem não coincidir necessariamente. E os países africanos terão também os seus próprios pontos de vista.

Por exemplo, Angola no seio dos PALOP terá pretensões a comportar-se como representante deste espaço, por motivos diversos. Veja--se, por exemplo, o papel desempenhado por este país na resolução da crise militar que abalou S. Tomé e Príncipe há alguns anos, ou, mais recentemente, a participação activa no seio da CPLP aquando da procura de uma solução para a crise da Guiné-Bissau. Em certos momentos a conciliação de interesses entre as diversas partes pode revelar--se complicada. Porém, é um desafio que se colocará à própria Comunidade.

Finalmente, se o espaço da CPLP não é uma zona de comércio livre, discricionária face ao resto do mundo, tal não significa que não se deva estimular a cooperação económica entre os Estados membros, como aliás e uma vez mais o Presidente moçambicano fez questão de sublinhar: *"A CPLP não terá futuro se não entrar na cooperação económica."*[190]

Neste sentido, a prossecução de outros objectivos considerados prioritários, no domínio político, por exemplo, poderão favorecer um melhor ambiente e receptividade para estimular as convergências económicas possíveis[191]. Embora aqui subjazam alguns problemas, é, contudo, um dos mais importantes desafios para a CPLP, e que, do ponto de vista económico, maiores repercussões poderá ter. A título exemplificativo refiram-se as implicações económicas que um problema não resolvido como o de Cahora-Bassa pode ainda vir a ter no relacionamento económico entre Portugal e Moçambique[192]. Se, como

---

[190] Declarações proferidas na 3ª Cimeira da CPLP, Maputo, *in Expresso* (Lisboa), Julho 2000.

[191] Como demonstra EDWARD MANSFIELD and RACHEL BRONSON, *Alliances, Preferential Trading Arrangements, and International Trade*, "American Political Science Review", vol. 91, n.º 1, 1997: 94, "studies have neglected the role political--military alliances play in shaping patterns of commerce".

[192] Cf. CARLOS ALBINO, "Já é tempo de esclarecer qual é a política africana",

é afirmado na Declaração Constitutiva da CPLP, se deve desenvolver a cooperação económica e empresarial através da concretização de projectos de interesse comum, compreende-se mal a forma como este *dossier* se arrasta no tempo.

Em síntese, quer-nos parecer que o pior inimigo da CPLP é ela própria, isto é, pensar, por um lado, que este espaço pode ser "reservado", ao "abrigo" do resto do mundo e, por outro, ambicionar alcançar metas inatingíveis no domínio económico.

Trabalhar para a promoção do desenvolvimento de cada um dos países membros, admitindo e respeitando igualmente as opções de alianças e de estratégias de cada uma das partes, é o que se pode desejar e esperar da CPLP.

BIBLIOGRAFIA INDICATIVA

AAVV, *L'économie repensée*, Paris, Éditions Sciences Humaines, 2000.

AGLIETTA (Michel) et MOATTI (Sandra), *Le FMI de l'ordre monétaire aux désordres financiers*

AGUIAR (Joaquim), "Modelos de Globalização" in: TEIXEIRA, RODRIGUES e NUNES 2000: 57-83.

ALBINO (Carlos), "Já é tempo de esclarecer qual é a política africana", *Diário de Notícias* (Lisboa), 11 de Dezembro de 2000.

ALMAS (Rui), "Declarações de Rui Almas, delegado do ICEP em Luanda", cf. *África Hoje*, nº143, 2000: 47.

AMADO (Luís), "Cimeira Euro-Africana – Luís Amado: "A nova parceria implica a liquidação da hipoteca colonial", *Expresso* (Lisboa), Março 2000. Entrevista reproduzida no *site* do ICEP: «hyperlink http://www.portugalnews.pt »,

ANDRÉ (Jean-Claude), "Le calcul à haute performance: un enjeu de puissance", in: *Géopolitique* (Paris), nº 71, septembre 2000: 121-124.

ASSIDON (Elsa), "Joseph Stiglitz, un regard hétérodoxe sur la crise asiatique", *Alternatives Économiques* (Paris), nº 161, Julho 1998.

BALENCIE (Jean-Marc) *et alii*, Sous la direction de, *Mondes Rebelles – Guerres civiles et violences politiques*, Paris, Éd. Michalon, 1999 ("Encyclopédie des Conflits").

BANCO CENTRAL DO BRASIL, *Investimento e Reinvestimento Estrangeiro no Brasil*, 1995

Diário de Notícias (Lisboa), 11 de Dezembro de 2000. Ver igualmente a declaração de CASTIGO LANGA, Ministro dos Recursos Minerais e Energia de Moçambique, segundo o qual *«a dívida do empreendimento a Portugal, cerca de 2 mil milhões USD, não é pagável. Temos que encontrar um valor que seja pagável, que seja razoável»*, Cf. *Expresso* (Lisboa).

A Comunidade dos Países de Língua Portuguesa no contexto da Globalização   111

BANCO CENTRAL DO BRASIL, *Investimento e Reinvestimento Estrangeiro no Brasil*, 1995

BANCO CENTRAL DO BRASIL, *Investimentos Diretos – Distribuição por País de Origem dos Recursos*, 2000.

BANCO CENTRAL DO BRASIL, *Investimentos Diretos – Distribuição por País de Origem dos Recursos*, 2000.

BANCO DE PORTUGAL, *Evolução das Economias dos PALOP (1994;1996/97; 1999/2000)*, 1995-1997 e 2000

BANCO DE PORTUGAL, *Relatório do Banco de Portugal (1990 a 1999)*, 1991a 2000

BANCO MUNDIAL: http://www.worldbank.org

BARBEITOS (Arlindo), "Sociedade, Estado: sociedade civil, cidadão e identidade", dactilografado. Manuscrito inédito facultado pelo autor.

BARTOLI (Henri), *Repenser le développement*, Paris, Unesco/Economica, 1999.

BAUER (Peter T.). *Equality, the Third World and Economic Delusion* (1981), *Reality and Rhetoric* (1984), *The Development Frontier* (1991).

BEAUD (Michel) et DOSTALER (Gilles), *La pensée économique depuis Keynes*, Paris, Seuil, 1993

BEAUD (Michel), *Le basculement du monde*, Paris, La Découverte & Syros, 2000.

BECKER (Gary S.), *Human Capital*, Chicago, 3ª ed. 1993

BÉRAUD (Philippe), *et alii*, Sous la direction de, *Géo-économie de la coopération européenne: de Yaoundé à Barcelone*, Paris, Maisonneuve et Larose, 1999.

BESSA (António Marques), *Utopia, uma visão da engenharia de sonhos*, Lisboa, Europa-América, 1998: 224.

BHINDA (Nils) *et alii*, *Private Capital Flow to Africa – Perception and Reality*, The Hague, FONDAD, 2000

BISTOLFI (R.), (Sous la direction de), *Euro-Méditerranée, une région à construire*, Paris, Publisud, 1995 (Prefácio de Edgard Pisani).

BRIGAGÃO (Clóvis), "Comunidade dos Países de Língua Portuguesa: Caminhos de Integração Fraterna", *Política Internacional*, n°13, 1996, pp.13-24 e "Brasil & Portugal: Relações de Amizade e de Democracia, ou como Recuperar o Coração Partido", comunicação ao *Colóquio 'A Democracia e a Política Externa Portuguesa'*, Fundação Luso-Americana para o Desenvolvimento, Lisboa, 12- -13 de Maio, 1999.

BUSTORFF (António),"Entrevista" ao *Forum Empresarial*, n°35, 22 de Abril, 2000.

CAHEN (Michel), "Des Caravelles pour le Futur? Discours Politique et Idéologie dans l'Institutionalisation de la CPLP", *Lusotopie 1997*, Paris, 1997: 391-433.

CASTELLS (Manuel), *The Rise of the Network Society* (1996), trad. fr. *L'ère de l'information I: La Société en réseaux*, Paris, Fayard, 1998; *The Power of Identity* (1997), trad. fr. *L'ère de l'information II: Le pouvoir de l'identité*, Paris, Fayard, 1999; *End of Millennium* (1998), trad. fr. *L'ère de l'information III: Fin de millénaire*, Paris, Fayard, 1999.

CASTELLS (Manuel), "A África na era da Internet", *Folha de São Paulo* (S. Paulo), 20/8/2000.

CCPM (Câmara de Comércio Portugal-Moçambique), *Directório Moçambique 2000- 2001*, Lisboa, 2000

CEPII, *L'économie mondiale 2001*, Paris, La Découverte, 2000.

CHAUPRADE (Aymeric), *Introduction à l'analyse géopolitique*, Paris, Ellipses, 1999.

CHAVAGNEUX (Christian), "Les années Susan Strange", *Alternatives Économiques* (Paris), n° 185, Outubro 2000.

CHERU (F.), «The World Bank and structural adjustment in Africa», *Africa Insight*, vol. 25, n° 4, 1995.

CHEVALIER (Jean-Marie), "La concentration économique et ses limites", in: MICHAUD 2000: 646-654.

CHEVALIER (Jean-Marie), "La concentration économique et ses limites", in: Michaud 2000: 646-654.

CLAPHAM (Christoper), *Africa and the International System – The politics of State Survival*, Cambridge, Cambridge University Press, 2000.

CNUCED *Rapport de la Conférence des Nations Unies sur le Commerce et le Développement sur sa dixième session – Tenue à Bangkok du 12 au 19 février 2000*, UN, Genebra, Doc. TD/390 de 21 septembre 2000.

COELHO (Eduardo Prado), "Os labirintos da identidade", *Público*, 22 de Abril, 2000.

COMELIAU (Christian), *Les impasses de la modernité*, Paris, Seuil, 2000: 171.

COMISSÃO EUROPEIA, *ACP-EU Partnership Agreement signed in Cotonou on 23 June 2000*, Bruxelas, 2000.

CORDELLIER (Serge), Sous la direction de, *La mondialisation au-delà des mythes*, Paris, La Découverte, 200

COSTA (Jurandir Freire), «Análise dos fundamentos e características da posição filosófica dos "utilitaristas"», *Folha de São Paulo* (S. Paulo), 20/01/2000.

CPLP, III Conferência dos Chefes de Estado e de Governo da CPLP, *Cooperação, Desenvolvimento e Democracia na Era da Globalização*, 17-18 de Julho, 2000, Maputo, Moçambique.

DAHMS (Harry F.), "Epilog" in: DAHMS 2000a: 416-432

DAHMS (Harry F.), Edited by, *Transformations of Capitalism – Economy, Society and the State in Modern Times*, Londres, MacMillan, 2000b.

DARBY (Phillip), Edited by, *At the Edge of International Relations*, Londres, Continuum, 2000.

DEFARGES (Philippe Moreau), *Introduction à la géopolitique*, Paris, Seuil, 1994 ("Coll. Points").

DIAS (João), *As Actuais Importações Portuguesas com Origem nos PALOP e a Importância da Anterior Ligação Colonial*, Documento de Trabalho n° 27, CesA/ISEG, 1993: 10.

DUMONT (Louis), *Essais sur l'individualisme*, Paris, Seuil, 1991.

DUTRA (Elim): entrevista dada à revista *Lusofonia* (n° 18, Outubro-Novembro 2000) pelo Embaixador brasileiro Elim Dutra, Director-Geral da Agência Brasileira de Cooperação (ABC).

EICHENGREEN (Barry) and IRWIN (Douglas A.), "The Role of History in Bilateral Trade Flows", in The Regionalization of the World Economy, Jeffrey A. Frankel (ed.), UCP, 1998: 55-56.

ENGELHARD (Philippe), *O homem mundial*, trad. port., Lisboa, Instituto Piaget, 1998.

EXPRESSO (Jornal), de 11 de Novembro de 2000.

EXPRESSO (Jornal), "Empresários descobrem Brasil", 23 de Dezembro de 2000.

FERNANDES (Luís Lobo), "O modelo Global: espaço de teste da paz e segurança internacionais", *Nação e Defesa*, n°95/96, Outono-Inverno, 2000: 43-54.

FERREIRA (Manuel Ennes), "Relações entre Portugal e África de Língua Portuguesa: Comércio, Investimento e Dívida (1973-1994)", *Análise Social*, Vol. XXIX, n°129, 1994.

FERREIRA (Manuel Ennes), "O processo de privatização em Angola", Revista *Política Internacional* (Lisboa), Vol. 1, n° 10, Inverno 1994-1995: 177-196

FERREIRA (Manuel Ennes), "A Política Africana da União Europeia e as perspectivas para a Presidência Portuguesa no ano 2000: *momentum* ímpar?", in *UE – Ano 2000: Perspectivas para a Presidência Portguesa*, Instituto Diplomático, Ministério dos Negócios Estrangeiros, Lisboa, 1999: 111-126

FERREIRA (Manuel Ennes), "Do Modelo Gravitacional ao Modelo dos Polós de Difusão Regional? 25 anos de Política Externa Africana", comunicação ao *Colóquio 'A Democracia e a Política Externa Portuguesa'*, Fundação Luso-Americana para o Desenvolvimento, Lisboa, 12-13 de Maio, 1999a.

FERREIRA (Manuel Ennes), *A indústria em tempo de guerra (Angola, 1975-91)*, Lisboa, Cosmos/IDN-Instituto de Defesa Nacional, 1999b.

FERREIRA (Manuel Ennes) e ALMAS (Rui), "Comunidade económica ou parceria para o desenvolvimento: o desafio do multilateralismo na CPLP", Revista *Política Internacional* (Lisboa), vol 1, n° 13, Outono-Inverno 1996: 35-71.

FERREIRA (Manuel Ennes) et ALMAS (Rui), "Les Contours Économiques de la CPLP", *Lusotopie*, Paris, 1997, pp.11-33.

FIELDHOUSE (D.K.), *The West and the Third World*, Oxford, Blackwell, 1999.

FORNI (Raymond), "Morale et relations internationales", in Pascal Boniface (Sous la direction de), *Morale et relations internationales*, Paris, PUF/IRIS, 2000.

FOUQUET (Annie) *et alii* (Coordination de), *Le syndicalisme dans la mondialisation*, Paris, Les Éditions de l'Atelier, Paris, 2000.

FRANCE (Henri de), *Economie et vie spirituelle*, Paris, Octarès, 2000 ("Avant-propos" de René Passet).

FUNDO MONETÁRIO INTERNATIONAL: http://www.imf.org

GÉOPOLITIQUE (Paris), n° 71, septembre 2000: 121-124.

GIRAUD (Pierre-Noël), *L'inégalité du monde*, Paris, Gallimard, 1996:35 sgs

GOLDSMITH (Edward), Entrevista de «Edward Goldsmith, codirecteur du forum International sur la Globalisation: 'Nous sommes devenus tributaires d'un système économique suicidaire'», *Le Monde* (Paris), 23 de Janeiro de 2001.

GORDON (Bernard), "The Natural Market Fallacy", *Foreign Affairs*, vol.77, n°3, 1998: 13-16.

GRIESGRABER (J.M.) & GUNTER (B), Edited by, *Promoting Development – Effective Global Institutions for the Tewenty-first Century*, Londres, Pluto Press, 1995.

HAYEK (F.A.), *The Counter-Revolution of Science – Studies on the Abuse of Reason*, Indianapolis, Liberty Fund, 1979.

HEITOR (Jorge), "Nova associação da Tanzânia com o Quénia e o Uganda: renasceu a Comunidade da África Oriental", *Público* (Lisboa), 19 de Janeiro de 2001.

114 Cooperação Económica

HELLEINER (Gerald K.), "The New Global Economy: Problems and Prospects (1990)" in: DAHMS 2000: 385-397

ICEP, "Investidores Portugueses Preferem Angola", *Portugal News*, 9 de Janeiro de 2001.

ICEP, *Brasil: Informações Gerais sobre o Mercado*, s/d, São Paulo, Brasil.

ICEP, *Brasil: um País, um Mercado*, s/d, Lisboa.

ICEP, *Guiné-Bissau: um país, um destino*, s/d, Lisboa.

ICEP: http://www.portugalnews.pt

INE (1974-2000), *Estatísticas do Comércio Externo e Comércio Internacional*, Lisboa

INE, *Brasil: um país, um mercado*, s/d, Lisboa.

JONAS (Hans), *Pour une éthique du futur*, trad. fr., Paris, Payot & Rivages, 2ª ed., 1999: 69.

KENNES (Walter), "La Dynamique Régionale dans le Nouveau Partenariat ACP-UE", *Le Courrier*, Édition Spéciale – Accord de Cotonou, Septembre, 2000: 29-30.

KIMBALL (Roger), «'The Killing of History': Why Relativism is Wrong», *The New Criterion*, vol. 15, n° 1, Setembro 1996 (reproduzido em: http://www.thenew-criterion.com)

KLEIMAN (E.) "Trade and the Decline of Colonialism", *The Economic Journal*, 86, 1976: 459-480

KLEIMAN (E.), "Heirs to Colonial Trade", *Journal of Development Economics*, 4, 1977: 93-103.

KRUGMAN (Paul), *Geography and Trade*, Cambridge, The MIT Press, 1994.

LAROCHE (Josepha), *Politique internationale*, Paris, L.G.D.J./Librairie Générale de Droit et de Jurisprudence, 2ª ed. 2000

LATOUCHE (Serge), *L'autre Afrique – Entre don et marché*, Paris, Albin Michel, 1998.

LECLERC (Gérard), *La mondialisation culturelle – Les civilisations à l'épreuve*, Paris, PUF, 2000.

LEFEBVRE (Henri), "Sociéte close ou société ouverte?: l'homme unidimensionnel d'Herbert Marcuse", *Le Monde* (Paris) 16-17 de Junho 1968: 9.

LÉONARD (Yves), "Da Descolonização à CPLP: as Relações Pós-Coloniais", comunicação ao *Colóquio 'A Democracia e a Política Externa Portuguesa'*, Fundação Luso-Americana para o Desenvolvimento, 12-13 de Maio, Lisboa, 1999.

LEROY (Christophe), "La mondialisation par le vide politique", *Le Monde* (Paris), 12 sept. 2000

LIVINGSTONE (I.), "The Impact of Colonialism and Independence on Export Growth in Britain and France", *Oxford Bulletin of Economics and Statistics*, 38, n°3, 1976: 211-218.

LOPES (Carlos), *Compasso de espera – O fundamental e o acessório na crise africana*, Porto, Afrontamento, 1997.

LOURENÇO (Eduardo), "Imagem e Miragem da lusofonia", in A Nau de Ícaro, Gradiva, 1999.

LOWE (Philip), "Entrevista" ao *Le Courrier*, n°169, Bruxelles, 1998: 3

LUSOFONIA (Revista), n° 18, Outubro-Novembro 2000.

MACEWAN (Arthur), *Neo-liberalism or Democracy?*, Londres, Zed Books, 1999.

MADELEY (John), *Hungry for Trade*, Londres, Zed Books, 2000.

A Comunidade dos Países de Língua Portuguesa no contexto da Globalização   115

MANSFIELD (Edward) and BRONSON (Rachel), "Alliances, Preferential Trading Arrangements, and International Trade", *American Political Science Review*, vol.91, nº1, 1997.

MARCUSE (Herbert), *L'homme unidimensionnel*, trad. fr., Paris, Minuit, 1968.

MARÉCHAL (Jean-Paul), *Humaniser l'économie*, Paris, DDB, 2000

MARGARIDO (Alfredo), *A lusofonia e os lusófonos: novos mitos portugueses*, Lisboa, Edições Universitárias Lusófonas, 2000.

MBAKU (John M.), "Emerging Global Trade Blocs and the Future of African Participation in the World Economy", *Journal of Economic Integration*, vol.10, nº2, 1995: 141-177.

MICHAUD (Yves) (Sous la direction de), *Qu'est-ce que la société?*,Paris, Odile Jacob, 2000

MINISTÉRIO DAS RELAÇÕES EXTERIORES, *Angola: Quadros Sintéticos*, 1994, Brasília.

MINISTÉRIO DAS RELAÇÕES EXTERIORES, *Cabo Verde, Guiné-Bissau, Moçambique, São Tomé e Príncipe*, Brasília.

MINISTÉRIO DAS RELAÇÕES EXTERIORES, *Cabo Verde: Quadros Sintéticos*, Brasília, 1994.

MINISTÉRIO DAS RELAÇÕES EXTERIORES, *Guiné-Bissau, Moçambique, São Tomé e Príncipe: Quadros Sintéticos*, Brasília, 1994.

MODIGLIANI (Franco), "Science économique et dynamique du réel" in RICCIARDELLI 2000.

MONDE (Le) (Paris), 2 de Fevereiro de 2001, p. 25

MONGA (Célestin), *Anthropologie de la colère – Société civile et démocratie en Afrique Noire*, Paris, L'Harmattan, 1994.

MONNIER (Laurent), «La tradition de 'l'histoire immédiate'en République Démocratique du Congo», in JACOB 2000: 201-216.

MONTBRIAL (Thierry de) et JACQUET (Pierre), Sous la direction de, *Ramsès 2001 – Rapport Annuel Mondial sur le Système Économique et les Stratégies*, Paris, Dunod/IFRI, 2000

MONTBRIAL (Thierry de), *Pour combattre les pensées uniques*, Paris, Flammarion, 2000

MOREIRA (Adriano Moreira), *Estudos da conjuntura internacional*, Lisboa, Dom Quixote, 1999.

MORIN (Edgar), *Les sept savoirs nécessaires à l'éducation du futur*, Paris, Seuil, 2000

NEVES (Fernando Santos), *Para uma crítica da razão lusófona: onze teses sobre a CPLP e a Lusofonia*, Lisboa, Edições Universitárias Lusófonas, 2000.

NG'ONG'OLA (Clement), "Regional Integration and Trade Liberalisation in Africa", *Journal of World Trade*, vol.33, nº1, 1999: 145-171.

NOGARO (Bertrand), *La méthode de l'Économie Politique*, Paris, Librairie Générale de Droit et de Jurisprudence, 1939.

OCDE, *Migration et développement – Un nouveau partenariat pour la coopération*, Paris, OCDE, 1994

OLIVEIRA (Jorge Eduardo da Costa) *et alii*, *Textos sobre cooperação económica 1998-1992*, Lisboa, ICE, 1992.

116   *Cooperação Económica*

OLIVEIRA (Jorge Eduardo da Costa), *A economia de S. Tomé e Príncipe*, Lisboa, ICE/IICT, 1993.

ORMEROD (Paul), *A economia borboleta – Uma nova teoria geral do comportamento sócio-económico*, trad. port., Lisboa, Europa-América, 2000.

PACHECO (Carlos), *Repensar Angola*, Lisboa, Vega, 2000.

PANIKKAR (K. M.), *Asia and Western Dominance*, Londres, George Allen and Unwin, 1953.

PIATTIER (André) *et alii*, *Les formes de la concurrence*, Paris, Gautier-Villars, 1964.

PNUD, *Relatório do Desenvolvimento Humano 2000*, Lisboa, 2000.

POLANYI (Karl), (1947), "A nossa obsoleta mentalidade mercantil", *Revista Trimestral de Histórias & Ideias* (Porto), nº 1, 1978: 7-19

POPPER (Karl), *La leçon de ce siècle*, Paris, Anatolia Editions, 1993: 65 ("Coll. 10/18")

RAWLS (John), *A lei dos povos*, trad. port., Coimbra, Quarteto, 2000

REYNAUD (C.) et AHMED (A. Sid), (Sous la direction de), *L'avenir de l'espace méditerranéen*, Paris, Publisud, 1991;

RICCIARDELLI (Marina) *et alii*, Sous la direction de, *Mondialisation et sociétés culticulturelles. L'incertain du futur*, Paris, PUF, 2000.

ROJO (Luis Angel), "El método empírico y el conocimiento económico", in HERNÁN (Francisco) *et alii*, *Ensayos de filosofia da ciencia: En torno à la obra de Sir Karl R. Popper*, Madrid, Editorial Tecnos, 1970: 92-108 (Simpósio de Burgos de 1968).

ROQUE (Fátima Moura), *Construir a paz em Angola: uma proposta política e económica*, Lisboa, Edições Universitárias Lusófonas, 2000.

SAID (Edward W.), *Representações do intelectual*, trad. port., Lisboa, Colibri, 2000

SAURIN (Julian), "Globalisation, Poverty and the Promises of Modernity", in Vandersluis and Yeros 2000b.

SEN (Amartya), *On Ethics and Economics*, Oxford, 1991; *Inequality* Reesamined, Oxford, 1995; *Development as Fredom*, Oxford, 1999.

SILVA (Joaquim Ramos), "O Desenvolvimento Recente das Relações Económicas Luso-Brasileiras: Algumas Reflexões", comunicação apresentada ao *III Encontro de Economistas de Língua Portuguesa*, Macau, 28-30 de Junho de 1998.

SINGER (Sir Hans W.), "Rethinking Bretton Woods: From an Historical Perspective" in GRIESGRABER & GUNTER 1995: 1-22

SKLAR (Holly) (Edited by), *Trilateralism – The Trilateral Commission and Elite Planning for World Management*, Boston, South End Press, 1980.

STIGLITZ (Joseph), "O que eu aprendi com a crise mundial", trad. port., S. Paulo, *Folha de São Paulo*, 15 de Abril de 2000. A versão original foi publicada em *The New Republic Online*. Vd. http://www.thenewrepublic.com/

STIGLITZ (Joseph), Discurso pronunciado na CNUCED no quadro das "Conferências Prebisch" em 19 de Outubro de 1998. Traduzido em francês pela revista *L'Économie Politique* (Paris), 5, 2000, com o título «Vers un nouveau paradigme pour le développement».

SUMMER (L.W.), *Welfare, Happiness and Ethics,* Oxford, 1999.

TEIXEIRA (Nuno Severiano), RODRIGUES (José Cervaens) e NUNES (Isabel Ferreira), Coordenação de, *O interesse nacional e a globalização*, Lisboa, Cosmos/Instituto de Defesa Nacional, 2000: 62.

A Comunidade dos Países de Língua Portuguesa no contexto da Globalização 117

TINCQ (Henri), «Michel Camdessus, ancien directeur général do FMI: "Être chrétien, c'est rechercher le bien public"», *Le Monde* (Paris), 16 de Janeiro de 2001.

TOOZE (Roger), "Susan Strange, Academic International Relations and the Study of International Political Economy", *New Political Economy* (Londres), Vol. 5, n° 2, 2000

TORRES (Adelino) (Coord.), *Portugal-PALOP: as Relações Económicas e Financeiras*, Ed. Escher, Lisboa, 1991.

TORRES (Adelino), "A CPLP é viável?", *Expresso* (Lisboa), Outubro 1996.

TORRES (Adelino), «A economia como ciência social e moral: algumas observações sobre as raízes do pensamento económico neoclássico: Adam Smith ou Mandeville?», revista *Episteme*, Lisboa, Universidade Técnica de Lisboa,, I, n° 2, 1998.

TORRES (Adelino), «La nouvelle "Communauté de Pays de Langue Portugaise-CPLP" et la coopération de L'Union Européenne: quelques problèmes», in: BÉRAUD *et alii*, 1999: 152-166.

TORRES (Adelino), *Horizontes do desenvolvimento africano no limiar do século XXI*, Lisboa, Vega, 2ª ed. 1999a.

TORRES (Adelino), «*Holisme* et *individualisme méthodologique* dans les théories du développement», comunicação ao Colóquio Internacional *Heterodoxia e Ortodoxia*, organizado por: CEDIN/Universidade Técnica de Lisboa e ERUDIT/Université de Rennes I, Lisboa, 11-13 de Maio de 2000.

TORRES (Adelino), "Concepções do desenvolvimento: incertezas e interrogações", Comunicação ao *Seminário sobre Desenvolvimento*, Fundação Luso-Americana para o Desenvolvimento (Lisboa), 19 de Outubro de 2000a.

TORRES (Adelino), "Prefácio" in: Romano Entzweiler, *Os desafios de tributar na era da globalização*, Florianópolis/Brasil, Editora Diploma Legal, 2000b.

TORRES (Adelino), "A CPLP: que projecto para que futuro?", *Diário de Notícias* (Lisboa), 27 de Novembro de 2000

TORRES (Adelino), "A Comunidade dos Países de Língua Portuguesa (CPLP): um projecto complexo e de longo prazo", in: http://www.portugalnews.pt (Site do ICEP), 2000.

UNITED NATIONS, *World Investment Report 1999*, New York, 1999.

URBAN (Sabine) "Présentation" in: RICCIARDELLI 2000.

VANDERSLUIS (S. O.) and YEROS (P.), (Editors), *Poverty in World Politics*, Londres, Macmillan, 2000.

VANDERSLUIS (S.O.) and YEROS (P.), *Ethics and Poverty in a Global Era*, 2000a, in Vandersluis and Yeros, 2000a.

VENÂNCIO (José Carlos), *O facto africano: elementos para uma sociologia de África*, Lisboa, Vega, 2000.

ANEXOS

ANEXO 1
Comércio externo português com os países da CPLP
(em mil contos, preços correntes)

	Angola		Cabo Verde		Guiné-Bissau		Moçambique		S. Tomé		Brasil	
	Imp.	Exp.	Imp.	Exp.	Imp.	Exp.	Imp.	Exp.	Imp.	Exp.	Imp.	Exp.
Para memória:												
1973	4.760	3.271	36	377	99	627	2.222	2.252	103	112	2.187	453
1975	3.081	1.741	19	564	147	322	1.483	1.261	104	156	1.827	540
Antes da CPLP												
1990	12.521	58.522	339	7.355	454	5.887	2.211	6.130	31	1.546	56.040	6.594
1991	14.457	79.066	441	7.452	662	4.882	2.463	5.561	40	1.585	53.718	5.395
1992	15.654	110.581	387	7.734	640	3.555	4.752	4.563	66	1.670	48.528	5.043
1993	959	55.685	272	9.459	659	3.657	3.151	6.000	49	2.078	53.803	9.023
1994	951	48.580	531	13.918	814	5.103	4.144	7.176	30	2.104	68.296	14.585
1995	1.973	52.018	1.110	17.934	985	4.558	4.529	7.368	33	2.592	76.946	28.619
1996	1.940	61.116	1.569	19.374	735	4.315	4.818	8.077	46	2.595	72.729	38.310
Pós-CPLP												
1997	7.881	78.901	1.828	21.917	484	4.935	5.486	8.705	93	2.655	103.303	40.823
1998	4.390	73.843	1.796	23.658	407	3.134	5.706	12.326	229	3.390	93.495	40.548
1999	2.033	55.231	1.952	27.754	75	3.403	7.874	13.487	842	3.819	73.779	27.439

Fonte: Banco de Portugal, *Evolução das Economias dos Palop 1999-2000*, 2000, Lisboa, INE (1974-2000), *Estatísticas do Comércio Externo e Comércio Internacional*, Lisboa

ANEXO 2
Investimento directo proveniente da CPLP em Portugal, em termos líquidos
(em milhares de contos)

	1993	1994	1995	1996	1997	1998	1999
Angola				198	546	8	47
Cabo Verde				O	23	4	9
Guiné-Bissau				1	14	- 31	O
Moçambique				- 19	- 12	- 16	25
São Tomé				2	2	2	2
Brasil	5 400	14 400	- 43	2 500	16 700	3 900	11 100

Fontes: construído a partir de Banco de Portugal (1991a 2000), *Relatório do Banco de Portugal (1990 a 1999)*; Banco de Portugal (1995;1997;2000), *Evolução das Economias dos Palop (1994;1996/97;1999/2000)*; ICEP (s/d), *Brasil: Um país, um mercado*
Notas: *o* - ausência de investimento

A Comunidade dos Países de Língua Portuguesa no contexto da Globalização   119

ANEXO 3
Investimento líquido directo português e exportações portuguesas para alguns países da CPLP
(em milhares de contos)

	1990	1991	1992	1993	1994	1995	1996	1997	1998	1999
INVESTIMENTO										
Angola	272	470	1770	652	258	556	1950	4280	4820	11310
Brasil	802	70	277	-82	429	4700	38600	85400	478500	300200
Cabo Verde	107	222	22	67	48	3060	139	2410	1110	7020
Moçambique	626	444	274	1360	4000	269	3210	3680	3910	3330
EXPORTAÇÕES										
Angola	58522	79066	110581	55685	48580	52018	61116	78901	73843	55231
Brasil	6594	5395	5043	9023	14585	28619	38310	40823	40548	27439
Cabo Verde	7355	7452	7734	9459	13918	17374	19374	21917	23658	27754
Moçambique	6130	5561	4563	6000	7176	7368	8077	8705	12326	13487

Fonte: Banco de Portugal (1991 a 2000), *Relatórios do Banco de Portugal (1990 a 1999);*
Banco de Portugal (1995; 1997;2000), *Evolução das Economias dos Palop (1994;*
1996/97;1999/2000); ICEP (s/d), *Brasil: um país, um mercado,* Lisboa; INE (1974-
-2000), *Estatísticas do Comércio Externo e Comércio Internacional,* Lisboa

COOPERAÇÃO CIENTÍFICO-CULTURAL

I – COOPERAÇÃO COM OS PALOP NAS ÁREAS DA EDUCAÇÃO E DA FORMAÇÃO PROFISSIONAL

António Luís A. Ferronha

«Portugal está agora em situação de aceitar tal como foi e é, apenas um povo entre os povos. Que deu a volta ao mundo para tomar a medida da sua maravilhosa imperfeição.»

EDUARDO LOURENÇO, *Portugal como Destino, seguido de Mitologia da Saudade*, 2.ª edição, p. 83, Gradiva, Lisboa 1999

A cooperação a nível da educação com os PALOP insere-se naquilo que hoje é considerado com o contexto de Lusofonia, que é mais alargado como todos sabemos, mas que a nosso ver não pode ser visto como um conceito geográfico, mas como alguém já disse um estado de alma: uma identificação voluntária, uma adesão afectiva, uma pertença que transcende o juízo de facto e a abrangência de uma qualquer fronteira.

Como escreveu Maria Beatriz Rocha-Trindade, mais do que «falar Português, significa pertencer a um país de entre um conjunto de Sete: fazer parte de uma comunidade que se reclama de uma ascendência cultural precisa, quiçá originária de há quatro séculos; ser membro de um grupo radicado em país estrangeiro, que se afirma nascido da emigração portuguesa, de geração saída ou dela descendente». Mas, parece-me que o conceito de lusofonia é mais amplo. Para além dos países africanos de língua oficial portuguesa, mais o Brasil, devem ser incluídos neste conceito Timor (e o esforço que Portugal tem desempenhado nesse sector) e, ainda, as grandes comunidades de emigrantes portuguesas no Mundo e os seus descendentes[193].

---

[193] MARIA BEATRIZ ROCHA-TRINDADE, *Lusofonia, Interculturalidade e Cida-*

Assim sendo, a cooperação portuguesa na área da educação com os PALOP, e é dessa que aqui tratamos, insere-se nessa perspectiva de lusofonia, e dessa maneira radica-se numa vontade política cimentada em laços afectivos e efectivos de cooperação, e como diz a raiz etimológica do latim *co* mais *operar*, que significa trabalhar em conjunto e se acrescentarmos educação, *educere*, seguir o caminho, conduzir através de, acrescentaríamos que esta cooperação não deveria ser apenas unilateral, isto é, deveríamos também aprender com o outro lado e nesta conformidade o conceito tanto inclui educação como formação.

Também deveríamos ter aqui em mente outro conceito do pedagogo brasileiro Paulo Freire, o de tema gerador, para além das necessidades educativas básicas, que deveriam entender-se num quadro de tema gerador, isto é, fazer-se a nível daquilo que é o contorno da sociedade dos indivíduos, contorno cultural aliado aos interesses objectivos sustentados pela geografia económico-social.

Só como mostrou Maria Beatriz Rocha-Trindade o conceito de lusofonia leva-nos a outro, poderia encaminhar para muitos outros, mas para um que nos interessa para este estudo, o de interculturalidade. E utilizando aqui o inter, ver no..., que é, primeiro que tudo o mais, um juízo de existência: num mesmo espaço físico ou conceptual coexistem pessoas diferentes, portadoras de diferentes culturas (em termos de memórias, referências, valores, gostos e inclinações; projectos, expectativas, anseios; vivências, práticas, atitudes), mas que mutuamente reconhecem o seu direito a viver com uma língua comum, no sentido do conceito de Fernando Pessoa que esta é a «pátria espiritual» quando falava da língua de um povo, e no caso concreto da língua portuguesa.

Como escreveu Vergílio Ferreira: «Uma língua é o lugar de onde se vê o Mundo e em que se traçam os limites do nosso pensar e agir». Se um lugar se pode definir como gerador de identidade – relacional e histórico –, a língua preenche o lugar, define-o como espaço social, pois cria uma relação potencial de comunicabilidade e depósito de intrusões inconscientes, elaboradas por esse operador de heterogeneidade que é o inconsciente do homem[194].

---

dania, in "Interculturalismo e cidadania em espaços lusófonos", n.º 5 P.E.A. Mem Martins, 1998, p. 11.

[194] FERRONHA, ANTÓNIO LUÍS, *A Língua Portuguesa à Procura do Sul*, in "Atlas da Língua Portuguesa na História e no Mundo", p. 40, Imprensa Nacional Casa da Moeda, Lisboa 1992.

Portanto a filosofia intercultural predica, não apenas no direito de se partilhar um território mas igualmente a obrigação de nele se viver segundo as culturas dos vários grupos e comunidades, sem subordinação dos seus estatutos ao da sociedade maioritária. A interculturalidade traz consigo aspectos conflituais ou dilemáticos inevitáveis.

Só como acrescentou Michael Walzer é preciso conseguir um equilíbrio entre o multicultarismo e o individualismo, o que significa favorecer a diversidade e a coexistência de culturas diferentes, mas também abrir espaços à autonomia individual e às iniciativas da sociedade civil.

E neste momento temos que ter uma pedagogia pela paz, para criarmos uma «cultura da paz», conceito defendido pela UNESCO e pelo seu ex-director-geral Frederico Mayor. E essa pedagogia passa por uma ética da responsabilidade na educação e na formação dos indivíduos.

Introduzimos neste texto a formação profissional, porque achamos que em termos de cooperação, e não só, a relação é directa entre educação e formação profissional, a todos os níveis, dado o desenvolvimento tecnológico mundial e a sua relação com o desenvolvimento económico e social.

Há um documento importante da União Europeia, elaborado pelo comissário Martin Bangemann, que nos esclarece que se deve fornecer às populações de cada país a melhor e a mais avançada qualificação possível: a própria evolução e os progressos tecnológicos, fortemente estimulados pelo actual processo de globalização da economia e que exige novos perfis profissionais para tirar o maior proveito possível dessa evolução[195]. Como é o caso das tecnologias da informação e da internet.

Achamos que a cooperação deveria ser gerida em Portugal, por um único organismo super-ministérios educativo e formativo, integrado num único Sistema de Educação e Formação. Sabemos que existem muitas dificuldades, mas a mais delicada respeita à disponibilidade dos recursos humanos necessários ao planeamento e à realização dos projectos no terreno, e, por outro lado, à dispersão dos «micro-organismos» de cooperação, espalhados por muitas instituições e ministérios.

---

[195] Cif., *Towards the Information Society*, Bruxelas, CEC, 1995.

Mais do que criar uma estrutura física era necessário congregar as capacidades de todas as instituições e colocá-las ao serviço da cooperação.

A mobilidade de professores, investigadores e estudantes, a troca de professores e estudantes, e utilizá-los de forma pensada na racionalização desses recursos, em função da organização das várias realidades e consequentemente das múltiplas necessidades, de uma forma necessariamente gradual e cuidadosa, porque os contextos são diferentes.

Primeiro é preciso investir a nível de formação de formadores e em professores já mais ou menos qualificados. Em relação ao ensino à distância e à sua metodologia é sempre bom pensar na realidade de cada país envolvido. É que os europeus tendem a ver e falar de África, como se ela fosse um todo e não existe África, existem sim Áfricas e isto aplica-se também para os Países Africanos de Língua Oficial Portuguesa. Áfricas com realidades geográficas, sociais, culturais, económicas e linguísticas diferenciadas.

Não exclui a importância que, para alguns países, o ensino à distância e mediatizado possa assumir, como instrumento da melhoria da educação no seu conjunto e como uma componente mais escolarizada, no âmbito do sistema educativo de cada país.

Fazer esse encontro entre a experiência do ensino à distância e mediatizado, com componentes diversificadas, produção de materiais e formação de professores.

A História deve ensinar, pelo menos a não cometer os mesmos erros. É preciso aprender com o passado, desta feita não devemos cometer o mesmo erro histórico da descolonização, que tratou estes diferentes povos africanos como se fossem iguais, e o resultado está aí, na sua arqueologia da dor. Cada um tem a sua realidade, e já não falo na realidade geográfica, económica, social e cultural, falo mesmo na realidade em termos da língua portuguesa ali falada e escrita, e mesmo na língua portuguesa utilizada como meio de comunicação.

Numa radiografia dessas diferentes realidades, começamos por Angola em que apenas cerca de um por cento das crianças em idade pré-escolar têm aceso aos jardins de infância.

O número de crianças com cinco anos que entram na classe de iniciação é só quinze por cento. No ano de 1996, a população angolana em idade escolar, de 6 aos 14 anos, foi estimada em cerca de 2.811.000 crianças, mas apenas trinta por cento se encontravam enquadradas no pri-

I – Cooperação com os PALOP nas áreas da Educação e da Formação   127

meiro nível, isto é, nas primeiras quatro classes do ensino de base regular. Por outras palavras, setenta por cento das crianças caem no risco de ficarem analfabetizadas.

Atendendo ainda às capacidades técnicas materiais e humanas, dever-se-á diversificar e conjugar várias formas de ensino à distância que passarão, não só pela telescola, mas também pela rádio e pelo recurso a materiais impressos. É preciso fazer um trabalho de formiguinha.

Cabo Verde tem três subsistemas. O pré-escolar que abarca as crianças de 4 a 6 anos e funciona em estabelecimentos de iniciativa municipal e cooperativa, onde cobre apenas quarenta por cento da população. O subsistema escolar que tem seis anos de ensino básico, seis anos de secundário e engloba ainda o ensino superior. No ensino básico há uma taxa de escolarização bastante alta, com uma taxa de sucesso na ordem dos 84,7 por cento. No ensino secundário existe uma taxa bruta de escolarização de trinta por cento e uma qualificação de professores à volta de cinquenta por cento.

Existe, finalmente, o subsistema extra-escolar, dando, neste domínio, muita atenção à faixa dos quinze aos trinta e cinco anos. Nesta faixa atingiu-se cerca de oitenta por cento de alfabetização.

Guiné-Bissau tem vinte e oito línguas nacionais, num espaço de um milhão de habitantes, pelo que a comunicação se faz através de uma língua franca, o crioulo. Assim, o aluno quando vai para a escola já fala a língua materna – o crioulo – e vai enfrentar a língua portuguesa. O português terá que ser leccionado como língua segunda e não como língua materna.

Moçambique. Antes da guerra tinha cerca de seis mil escolas, quando a guerra acabou em 1992, mais de duas mil escolas tinham sido destruídas ou postas fora de funcionamento. Tem havido uma permanência de cerca de um milhão e duzentos mil alunos no ensino primário. Hoje, com o processo de reconstrução as escolas foram quase recuperadas na sua totalidade. Moçambique tem um parque escolar de escolas secundárias, pré-universitárias e cerca de cinquenta escolas técnicas que acomodam mais de dez mil estudantes e aproximadamente vinte instituições de formação de professores. Preocupações a nível da qualidade de ensino, na melhoria da qualidade do ensino, e na formação de professores e outra área, que não pode ser esquecida, que é a do livro escolar.

S. Tomé e Príncipe. Estamos a falar de um país com cerca de cento e trinta e cinco mil pessoas, em que só um terço está abrangido pelo sistema educativo, isto é, cerca de quarenta e três mil indivíduos.

O seu sistema de ensino abrange a educação pré-escolar, o ensino primário e o ensino secundário, incluindo o ensino pré-universitário. Instauraram o regime triplo e é um país com uma taxa de escolarização em África digna de nota. Entende-se por regime triplo, um regime em que as crianças permanecem na escola um tempo reduzido. Enquanto que no regime duplo as crianças têm um tempo de frequência de cinco horas lectivas, no regime triplo tem cerca de duas horas e meia a três horas, condicionando, desta maneira, a qualidade do mesmo ensino, o que, por outro lado, dificulta a criação de hábitos relacionados com o ensino-aprendizagem: a leitura, o cálculo, a sociabilidade, a História, a disciplina, a ética, etc.. No ensino secundário a taxa é mais baixa: atinge apenas os sessenta e seis por cento da população escolar[196].

Foi precisamente para equacionar todos estes problemas que se realizou em Portugal, em Novembro de 1997, a Primeira Conferência dos Ministros da Educação da Comunidade dos Países de Língua Portuguesa, convocada simultaneamente pelo Ministro de Educação de Portugal (Marçal Grilo) e pelo Secretário Executivo da CPLP e que teve como objectivo a reflexão e o debate em torno das políticas de cooperação, no âmbito da educação, preocupando-se em fazer emergir algumas estratégias em relação às áreas mais carenciadas dos sistemas educativos dos diferentes países que compõem aquela Comunidade.

A conferência analisou os problemas que se prendem com a utilização do ensino à distância mediatizado, como instrumento de resposta a situações de crescimento da oferta do ensino básico obrigatório, com o ajustamento estrutural do ensino superior, no sentido de o adequar às necessidades do crescimento e desenvolvimento sustentado das sociedades e economias daqueles países, e com a definição de uma política operante da promoção da Língua Portuguesa nas suas vertentes de língua oficial, língua de ensino e de cultura, e língua veicular.

Prendia-se com a necessidade de criar condições para que os Ministros da Educação dos Sete pudessem trocar pontos de vista e acertar linhas de orientação para a cooperação multilateral e que as medidas

---

[196] Dados extraídos da I Conferência dos Ministros da Educação da Comunidade dos Países de Língua Portuguesa, que se realizou em Lisboa em 24 e 25 de Novembro de 1997, por iniciativa do Ministro da Educação Português e do Secretário Executivo da CPLP.

cometidas neste domínio não surgissem de forma casuística ou se revestissem de carácter temporário-político efémero[197].

Portugal, através dos Ministérios da Educação e do Emprego e Segurança Social, para além de outras instituições estatais e privadas, tem uma política algo dispersa em relação à cooperação com os PALOP, por falta de um organismo que centralizasse toda esta mesma cooperação.

O Ministério da Educação tinha, em relação à temática, os seguintes (estimativa) projectos em curso, distribuídos por países africanos.

**PROJECTOS EM CURSO POR PAÍS
ANO 2000**

MINISTÉRIO DA EDUCAÇÃO

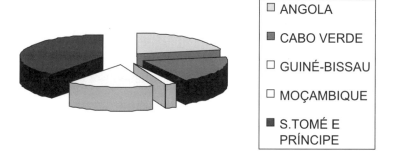

Fonte: Gabinete de Assuntos Europeus e Relações Internacionais – Ministério da Educação (17/04/2000)

O quadro síntese descrimina os valores da cooperação do Ministério da Educação, GAERI (Gabinete de Assuntos Europeus e Relações Internacionais) e outros serviços do mesmo ministério.

---

[197] Relatório da I Conferência dos Ministros da Educação da Comunidade dos Países de Língua Portuguesa, Lisboa, 24 e 25 de Novembro de 1997.

130 Cooperação Científico-Cultural

(Valores em contos)

PAÍS	GAERI	OUTROS SERVIÇOS	OUTROS
ANGOLA	10 000	149 300	
CABO VERDE	9 000	291 300	252 500
GUINÉ-BISSAU	1 000	26 700	
MOÇAMBIQUE	7 500	473 822	
S. TOMÉ E PRÍNCIPE	18 000	35 300	145 000

Fonte: Gabinete de Assuntos Europeus e Relações Internacionais

Estes valores dão um total de esc. 1.460.502$00, estimativa de gastos pelo Ministério da Educação na cooperação para o ano de 2000. Esta cooperação incidiu nos campos do ensino mediatizado, subsídios para escolas portuguesas, formação em educação especial para invisuais, ensino do português como língua segunda, envio de professores do ensino secundário, protocolo com ensino superior, bolsas de estudo, formação de inspectores, professores destacados. Foi distribuída desta maneira (valores em contos):

ANGOLA

PROJECTO	M.E. GAERI	M.E. OUTROS SERVIÇOS	OUTROS
Ensino Mediatizado	8 000		
Subsídio para Escola Portuguesa		149 300	
Formação em Educação Especial para Invisuais de 12 professores angolanos	2 000		8 000

CABO VERDE

PROJECTO	M.E. GAERI	M.E. OUTROS SERVIÇOS	OUTROS
PUENTI	4 000		
Ensino Mediatizado	2 000		
Ensino do Português como Língua Segunda	3 000		

I – Cooperação com os PALOP nas áreas da Educação e da Formação   131

PROJECTO	M.E. GAERI	M.E. OUTROS SERVIÇOS	OUTROS
Envio de professores do Ensino Secundário			80 000
Bolsas de Estudo		291 300	161 700
Protocolo do Ensino Superior			18 000

GUINÉ-BISSAU

PROJECTO	M.E. GAERI	M.E. OUTROS SERVIÇOS	OUTROS
Subsídio para Escola Portuguesa		21 100	
Apoio à Reorganização dos Serviços	1 000		
Professores Destacados – Formação de Professores do E. Básico (Formadores)		5 600	15 000

MOÇAMBIQUE

PROJECTO	M.E. GAERI	M.E. OUTROS SERVIÇOS	OUTROS
Ensino Básico Mediatizado	6 500		
Formação de Inspectores	1 000		
Escola Portuguesa de Cahora Bassa		13 552	
Orçamento próprio para a Escola Portuguesa		437 870	
Professores destacados		22 400	

S. TOMÉ E PRÍNCIPE

PROJECTO	M.E. GAERI	M.E. OUTROS SERVIÇOS	OUTROS
Apoio ISPSTP			30 000
Formação Profissional			37 000
Elaboração da Carta Escolar	3 000		
Manuais Escolares			20 000
Subsídio para Escolas Portuguesas		34 380	10 000
Definição da Lei de Bases do Sist. Educativo	4 000		
Aperfeiçoamento das Estatísticas da Educação	1 500		
Ensino Mediatizado	3 000		
Envio de docentes para formação de professores do Ensino Secundário		42 000	18 000
Cooperação no quadro do Nónio	3 000		
Bolsas de Estudo			30 000
Avaliação Externa do ISPSTP	3 500		

Fonte: Gabinete de Assuntos Europeus e Relações Internacionais (17/04/2000)

Seria bom ver o extenso documento produzido pela UNESCO sobre o ensino à distância (*Open and Distance Learning: Prospects and Plicy Considerations*, 1997) e ter em atenção os diversos Programas Comunitários, fundamentalmente: SOCRATES e LEONARDO.

O modelo híbrido de ensino presencial e ensino à distância parece-me o mais adequado, para alguns casos, para a cooperação. A Universidade Aberta desempenha um papel muito proeminente de liderança nacional, europeia e mundial, em domínios de ensino à distância, mas a colaboração desta Universidade com os países lusófonos tem tido um carácter circunscrito.

Hoje a educação e a formação já não têm limites etários. Já não podemos pensar só na escola tradicional, vocacionada para uma pedagogia contextualizada no crescimento sócio-biológico. Celeste Correia

I – Cooperação com os PALOP nas áreas da Educação e da Formação 133

defende que as mutações e a transitoriedade próprias das sociedades modernas impõem-nos que nos centremos na educação extra-escolar, na educação ao longo da vida, e que poderia passar por algumas medidas e estratégias, tais como:

• Dinamização, alimentação e refrescamento dos Centros Culturais nos vários países lusófonos, o que deve contar com as instituições do Estado, com as ONGs etc., isto é, com criadores e produtores artísticos da sociedade civil;

• As escolas precisam de materiais de suporte, os projectos de intervenção necessitam de materiais, de meios, de recursos materiais e humanos. Há coisas que não podem ser transmitidas sem a relação directa das pessoas sem contacto intercultural, como sejam o próprio associativismo, a sua organização e intervenção nos diferentes contextos sócio-culturais;

• Há que dar importância e apoio aos projectos voluntários de jovens e à solidariedade que possam levar à resolução de problemas de outros jovens e de outros países lusófonos, pelo incentivo e dinâmica de contactos e trocas interculturais[198].

Todos os médias (estou a referir-me fundamentalmente à rádio e à televisão) podem servir de vectores na formação à distância. A utilização de todos os meios de comunicação disponíveis, numa política e filosofia de cooperação concertada, fundamentalmente para o ensino da língua portuguesa, rádio, televisão e ainda a telemática, não somente para veicular conteúdos de formação e assegurar relações interactivas com o formando, mas também para estabelecer relações pedagógicas adaptadas ao processo de autoformação.

O desenvolvimento da internet permite criar os seus próprios meios educativos, ferramentas pedagógicas, os guias dos *sites* de formação à distância e de fundos dos documentos, os boletins de ligação, os fóruns de discussão.

Desenvolver um programa de lançamento de redes de rádios escolares e educativas em África cujas emissões são difundidas pelas rádios nacionais. Aproveitar a RDP-África e a RTP-África, para dar cursos de língua e literatura portuguesas. Criar na RTP e na RDP programas como, por exemplo, «Espaço Lusófono».

---

[198] Cf. *Projecções Culturais no Espaço Lusófono*, in "Interculturalismo e cidadania em espaços lusófonos", Publicações Europa América, p. 129, Mem Martins 1998.

Relatório de Actividades – I – A Cooperação do Ministério do Emprego e da Segurança Social (MESS) com os Países Africanos de Língua Oficial Portuguesa (PALOP).

As emissões de rádio propostas à sensibilidade educativa do grande público, sustentáculo específico dos programas de formação à distância (professores de português, agentes de alfabetização, artesãos) e até à utilização directa da rádio nas aulas de ensino (básico) primário.

Em matéria de televisão, poder-se-á acompanhar por programa de multimédia de aprendizagem do português, proposto aos estabelecimentos universitários e escolares. O substracto poderá ser dado pelos jornais televisivos da RTP-África.

O formando recebe por cada emissão uma cassete vídeo, via internet ou fax, documentos didácticos (exercícios, exercícios corrigidos, etc.) preparados por linguistas.

Outro programa poderá chamar-se SUL e debaterá «Sete dias em África»; «espaço Lusófono». Na mesma ordem de ideias, um *site* da internet oferecerá em paralelo uma série de exercícios, que são corrigidos em tempo real, e um certo número de actividades culturais, linguísticas e pedagógicas ligadas à exploração das sequências televisivas.

A rádio é, em África, o único instrumento capaz de tocar as populações na sua língua e na sua realidade quotidiana. Por isso defendemos as rádios rurais e locais, que poderão oferecer formidáveis possibilidades, para apoiar iniciativas de desenvolvimento regional.

Um *site* «Ler Português» utilizaria a imprensa escrita como suporte ao ensino da língua portuguesa, abordada não como um objecto de estudo isolado e teórico, mas num contexto autêntico e variado.

FORMAÇÃO PROFISSIONAL

Desde 1987, por despacho ministerial, a cooperação com África, do Ministério do Emprego na Segurança Social, é uma cooperação bilateral, que o Instituto e Emprego e Formação Profissional suporta através do seu orçamento anual[199].

---

[199] Queria prestar o meu agradecimento ao Instituto do Emprego e Formação Profissional, por todo o material que disponibilizou para este estudo e agradecer ainda ao Dr. José Salazar de Campos a amabilidade e disponibilidade nas informações dadas, em relação a projectos e missões do Instituto. Quero, no entanto, referir que a leitura, a integração desses dados e das informações, são unicamente da minha responsabilidade.

A política fundamental tem como objectivo ganhar para a causa a função pública e o sector empresarial do Estado nos países africanos. E é patrocinada por acções/missões de assistência técnica e acções de formação e cedência de equipamentos. E assim criar uma certa sustentabilidade do Ministério, prestigiar as acções do trabalho, fornecendo dez por cento do custo global do projecto.

A política que se seguia eram acções de formação nos centros de formação em Portugal e as missões de assistência técnica no terreno. Hoje já não é assim, limita-se a vinda para Portugal de formandos para os centros de formação portugueses nas várias áreas, já não há missões estruturantes.

Com os governos do Partido Socialista, Portugal suporta todas as despesas e mesmo assim nunca se atingiu a totalidade de execução orçamentada. Criaram-se estruturas locais e centros do sector terciário.

Numa breve análise, podemos ver no gráfico o número de projectos previstos e realizados, para verificar que a execução esteve, quase sempre, aquém do previsto.

Número de Projectos Previstos e Realizados – 1989 a 1995

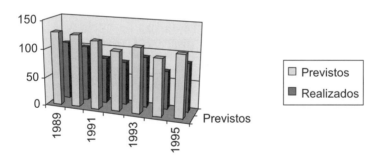

Fonte: Instituto do Emprego e Formação Profissional

Este gráfico indicia taxas de execução global dos projectos situadas entre oitenta por cento em 1989 e sessenta e oito por cento, em 1991. Assinale-se, contudo, que estes valores são meramente indicativos. Devido às características dos projectos, decorre que o número de projectos não está em relação directa com o das suas componentes (estágios e missões), segundo informação prestada do IEFP.

A comparticipação do Ministério do Emprego refere-se a viagens, garantia de vencimento e pagamentos de ajudas de custo ao pessoal técnico português, em missões de assistência técnica; alojamento e alimentação ao pessoal técnico dos PALOP que vem a Portugal receber formação; inclui ainda seguro de vida e acidentes pessoais, ao pessoal técnico português e dos PALOP.

A comparticipação dos Ministérios homólogos dos Países Africanos de Língua Oficial Portuguesa, foi em viagens do pessoal técnico dos PALOP que vem a Portugal receber formação; alojamento e alimentação do pessoal técnico português em missões de assistência técnica nos PALOP. Pode-se afirmar, sem grande margem de erro, que a média anual da comparticipação portuguesa (1989-1995) e dos PALOP, se situa aproximadamente nos seguintes valores percentuais:

Estágios: Portugal – 90%; PALOP 10%

Missões: Portugal – 70%; PALOP 30%

Refira-se que a cooperação com Cabo Verde foi considerada modelar até 1990 e tem vindo a decrescer devido à substituição dos dirigentes e quadros do ministério homólogo; também em Angola, devido ao recrudescimento dos conflitos político-militares, o número de acções de cooperação diminui drasticamente. Em Moçambique, pelo contrário, os resultados alcançados são assinaláveis.

A partir da época em que foi ministra da tutela Maria João Rodrigues, Caldeiras Dias assume a direcção e praticamente não se fez nada. Com o Ministério de Ferro Rodrigues, no departamento da Cooperação dirigido por Lucília Figueira é criado o PREP, Programa Regional de Emprego nos PALOP, com uma vertente bilateral e outra multilateral[200].

Tinha como objectivo a sustentabilidade das estruturas nacionais e locais, era composto por uma comissão de coordenação, com dois

---

[200] Solicitando ao Departamento de Cooperação (Ministério do Trabalho e da Solidariedade), dirigido por Maria Lucília Figueira, informações, dados, missões no terreno, políticas de cooperação, e outros dados relevantes para o presente estudo a resposta foi lacónica (n.º. 000720, 26 Abril 2000): «Em resposta ao vosso ofício de 3 de Abril de 2000, informa-se que as responsabilidades do Departamento de Cooperação estão definidas no Decreto-Lei n.º 418/98, de 31 de Dezembro. Os encargos com a cooperação desenvolvida no âmbito deste Ministério são suportadas pelo Orçamento da Segurança Social e pelo Orçamento do Instituto do Emprego e Formação Profissional. Com os melhores cumprimentos, A Directora-Geral (Maria Lucília Figueira)».

I – Cooperação com os PALOP nas áreas da Educação e da Formação   137

projectos, um protocolo com Angola, assistência técnica com o Ministério da Indústria de Angola e a criação do Ministério da Cooperação. No fundo uma das necessidades mais importantes da cooperação: a articulação da cooperação industrial com a cooperação institucional, colmatando desta maneira a fragilidade das estruturas de cooperação. O PREP foi experimentado e executado no terreno, nomeadamente com S. Tomé e Moçambique, com a criação de centros de formação e de centros de emprego. Em Cabo Verde criou-se o centro de formação do terciário e o centro para a construção civil.

A seguir, dentro da filosofia de cooperação mais exequível, foi criado o Consórcio para o Emprego, Formação e Inserção Profissional em África (CEFIPA), sendo responsável Arlindo Gameiro. Este consórcio congrega instituições públicas e instituições privadas: o Ministério do Emprego, o IAPMEI e o Instituto da Soldadura e Qualidade, que é uma instituição privada.

Este parece-nos ser um bom caminho para a cooperação, com alguns escolhos próprios da maneira de ser portuguesa, já que é invulgar as instituições cooperarem entre si. Tinha como objectivos: fazer formação aos refugiados, deslocados da guerra, e fazer emergir um empresariado em Angola e Moçambique.

Então, porque não resultou? A falta de um intermediário no terreno, um representante português que centralizasse e coordenasse, para que não falhasse a continuidade dos projectos. O único projecto que restou foi o CENTOP, Centro de Formação Agrícola de S. Tomé. O interlocutor nunca existiu, falta para fazer continuidade no local. Não obstante, o CEFIP tem um representante em Luanda, com projectos-piloto na panificação, contabilidade, soldadura, etc..

Destas parcerias, Estado e privados, foi criada no sector de madeiras e mobiliário uma parceria entre Moçambique e o Presidente da Câmara de Paredes.

Se partirmos do tema gerador, conceito proposto pelo pedagogo e sociólogo brasileiro Paulo Freire, já referido, começar pelo princípio é primeiro proceder a uma análise crítica da realidade nacional de cada país dos PALOP. A seguir, fazer missões no terreno de diagnóstico para ver o que interessa de facto às populações regionais e, por outro lado, a recuperação de profissões que estão em declínio, e que são fundamentais para o desenvolvimento desses países: carpintaria, fundações, calçado, cerâmica utilitária e olaria.

Número Global de Estágios Previstos, Realizados e Duração

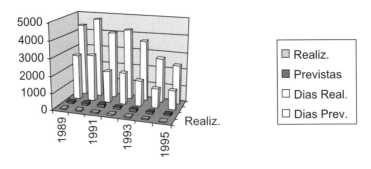

1989 a 1995

EVOLUÇÃO ORÇAMENTAL
ACÇÕES BILATERIAS
1989 A 1995

ANGOLA

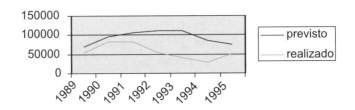

CABO VERDE

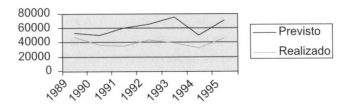

GUINÉ-BISSAU

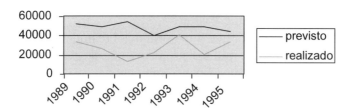

MOÇAMBIQUE

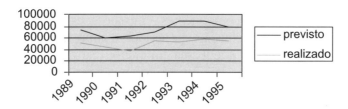

S.TOMÉ E PRÍNCIPE

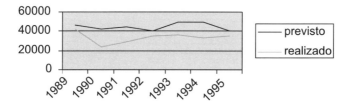

Fonte: Instituto do Emprego e Formação Profissional

Estes gráficos indicam-nos, por país, os orçamentos previstos e realizados com os respectivos programas bilaterais. Constata-se que os países com maiores dotações e execuções financeiras foram em geral e por ordem decrescente: Angola, Moçambique, Cabo Verde, S. Tomé e Príncipe e Guiné-Bissau[201].

Verifica-se, contudo, que a maioria dos orçamentos não foi cumprida, o que mostra que muitos projectos não se realizaram ou não foram totalmente executados financeiramente.

A leitura deste gráficos mostra-nos, de uma forma puramente estatística e indiciária, que a falta de cumprimento daquilo que foi orçamentalmente previsto e executado, deve-se a um conjunto de situações que tem nomeadamente a ver com infra-estruturas, pessoal qualificado, situações de instabilidade nos países africanos e falta de elementos coordenadores no terreno.

Se nos basearmos nos dados do Instituto do Emprego e Formação Profissional, verificamos que relativamente à distribuição de projectos de cooperação, nas suas componentes – missões e estágios – por grandes áreas/domínios de actuação, no período compreendido entre 1990 e 1995, se pode concluir que a área em que se realizaram mais acções (missões e estágios) foi a do emprego/formação profissional, com um maior predomínio da formação profissional, seguindo-se-lhe a área de apoio instrumental e técnico, devido ao predomínio das estatísticas do trabalho e emprego, a área do trabalho com maior predomínio das condições e relações de trabalho e, por fim, a área da segurança social//acção social[202].

---

[201] Relatório de Actividades – II – *A Cooperação do Ministério do Emprego e da Segurança Social (MESS) com os Países Africanos de Língua Oficial Portuguesa (PALOP)*.

[202] MIRA, FELICIANO (org.) *et alli, Educação, Empresas e Desenvolvimento em Moçambique*, Pendor, Editorial, Lda., Cruz Quebrada, 2000.

ÁREA DO TRABALHO

Condições e Relações de Trabalho – Inspecção de Trabalho Higiene e Segurança do Trabalho

1990 a 1995

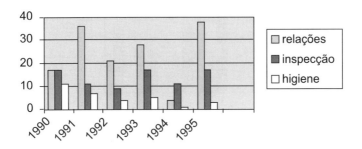

ÁREA DE APOIO INSTRUMENTAL E TÉCNICO E DA SEGURANÇA SOCIAL / ACÇÃO SOCIAL

1990 A 1995

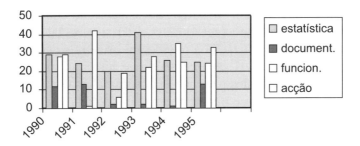

ÁREA DO EMPREGO E DA FORMAÇÃO PROFISSIONAL

Emprego Formação
1990 a 1995

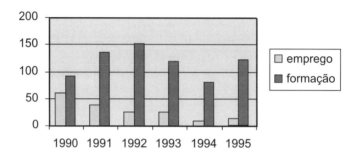

Fonte: Instituto do Emprego e Formação Profissional[203]

A cooperação terá que ser efectuada bilateralmente através de uma ética da responsabilidade na vida da escola e do centro de formação ou empresa, e, perante os desafios do multiculturalismo, compreendendo as diferenças. É preciso combater certas construções fictícias como «Ocidente», «Oriente», já para não falar de essências racistas como raças subjugadas, orientais, africanos e outros.

Longe de encorajar um sentimento de inocência original ressentida em países que tenham sofrido as devastações do colonialismo, as abstracções míticas como as referidas cheiram a falso, tal como as várias retóricas de culpabilização a que deram origem; as culturas estão demasiado misturadas, os seus conteúdos e histórias são demasiado interdependentes e híbridos para que seja legítima uma separação cirúrgica em oposições vastas e maioritariamente ideológicas como Oriente e Ocidente/ África.

Tanto na Europa como em África, a fissura que separa os ricos e os pobres agrava-se dia-a-dia e, os intelectuais, que estão no poder, trazem ao de cima uma negligência complacente que é verdadeiramente aterradora. Fabricaram-se sistemas inteiros da Nova Linguagem

---

[203] Cif., *Cultura e Anarquia*, Editora Pergaminho, Lisboa, 1994.

I – Cooperação com os PALOP nas áreas da Educação e da Formação 143

Orwelliana, capazes de dissimular a verdade dos factos em nome de «conveniências institucionais» ou da «honra nacional».

É fundamentalmente necessário construir uma cultura do discurso crítico. Pensar é um modo de experimentar o mundo. Em primeiro lugar, a Europa e o Ocidente já não constituem referências indiscutíveis para o resto do Mundo. O desmantelamento dos grandes impérios coloniais após a Segunda Guerra Mundial reduziu a capacidade da Europa para iluminar intelectual e politicamente as então denominadas zonas obscuras do planeta. Com o advento da Guerra Fria, a emergência do Terceiro Mundo e a emancipação universal sugerida, se não decretada, pela presença das Nações Unidas, as nações e as tradições não-europeias pareciam agora dignas de uma séria atenção.

Em segundo lugar, a incrível aceleração, tanto das formas de viajar como dos meios de comunicação, criou uma nova consciência do que veio a chamar-se «diferença» e «alteridade».

Mathew Arnold chegou ao ponto de afirmar que o que melhor individualizava uma nação era o Estado, e que uma cultura nacional era a expressão do que melhor se havia dito ou pensado. É preciso responsabilizar os Estados. Na cooperação em áreas tão sensíveis como a Educação e a Formação Profissional, em sentido lato, o Estado deve ser a alavanca que cria o «take-off» da sociedade civil, das empresas privadas que em parceria cooperem nas áreas económicas.

Parece ser impossível fugir às fronteiras e barreiras constituídas à nossa volta por nações ou outros tipos de comunidade que partilham uma linguagem comum e todo um conjunto de características, preconceitos e hábitos rígidos de pensamento implícitos.

Eduardo Lourenço escreveu que a relação entre texto e cultura pertence à ordem de circularidade. Um remete ou supõe o outro e nenhum texto significa senão em função de referência cultural.

E sabemos que o andaime principal da cultura é a língua, é a linguagem e em relação à língua portuguesa ela é simultaneamente a língua que se bebe no leite materno e a língua que se encontra na nossa afectividade, a língua oficial e quase sempre segunda língua, a língua internacional.

Amílcar Cabral escreveu que a cultura e o renascimento cultural constituem, por excelência, a pedagogia da emancipação.

Já o sociólogo Boaventura Sousa Santos explicava que a disponibilidade multicultural que caracteriza a cultura portuguesa, pouco diferenciada, face às outras culturas e com pouca homogeneidade interior, tem uma forma de fronteira, e é essa forma que a define, entre o acentrismo e o cosmopolitismo[204].

Mas não basta mandar-lhe «uma carta em papel perfumado/ E com letra bonita...», como afirmava o poeta africano Viriato da Cruz.

---

[204] Cif., *Pela Mão de Alice, o social e o político na pós-modernidade*, Edições Afrontamento, Porto 1995.

II – A COOPERAÇÃO NO ESPAÇO CPLP: UNIVERSIDADES E INVESTIGAÇÃO CIENTÍFICA

Ivo Carneiro de Sousa

Nascida em 17 de Julho de 1996, a Comunidade dos Países de Língua Portuguesa (CPLP) especializou um programa estatutário que se encontra marcado por uma grande generosidade de propósitos e objectivos comuns aos sete países fundadores, sendo de destacar, para além da cooperação política geral, a colaboração multilateral «particularmente nos domínios económicos, social, cultural, jurídico e técnico--científico» (art. 3.º, alíneas a, b e c). Congraçando esta organização política inscrita na lusofonia, sublinha-se, como seria de esperar, esse «património comum» constituído pela língua portuguesa, escorado organicamente, desde 1998, na formalização do Instituto Internacional de Língua Portuguesa (IILP). Nos estatutos deste Instituto sediado na Cidade da Praia, em Cabo Verde, podem reter-se como objectivos fundamentais «a promoção, defesa, o enriquecimento e difusão da língua portuguesa como veículo de cultura, educação, informação e acesso ao conhecimento científico e tecnológico» (art. 1.º). A partir de 1998, os objectivos da CPLP estenderam-se formalmente à Educação em geral e, mais especializadamente, ao Ensino Superior, tendo-se celebrado uma plataforma para o acordo de cooperação entre as instituições de ensino superior dos Estados membros, visando formar e especializar docentes, desenvolver projectos comuns e reconhecer avaliadamente os sistemas de ensino dos diversos membros. Em termos de enquadramento político e institucional multilateral, não parece necessário continuar a recensear demoradamente todos os diferentes acordos celebrados no âmbito da CPLP para verificar que existem textos concordatários suficientes para multiplicarem uma cooperação continuada e qualificada entre os países de língua oficial portuguesa. Resta, porém, investigar se existe comunicação estreita passando das declarações e acordos gerais para os investimentos concretos de cooperação multilateral tendo os espaços da lusofonia como produção e recepção desta cooperação. Neste trabalho propedêutico, procura avaliar-se a cooperação universitária e científica portuguesa que se dirige para os espaços CPLP, tentando escrutinar com alguma atenção crítica os principais indicadores que organizam as estratégias de cooperação multilateral ao nível tanto do ensino oficial graduado e pós-graduado como da investigação científica tutelada e financiada pelo Estado português.

Necessariamente sumário e introdutório, este é um trabalho de pesquisa em torno de uma instituição e de um espaço político estranhamente ausentes das preocupações universitárias e científicas dominantes em Portugal. Apesar da CPLP convocar, aparentemente, também o resultado complexo da expansão e colonização plurisseculares de Portugal no Mundo em associação com a opção política e cultural pela língua portuguesa enquanto idioma oficial dos agora oito membros deste espaço, é mais do que escassa a atenção já das instituições universitárias públicas, já também dos centros e unidades de investigação científica nacionais pela instituição como pelo seu espaço. Ao longo do inquérito que, no último ano, fomos realizando junto de organismos universitários e científicos verificou-se muitas vezes a estranheza espantada com que se procuravam esclarecer perguntas primárias acerca dos investimentos em ensino e investigação no âmbito da CPLP que, quando havia comunicação interessada, remetiam esmagadoramente para acções entre o protocolar e o muito especializado concretizadas bilateralmente com instituições singulares dos diferentes países membros da comunidade. Uma situação que, pelo menos em termos epistémicos e culturais, parece paradoxal se tivermos em consideração a larguíssima prole de debates e títulos que se alimenta criticamente da noção de *lusofonia*[205], tanto em Portugal como nos outros estados que

---

[205] Não é este o espaço adequado para recensear os diferentes debates, posições e bibliografias discutindo a noção de *lusofonia* que, em termos panorâmicos, não apenas não recolhe grandes entusiasmos da investigação em ciências sociais portuguesa, como tende maioritariamente a ser rejeitada. E, no entanto, enquanto referenciação geral do conjunto de falantes da língua portuguesa que, convém lembrar a evidência, se espalha por diferentes espaços que foram colonizados (e descolonizados) por Portugal, a noção afigura-se tão incontornável como operatoriamente útil.

II – A Cooperação no espaço CPLP: Universidades e Investigação Científica 147

integram a CPLP. Apesar desta atenção académica e culta, afigura-se quase ocioso constatar que a ideia de *lusofonia* não conseguiu entre nós conquistar qualquer forma de consagração «disciplinar» lectiva ou científica, não existindo um único curso de graduação[206] ou um qualquer projecto de investigação financiado pelos concursos anuais do Ministério da Ciência e Tecnologia em que tanto a noção de *lusofonia* como a instituição que a deveria estruturar sejam estudados.

A forma talvez mais simples de explicar esta situação é, simplesmente, declarar – como muitas vezes se vai lendo tanto na comunicação mediática como na literatura especializada – que a instituição (quase) não existe fora dos seus escritórios e cúpulas directivas, ao mesmo tempo que os países da CPLP estão ainda mais longe de animar um espaço com alguma «coerência» política, diplomática e cultural. O que, por outras palavras mais sérias, significa ter uma colecção de interesses e objectivos comuns suficientemente relevante para enfor-

---

Se a noção mesmo de *lusofonia* intenta plasmar qualquer estratégia portuguesa de afirmação multilateral no contexto da CPLP, ou se ressalta de utopias ou rememorizações de funda raiz naquilo que alguns sectores persistem em identificar como uma espécie de essencial «alma portuguesa», estas são outras questões ligadas, naturalmente, à diversidade de sensibilidades, interesses e programas políticos. Assim como é também diferente convocar a diversidade social, linguística ou cultural no próprio seio do espaço da CPLP para infirmar ou abandonar definitivamente a operacionalidade da noção de *lusofonia*. Por outras palavras, não pode ser uma questão de «conotações» ou «estratégias» - tantas vezes politicamente tão dignas como outras quaisquer filiadas ao que hoje se designa pelo «politicamente correcto»... – a dissolver as vantagens de uma noção que, da investigação científica à geografia concorrencial das relações internacionais tem vantagens na clarificação dos espaços políticos que, muito simplesmente, falam oficialmente a língua portuguesa. No nosso caso, utilizamos este conceito para referir os espaços políticos, culturais e sociais em que se move a língua portuguesa, uma definição que é em tudo semelhante aquela que, noutros horizontes, consagrou a ideia de *francophonie,* significativamente menos contestada pela inteligência universitária e cultural também dos nossos meios académicos e científicos. A não ser que, perversamente, a convocação da noção matricial de *fonia* a partir da língua portuguesa estivesse interdita a Portugal e à língua que se foi dispersando e, depois, oficializando em diferentes espaços políticos.

[206] Significativamente, a Universidade Lusófona criou e anunciou um curso de licenciatura em «Estudos Lusófonos», mas que, até ao presente, não conseguiu ainda funcionar por falta de candidatos. Apesar deste estudo, como se explica mais à frente, não incluir o ensino superior privado, mesmo assim vale a pena fixar este caso ligado à única instituição universitária portuguesa que utiliza na sua própria caracterização e definição institucionais uma ideia de «lusofonia».

mar uma «voz» igualmente comum nas relações e organismos internacionais, sentido actualmente ainda mais pertinente face às enormes pressões do chamado processo de globalização[207]. Mesmo no campo paradigmático da língua, do IILP às precipitadas propostas de reformas ortográficas, estamos igualmente muito distantes de conseguir concretizar qualquer política multilateral sustentada que, para o ser, teria de casar o ensino, a cultura, o livro tanto como a formação educativa ou a animação cultural. Em rigor, passe a evidência, a CPLP e o seu espaço político existem, mas a discussão verdadeiramente fundamental radica em reflectir seriamente sobre se esta comunidade tem quaisquer hipóteses de alargar a sua cooperação para além do (pouco) que se vai fazendo, transformando a comunidade *imaginada* em comunidade de acção. Discussão que obriga a investigar rigorosamente os diferentes interesses que os seus Estados destacam nos domínios internacionais e que, depois, organizam as suas próprias estratégias de cooperação também no seio do espaço CPLP. Sendo esses interesses, do político ao económico, do comercial ao estratégico, marcados por distâncias e desencontros profundos, difícil seria esperar que a CPLP pudesse constituir alternativa de cooperação suficientemente atractiva para, pelo menos, complementar as modalidades de integração em espaços regionais e internacionais privilegiados pelos respectivos países membros.

Discutir o espaço que a CPLP deveria ajudar a animar multilateralmente também no campo do ensino superior e da investigação científica, estendendo-se da cooperação universitária aos projectos

---

[207] Esta é uma noção igualmente complexa, polémica e resultado de várias manipulações e estratégias de concorrência política e económica internacionais. Também de concorrências científicas na produção de conceitos dominantes para a análise social e económica do mundo actual. Seja como for, o conceito impôs-se e refere-se nitidamente a um processo que, ancorado à longa duração, assumiu hoje dinamismos económicos, financeiros e comunicacionais que tendem a «mundializar» progressivamente o conjunto das relações de concorrência e integração internacionais. Entendido como um processo e não como uma espécie de «cultura» universal, o conceito mostra-se mesmo adequado para sumariar as transformações que marcam este início do século XXI. Na muito generosa bibliografia científica dedicada ao tema da globalização frequentem-se alguns títulos que mais interessam para a investigação epistemológica e conceptual deste processo, como GIDDENS, Anthony, *Runaway World: How Globalization is Reshaping Our Lives,* London, 2000 e, sobretudo, a obra mais polémica de FRANK, Andre Gunder, *ReOrient: Global Economy in Asian Age,* Los Angeles, 1998.

II – A Cooperação no espaço CPLP: Universidades e Investigação Científica 149

científicos comuns de desenvolvimento, representa um exercício heurístico demorado exigindo opções metódicas muito próximas dos paradigmas indiciários das modernas ciências sociais: é necessário também neste estudo procurar pacientemente pistas, reuni-las criticamente, para destacar indícios, concretizando, assim, uma actividade próxima da pesquisa policial e judiciária, geralmente adequada para encontrar objectos e problemas residuais. Neste caso, tentar encontrar indícios de que os espaços da CPLP informam e influenciam as políticas universitárias e científicas dos seus Estados membros e, em especial, de Portugal, vazando-se em estratégias de graduação, pós-graduação, cooperação educativa e científica.

A partir dos «indícios» recolhidos, este estudo optou por dividir-se em dois apartados principais: no primeiro, trata-se de compulsar informação sobre as estratégias universitárias públicas que, da oferta lectiva à cooperação universitária, se dirigem para o espaço CPLP; na segunda parte, investiga-se a cooperação científica portuguesa, acompanhando projectos e programas de Universidades, centros de investigação científica e laboratórios do Estado. A primeira parte é mais demorada, tendo-se procurado escrutinar com atenção a situação da oferta universitária portuguesa no campo do ensino em torno do espaço CPLP, estendendo-se da sua história ao ensino do seu desenvolvimento. Por isso, seguiram-se apenas cursos na área das ciência sociais e humanas, apesar do entendimento generoso desta noção não despida de equívocos, permitindo associar campos disciplinares vastos que se estendem da história às relações internacionais[208]. Exclui-se propositadamente desta dimensão de ensino o conjunto das ciências exactas, ciências naturais e do ambiente, ciências da saúde e ciências da engenharia e

---

[208] Entendeu-se incluir nesta *ordem* das ciências sociais e humanas, os seguintes campos disciplinares que, no nosso ensino universitário, têm consagração lectiva: história, história da arte, arqueologia, ciências do património, antropologia, sociologia, geografia, economia, psicologia, direito, relações internacionais e ciências políticas. Nas divisões e classificações oficiais da FCT considera-se por ciências sociais o conjunto formado pela Economia, Gestão, Ciências Jurídicas, Ciência Política, Sociologia, Antropologia, Geografia, Ciências da Educação, Psicologia, Linguística, Ciências da Comunicação, distinguindo-se ainda por Arte e Humanidades a Filosofia, História e Arqueologia, Estudos Literários. Nestas classificações muito discutíveis não aparecem vários campos disciplinares consagrados perla investigação científica actual, como as Relações Internacionais, e muito menos se convocam formações interdisciplinares.

tecnologia[209] que organizam uma vocação científica, tecnológica e, mesmo, praxiológica muito diversa da aproximação crítica e aplicada que as ciências sociais deveriam dirigir para o tema da CPLP. Uma opção que não deverá embaraçar o reconhecimento de alguns exemplos interessantes que, por vezes ligados ainda a investimentos significativos na ordem dos estudos coloniais e ultramarinos do passado, conseguiram manter uma ligação de ensino-investigação relevante dirigido para problemas e temas dos espaços colonizados por Portugal, especialmente em torno dos estudos de agronomia e medicina tropicais[210]. Pese embora o «sucesso» destes casos, não despidos de profundas descontinuidades e transformações, julga-se significativo destacar introdutoriamente que o ensino e a investigação em torno dos espaços CPLP é, actualmente, menor, em quantidade e, inclusive, variedade «disciplinar», do que no período colonial, especialmente entre 1960 e 1974. Pese embora a renovação significativa de alguns campos de estudo, em especial a renovada vitalidade dos estudos africanos em Portugal, responsabilizando-se por um volume já considerável de teses de mestrado e doutoramento, o panorama geral do ensino e da cooperação científica é limitado, não tendo conseguido modernizar e actualizar a herança de ensino e investigação coloniais. Trata-se de uma verificação prévia que não pode ser explicada apenas, como geralmente acontece, pelas mudanças políticas que concretizaram a democratização e, a partir dela, a integração europeia de Portugal. Descobre-se uma alteração social e cultural muito mais profunda e complexa que, devido a uma quase fantástica teia cerzindo complexos, passadismos e incapacidades de investigação moderna do nosso passado colonial, carece de pesquisa mais demorada e rigorosa. Disfunções que importa pelo menos *indiciar* problematicamente devido ao seu impacto nas opções estratégicas de ensino superior e de investigação científica, estendendo-se do recrutamento de alunos à preparação de novas investigações.

---

[209] Seguimos rigorosamente o sistema de divisões e classificações oficiais da FCT.

[210] Recorde-se, de forma necessariamente panorâmica, que o actual Instituto de Investigação Científica Tropical recebeu, continuou e modernizou a herança da antiga Junta de Investigações do Ultramar, prosseguindo actualmente vários estudos e investigações que, da agronomia à veterinária, da geologia à botânica, passando também por sectores das ciências sociais e humanas, se dirigem para os espaços das antigas colónias portuguesas, da Guiné-Bissau a Timor-Leste.

II – A Cooperação no espaço CPLP: Universidades e Investigação Científica   151

Apesar de escassearem dados e estudos, as problemáticas de investigação em ciências sociais que mais interessam para enquadrar o debate em torno das transformações das relações presentes com os espaços extra-europeus de língua oficial portuguesa passam, entre outros vectores de pesquisa, por perceber as alterações de longa duração nas estruturas demográficas, económicas e comportamentais da sociedade e das populações portuguesas que, incluindo as que habitavam e trabalhavam nas antigas colónias[211], ao longo da segunda metade do século passado, organizam renovadas sociocosmovisões tanto na inserção como na atracção representacional grupal e colectiva pelo exterior e pelo internacional. Alterações de longa duração que, convocando factores compósitos, foram dissipando a atracção pelos espaços coloniais e de língua portuguesa, impondo uma consabida emigração massiça para a Europa, em especial das nossas populações dos meios rurais, precisamente aquelas que alimentavam quer o recrutamento militar quer a base de mobilização dos colonos. Acrescente-se ainda que, depois da revolução da democratização, os grupos populacionais estruturantes da colonização e do investimento produtivo coloniais não regressaram uniformemente a Portugal e os que regressaram especializaram formas diversas de integração e dinamismo sociais. Parte mal estudada e pior reconhecida destas populações, associando sectores activos das classes médias ligadas ao pequeno e médio comércio a membros da elite do funcionalismo e da administração coloniais foram demoradamente optando por fixar o seu trabalho, também ensino e investigação, noutros horizontes geográficos, enformando aquilo que se designa por comunidades portuguesas no estrangeiro. Apesar destas comunidades continuarem a representar papéis económicos e sociais activos nos espaços da lusofonia, a sua mobilização para um projecto como a CPLP parece mais do que escasso. Afigura-se também tema relevante de investigação reconhecer que a referida tendência fortíssima para a emigração europeia possa ter contrariado ou, pelo menos, matizado,

---

[211] Apesar do seu peso e contribuição significativas na construção do Portugal de hoje e das comunidades portuguesas espalhadas pelo mundo, em especial em espaços africanos, estas populações não foram devidamente estudadas e perdem-se nas contribuições dos trabalhos gerais disponíveis. É também o caso mais recente dos estudos cuidadosos oferecidos por PEIXOTO, João, «A Emigração» e PIRES, Rui Pena, «O regresso das Colónias», in *História da Expansão Portuguesa* (dir. de Francisco Bethencourt e Kirti Chauduri), vol. V. Lisboa, 1999.

em termos de sustentabilidade estrutural, as ligações económicas e, sobretudo, laborais aos territórios colonizados, nomeadamente em Angola e Moçambique, sofrendo nos finais da década de 60 um movimento de estabilização do rapidíssimo desenvolvimento económico das populações activas urbanas, depois vazado em retracção pela associação do esforço sócio-económico das guerras coloniais com as crises de 1973-4[212]. O que importa sublinhar é que não existem trabalhos de investigação suficientemente rigorosos para se perceberem as várias alterações longas da atracção económica e laboral que mobilizaram as populações portuguesas na segunda metade do século XX, enquadrando mais rigorosamente as conexões complexas entre o que nos ensinavam chamar-se «metrópole» e os diferentes «ultramares» que originaram os novos países de língua oficial portuguesa. Para esta investigação por fazer, interessa igualmente estudar qualificadamente a importância social e económica da mobilização militar portuguesa nos conflitos dos espaços coloniais, visto que, em muitos territórios gerais e locais, o impacto desta presença foi enorme, como aconteceu, a título de exemplo, em Timor-Leste, aqui cabendo aos militares portugueses uma grande animação económica, social e cultural, estendendo-se da multiplicação dos serviços domésticos e administrativos ao próprio ensino, cultura e difusão da língua portuguesa. Julga-se despiciendo, por absolutamente reconhecido, destacar com alguma demora as profundas consequências sociais, culturais e, mesmo, de mentalidades que os conflitos coloniais continuam a arrastar para o interior da sociedade portuguesa actual, alargando-se das problemáticas psicológicas e de reconhecimento social dos antigos combatentes ao aprofundamento de uma espécie de durável atracção pelas sociedades tropicais africanas, atracção ampliada a partir de 1975 com o regresso das populações portuguesas de colonos alterando hábitos e comportamentos culturais, da vida citadina às dietas alimentares.

Importaria ainda somar a estas problemáticas outros temários de investigação remetendo para estudos sérios, comparativos e multidisciplinares, acerca das transformações culturais nos novos países independentes, sobretudo nas novas nações africanas de expressão por-

---

[212] Uma discussão mais aprofundada destes temas pode frequentar-se no estudo de MURTEIRA, Mário, «A Economia Colonial», in *História da Expansão Portuguesa* (dir. de Francisco Bethencourt e Kirti Chauduri), vol. V. Lisboa, 1999.

II – A Cooperação no espaço CPLP: Universidades e Investigação Científica 153

tuguesa, um tema muito pouco estudado longe das culturas elitárias e literárias, subsumido como está a complexos que, de «cá para lá» e vice-versa, sempre são acusados das mais complicadas estratégias de controlo cultural. Estranhamente, estes temas (e muitos outros...) de investigação em ciências sociais não avisam projectos de pesquisa do nosso meio científico e interessam muito lateralmente ao ensino universitário que somos. E isto apesar de largos milhares dos nossos alunos estarem intimamente ligados às redes de hereditariedades que transformaram a população portuguesa e a paisagem sócio-cultural do nosso país, uma transformação absolutamente incompreensível longe das relações de colonização e modernização que prepararam, desde a década de 1960, parte importante das estruturas sociais que, da demografia à economia, dos comportamentos à organização familiar, pautam os sentidos da formação do nosso devir colectivo e individual, contextuando também as nossas estruturas, equipamentos e estratégias de ensino universitário e investigação científica. Parece suficiente destacar que, actualmente, parte importante dos nossos alunos de graduação e pós-graduação em estudos africanos fazem esta opção lectiva a partir de uma memória familiar que os liga, ainda que cada vez mais longinquamente, às antigas colónias africanas portuguesas. No entanto, mesmo esta memória, independentemente da sua morfologia afectivo--política, tende a desaparecer tão rapidamente dos espaços de ensino universitário como desapareceu das opções políticas internacionais do nosso país. O problema da memória, mesmo quando esta organiza memórias outras de diferente extracção política, social e cultural, não é um problema menor na construção das estratégias das relações internacionais portuguesas e se for convocada num sentido moderno, tão crítico como actualizado, poderá organizar também os sentidos presentes das demoradas memórias que organizaram o nosso devir colectivo. Com efeito, a ideia que se quer «cultivada» de que o passado informa sempre uma memória unívoca e retrógrada a exorcizar obrigatoriamente na formação das estratégias também internacionais do presente destaca um pensamento que perdeu tanto a noção de duração como a sua organização histórica. O que poderá significar entre outras tantas consequências complexas que as nossas Universidades se verão obrigadas nos próximos anos a voltar a ensinar «estudos coloniais» caso queiram ter alguma participação minimamente activa e interessante nas redes de conhecimento e investigação internacionais que se dirigem para o estudo e investigação dos espaços não-europeus. Uma viragem que, no passado colonial, era quase excessivamente coextensiva com a totalidade do nosso devir nacional e internacional, mas que hoje tende timidamente a atrair somente os esforços da chamada cooperação, um conceito que, significativamente, apenas *complementa* as nossas muito europeias opções estratégicas internacionais.

O estudo do último meio século da vida política, social e económica portuguesa deveria mobilizar a atenção crítica das ciências sociais. Organizando projectos de investigação pluridisciplinares suficientemente capazes de debater novos paradigmas para a compreensão do Portugal democrático que nos encontramos a construir, estudando as relações pertinentes que casam a longa duração com os momentos de ruptura e precipitação que, do político ao mediático, tendem a exagerar a sua própria dimensão de descontinuidade. Mesmo uma ruptura tão «aparentemente» radical e precipitadora como a revolução «do 25 de Abril»[213] encontra-se ancorada a conjuntos de movimentos mais profundos que a moderna investigação científica trata de estudar nem sempre, reconheça-se, longe de explicações amarradas a opções político-ideológicas do presente. A investigação destas tendências longas falta igualmente nos campos das Universidades e da investigação científica. Os problemas de hoje não são geralmente perspectivados e avisados pelas cadeias de temporalidades que os ajudam a explicar ao mesmo tempo que a investigação social se pulverizou em exacerbadas hermenêuticas de estudos de casos e espistemologias de complexidades, recusando tantas vezes precipitadamente as conceptualizações estruturantes que concorriam para organizar sentidos e significados. Escasseiam até dados primários, estatísticas relevantes, sobejando contrastivamente opiniões tanto como inquéritos e sondagens que, escrutinando o conjuntural, influenciam a progressiva brevidade do discurso político e se afastam de um pensamento reflectindo sobre estratégias e vocações

---

[213] Não é este o espaço adequado para se propor qualquer investigação «semiótica» da história do termo revolução e da sua expressão linguística entre nós, conquanto fosse pelo menos interessante reflectir acerca desta dimensão que abrevia a revolução a uma data transformada em substantivo («o 25 de Abril» se diz e escreve como se tratássemos com qualquer entidade antroponímica...), uma dimensão popular que se acolhe também a muita investigação científica em que o termo se trata (mal) enquanto ruptura e se pesquisa pouco enquanto descontinuidade política, social e económica.

II – A Cooperação no espaço CPLP: Universidades e Investigação Científica   155

nacionais, vocabulários definitivamente ultrapassados da investigação em ciências sociais.

No entanto, quando somos «obrigados» a mostrar os lugares da memória que, das estátuas à toponímia urbana, da «história» às comemorações, passando pelos «panteões» nacionais ou locais, marcam e organizam a nossa própria relação com o espaço e o tempo colectivos, o nosso país parece continuar a permanecer ancorado a um tempo, afinal, muito breve, quase fugaz, transformando em verdadeiro século de ouro tempos e modos da expansão colonial quatrocentista e quinhentista. Apesar da expressão dominante destes lugares da memória, a sua actualização está por fazer, da mesma forma que os seus desafios se encontram por concretizar na modernização de «novas maneiras de ser português»[214] em comunicação com o desenvolvimento de um multiculturalismo crescente, definitivamente inscrito no coração laboral das nossas cidades marcadas por novas emigrações, da África à Europa do Leste. O que queremos, com mais facilidade, sublinhar é que se encontra largamente por investigar e actualizar uma renovada síntese entre os lugares da memória que são incontornavelmente os nossos e a intervenção moderna, estratégica, precisamente nos espaços que eram antes territórios coloniais e que são hoje por opção política própria novos espaços de língua oficial portuguesa, apesar da sua própria diversidade multicultural, do sociológico ao linguístico. Será absolutamente difícil, quase impossível, actualizar criticamente o nosso passado colonial e convocá-lo enquanto colecção de «vantagens» passível de qualificar, também através da investigação científica, a nossa capacidade de nos movimentarmos identitariamente, projectivamente, neste novo século definitivamente «mundializado»? A CPLP, dos projectos às ilusões, do pouco feito aos debates das muitas «lusofonias», ainda parece ser a única (a melhor?) resposta concreta a uma questão difícil, mas que tem de ser colocada e passar definitivamente a integrar as opções da nossa investigação científica.

---

[214] Aqui se glosa, com a devida autorização autoral do coordenador deste volume, uma ideia que procurou perspectivar a relação de Portugal com as suas colónias «tropicais» através da adaptação social e política dessa teoria do «lusotropicalismo» cara ao sociólogo brasileiro Gilberto Freyre (Veja-se CASTELO, Cláudia Orvalho, *«O Modo de Ser Português no Mundo». O Luso-Tropicalismo e a ideologia colonial portuguesa*, Porto, 1998.

I. A cooperação universitária

A primeira parte deste trabalho preliminar de investigação procura descrever e discutir os principais indicadores que podem servir para desenvolver futuramente uma ampla investigação acerca da importância do projecto da CPLP no mundo universitário português. Cura-se mais de perseguir indicadores de trabalho passíveis, a seguir, de fixar os principais temas de debate do que em apresentar uma investigação definitivamente encerrada em conclusões precisas. Por isso, em vez de se perspectivar os indicadores reunidos preferiu destacar-se as principais problemáticas que podem ajudar a compreender melhor a verdadeira dimensão e atracção que os espaços CPLP alimentam nas Universidades públicas portuguesas.

Comece por se procurar seguir o questionário seguinte. Um aluno universitário que inicia o seu curso de licenciatura em História quantas cadeiras tem a possibilidade de frequentar relacionadas com o espaço CPLP? Observando o elenco das disciplinas obrigatórias de todas as licenciaturas em História do ensino superior universitário público, a resposta é, simplesmente, nenhuma. Se o aluno preferir a Sociologia qual será a possibilidade de estudar a CPLP e os seus espaços? Nenhum dos cursos oferecidos nesta área permite frequentar qualquer cadeira remotamente próxima desses espaços, avisado talvez em algumas disciplinas dedicadas genericamente a África e ao Desenvolvimento. E se o aluno preferir seguir um curso de Geografia? Infelizmente, nas propostas curriculares presentes, já quase não encontrará vestígios dos estudos dos mundos «tropicais», muito menos a consagração disciplinar dos espaços também geográficos de língua oficial portuguesa. Se o aluno quiser completar uma licenciatura em Antropologia ainda encontrará algumas cadeiras de antropologia africana e asiática, mas nada que autonomize disciplinarmente os espaços que organizam a CPLP. E se optar pela Economia? O aluno terá oportunidades bastantes para frequentar cadeiras de dedicação internacional, mas apenas encontrará algumas, muito poucas, escolas universitárias em que é possível estudar genericamente as economias africanas e asiáticas. Se preferir trilhar as vias da Psicologia não encontrará qualquer interesse pelos espaços não europeus, como ocorre normativamente em Filosofia, curso em que o aluno praticamente «aprenderá» que são escassíssimas as possibilidades de estudar as grandes filosofias não ocidentais, incluindo as

II – A Cooperação no espaço CPLP: Universidades e Investigação Científica 157

filosofias orientais e, como seria de esperar, tenderá a ignorar completamente qualquer aproximação a uma qualquer «filosofia africana», ideia evidentemente equívoca para o etnocentrismo dominante em matéria de «ciências» do pensamento e da filosofia. O panorama não melhora nas principais licenciaturas das áreas das ciências sociais e humanidades, sendo necessário frequentar esses vários cursos em que as línguas e literaturas modernas especializam variantes de licenciaturas em estudos portugueses, as relações internacionais ou as ciências políticas para se encontrar um mínimo (é mesmo de um mínimo que se trata...) de atenção longínqua pelo estudo dos espaços CPLP. Concluído o roteiro do itinerário panorâmico das nossas licenciaturas em ciências sociais e humanas, o resultado final é um pouco semelhante à situação embaraçosa porque passei quando, em 1981, terminei o meu curso de licenciatura em História na Universidade do Porto: questionado pelo meu avô se, ao longo do curso, tinha preferido Herculano ou Oliveira Martins, tive de responder envergonhadamente que esgotáramos o tempo do curso a estudar os «novos» temas de história das mentalidades (principalmente de França...) em associação com o estudo das grandes «estruturas» da história económica e social (quase exclusivamente europeia...), pelo que, entre ciclos económicos e mentalidades colectivas, não poderia ter sobejado qualquer tempo para frequentar teorias e autores «ultrapassados».

No conjunto do chamado Ensino Superior Público[215] organizemos, em continuação, com mais atenção, a oferta curricular seguindo, por ordem alfabética (que, apesar de ser também uma «ordem», não destaca qualquer qualificação e, muito menos, uma hierarquização...), os cursos de licenciatura e mestrado organizados nesse vasto campo das ciências sociais e humanas.

Na Universidade dos Açores começando a acompanhar a licenciatura em **Economia** mais não se descobre do que uma cadeira geral

---

[215] Considerou-se apenas o ensino superior público universitário formado pelas Universidades dos Açores, Algarve, Aveiro, Beira Interior, Coimbra, Évora, Lisboa, Técnica de Lisboa, Nova de Lisboa, Minho, Porto, Trás-os-Montes e Alto Douro, Madeira, Aberta e Instituto Superior de Ciências do Trabalho e da Empresa. Exclui-se o ensino politécnico geral, de saúde e outras escolas politécnicas, bem como o ensino militar e policial, sectores de ensino superior que obrigavam a uma investigação própria. Ainda mais especializada se mostra a investigação destes temas no conjunto do ensino superior privado e cooperativo, estudo obrigando a mobilizar um esforço também especializado de pesquisa e interpretação.

obrigatória de «Economia Internacional» a que se junta, já em regime opcional, uma «Teoria e Política de Desenvolvimento», mas não se recenseando qualquer aproximação disciplinar ao estudo dos espaços que formam a CPLP. No curso de licenciatura em **Filosofia** não existe qualquer atenção pelo estudo do pensamento e das ideias de espaços não europeus, enquanto a licenciatura em **História** se limita a ensinar essa incontornável «História dos Descobrimentos e da Expansão Portuguesa», cadeira que sempre reencontraremos nestes precisos termos em todas as licenciaturas dedicadas aos estudos históricos[216]. As licenciaturas em **Sociologia** e **Serviço Social** não preferem fixar qualquer interesse, ainda que remoto, pelos espaços da CPLP, desinteresse que se matiza nas licenciaturas das áreas de línguas e literaturas. Assim, nas licenciaturas em **Estudos Portugueses e Franceses** e **Estudos Portugueses e Ingleses** é possível frequentar opcionalmente uma cadeira de «Literatura Brasileira». Atenção que parece especializar-se no **Mestrado em Cultura e Literatura Portuguesas** ao oferecer-se uma cadeira de «Tópicos de Cultura Luso-Brasileira». Esta Universidade mantém ainda um **Mestrado em História Insular e Atlântica (séculos XV-XX),** mas a atenção formativa é dominada pelo estudo e investigação das ilhas atlânticas, apesar de se registar um seminário mais geral de «Dinâmicas da História do Atlântico».

Na Universidade do Algarve a Faculdade de Economia organiza um curso de licenciatura em **Economia** que não privilegiou seguir qualquer cadeira de economia internacional e, por isso, muito menos se encontra uma especialização interessada no estudo do espaço CPLP. A licenciatura em **Psicologia** também decorre muito longe destas preocupações da «lusofonia» que parecem suscitar algum interesse, como ocorre anteriormente, nas licenciaturas em Línguas e Literaturas Mo-

---

[216] Apesar do processo de «expansão» ter assumido várias formas, estendendo-se da presença comercial ao desenvolvimento de projectos de colonização e programas de colonialismo encerrando-se apenas depois dos processos de descolonização, a atenção por estes temas e problemas é mais do que limitada nos actuais *curricula* das licenciaturas em História, bastante semelhantes em quase todas as academias portuguesas oficiais. Trata-se de uma situação que convoca uma discussão demorada que se prende, entre outros factores, com uma persistente limitação da expansão portuguesa a um «período de ouro» quatrocentista e quinhentista, desprezando-se o estudo dos processos de longa duração que pautam a presença portuguesa nas sociedades não europeias.

dernas, podendo aprender-se nas variantes de **Estudos Portugueses, Estudos Portugueses e Franceses, Estudos Portugueses e Ingleses** uma «História da Língua Portuguesa e sua Expansão no Mundo» e uma «Arte nos Países de Expansão Portuguesa», cadeira que também se oferece na licenciatura em **Património Cultural**.

Na Universidade de Aveiro predominam, como se sabe, as licenciaturas em comunicação e arte, gestão e planeamento, economia e, sobretudo, engenharia, sector dominante que organiza 11 licenciaturas. No conjunto destes cursos, o peso das ciências sociais mostra-se extremamente limitado, pelo que, na maior parte dos *curricula* analisados, nem sequer consegue avisar ainda que opcionalmente a atenção pelos temas sociais de futuros engenheiros e técnicos superiores de informática e gestão, arte e comunicação ou planeamento. Percorrendo as chamadas licenciaturas em Ensino descobre-se uma rara licenciatura em **Ensino da Música** ensinando cadeiras panorâmicas de «Análise e História da Música», «História e Teoria da Música» e «História da Cultura Artística». Nas licenciaturas em **Ensino do Português e Francês, Português e Inglês** e **Português, Latim e Grego** pode frequentar-se a opção de «A Língua Portuguesa e as Descobertas – Instrumento e Mensagem», «Literatura Brasileira», «Literaturas Africanas de Língua Portuguesa», a que se deve aditar, pelo significado de paradigmática curiosidade, uma disciplina de «Literaturas e Culturas Francófonas». Ao nível das pós-graduações não se destaca qualquer interesse pelos espaços CPLP no **Mestrado em Estudos Portugueses**, em evidente contraste com o **Mestrado em Estudos Franceses** oferecendo quatro unidades de crédito dedicadas a «Literaturas e Culturas de Expressão Francesa».

Na Universidade da Beira Interior as ciências sociais e humanas responsabilizam-se por oferecer duas licenciaturas, uma em Sociologia e outra em Língua e Cultura Portuguesas. No caso da **Sociologia** descobre-se um plano curricular particularmente qualificado, mas que, apesar de uma área tratando de «sociologia do desenvolvimento», não oferece cadeiras especializadas ligadas aos espaços CPLP. A situação é ligeiramente melhor na licenciatura em **Língua e Cultura Portuguesas** que ensina, como vemos noutros espaços universitários públicos, uma cadeira sobre «Literaturas Africanas de Expressão Portuguesa» e outra dedicada ao estudo da «Literatura Brasileira».

Quanto à Universidade de Coimbra, começando por acompanhar as opções curriculares da licenciatura em **Direito** que mobiliza a Faculdade do mesmo nome, encontramos cadeiras obrigatórias de «Direito internacional público e europeu», «Direito internacional privado» e «Direito comunitário», complementadas por outra opção «internacional» ensinando «Direito internacional privado». Mesmo presumindo que em alguma destas cadeiras poderá sentir-se alguma atenção pelos espaços CPLP, não existe rigorosamente qualquer oferta disciplinar pelo seu estudo também a partir das perspectivas de ensino do Direito. Na Faculdade de Economia oferece-se uma licenciatura em **Sociologia** em que é possível estudar disciplinas opcionais que tratam de «Sociologia das relações internacionais», «Migrações internacionais» e «Sociologia do desenvolvimento e da transformação social», mas em que não se optou por ensinar de forma autónoma disciplinar temas, problemas ou espaços relacionados com os países que formam a CPLP. Uma situação semelhante ocorre na licenciatura em **Economia** que, no conjunto das disciplinas obrigatórias, ensina «Organização económica internacional», «Economia do crescimento e desenvolvimento» e «Economia internacional», guardando ainda para o elenco das opções uma cadeira de «Finanças internacionais». É preciso chegar à Faculdade de Letras da academia coimbrã para encontrar no demorado elenco geral das disciplinas de opção oferecidas a todos os discentes as primeiras ofertas disciplinares que tratam dos espaços em que se move a CPLP: «Cultura brasileira» e «História do Brasil», correm a par com uma «História dos países africanos de expressão portuguesa», uma disciplina relativamente recente no panorama geral dos *curricula* universitários de licenciatura em História e, talvez por isso, ainda com grandes dificuldades em atrair continuadamente a atenção e opção dos alunos.

Na Universidade de Évora a oferta curricular em torno do ensino e estudo dos espaços CPLP segue a regra geral de quase completo desinteresse. Assim, a licenciatura em **Economia** trata de ensinar obrigatoriamente «Economia Internacional» e «Teorias e Políticas de desenvolvimento», mas não guarda sequer uma opção para propor o estudo de temas e problemas africanos ou sul-americanos.

Na Universidade de Lisboa comece por se visitar a Faculdade de Direito. O curso de licenciatura em **Direito** permite estudar várias disciplinas de adjectivação internacional, nomeadamente ao nível das opções, recenseando-se uma «História das Relações internacionais», «Direito internacional económico», «Direito internacional privado», «Relações Internacionais» e «Direito comercial internacional». Passando para a Faculdade de Letras, a licenciatura em **Geografia** ensina «Os grandes espaços mundiais» que é a cadeira mais próxima de poder avisar o ensino dos espaços CPLP. No curso de licenciatura em **História** encontramos essa esperada disciplina de «História dos Descobrimentos e da Expansão portuguesa», mas não qualquer consagração disciplinar especializada interessada pelos espaços de língua portuguesa. A situação melhora francamente quando se descobre essa tão original como corajosa licenciatura em **Estudos Africanos**, actualmente com os dois primeiros anos em funcionamento. Aqui se podem estudar cadeiras sobre «História de África das Origens ao século XV», «História de África do século XV à actualidade», «Literaturas Orais Africanas», «História das Relações Afro-Portuguesas» e «Literaturas Africanas de Língua Portuguesa». Continua este trabalho significativo um mestrado em «História de África» que, nestes últimos anos, tem assegurado a produção de teses renovadoras também sobre história da colonização e colonialismo português nos espaços de língua oficial portuguesa.

Acompanhando os projectos de ensino da Universidade Nova de Lisboa, iniciemos este percurso de inquérito curricular pela Faculdade de Ciências Sociais e Humanas. Na licenciatura em **Filosofia, variante de História das Ideias**, apesar desta designação interessante, as ideias são esmagadoramente as europeias (antigas, medievais, modernas e contemporâneas, como seria de esperar), muito longe de qualquer interesse pelo mundo das ideias e do pensamento extra-europeu. A licenciatura em **Estudos Portugueses** oferece «Literatura brasileira» e «Literaturas Africanas de Expressão Portuguesa», a que se deve somar uma «Problemática Cultural dos Descobrimentos e da Expansão». Quanto à licenciatura em **História**, tanto no ramo científico como no pedagógico, as expectativas quedam-se rendidas a essa conhecida disciplina obrigatória de «História dos Descobrimentos e da Expansão portuguesa». A mais jovem licenciatura em **História da Arte** organiza 97 unidades de crédito que tratam de seguir o devir da arte, principalmente europeia, através desse percurso periódico que nos transporta do clássico ao contemporâneo, não se convocando qualquer opção específica para o estudo também da história das artes (riquíssimas e, hoje em dia, disputadíssimas por antiquários, coleccionadores tanto como por museus e galerias de todo o mundo...) dos países e espaços que formam a CPLP. Na licenciatura em **Geografia** também não se arrola qualquer autonomização disciplinar visando ensinar a pluralidade de espaços

162 *Cooperação Científico-Cultural*

nacionais e regionais da comunidade dos países de língua portuguesa. Em **Sociologia** também não se encontram estes investimentos curriculares, situação contrastando com o curso de licenciatura em **Antropologia** ao qual se abriga uma «Antropologia e História de África» que, ensinada ao longo de dois semestres, deve provavelmente contemplar os espaços históricos e culturais dos PALOP. No curso de **Ciência Política e Relações Internacionais**, o generoso conjunto de 117 unidades retoma a estratégia das formações disciplinares de dimensão internacional, podendo estudar-se «Teoria das relações internacionais», «História das Relações Internacionais», «Organizações Internacionais» e «Geopolítica». Por fim, na raríssima licenciatura em **Ciências Musicais**, distribuída por harmoniosas 115 unidades de crédito pode frequentar-se uma interessante «Etnomusicologia: culturas musicais do Mundo».

Na Universidade Técnica de Lisboa o moderno Instituto Superior de Economia e Gestão oferece uma licenciatura em **Economia** em que, a par de uma «Economia internacional» e de uma «Economia financeira internacional», se pode ensinar uma «Economia do desenvolvimento». Neste Instituto pode frequentar-se uma colecção particularmente qualificada de cursos de mestrado de que o mais importante para o nosso trabalho é o que se dedica ao «Desenvolvimento e Cooperação Internacional», apresentando seminários sobre «Economia Africana», «Economia do desenvolvimento», «Aspectos sociais do desenvolvimento», «Economia da Ásia-Pacífico», «Políticas Europeias de cooperação», entre outras especializações que têm contribuído, nos últimos anos, para um crescimento relevante das investigações de mestrado sobre os problemas económicos e sociais dos espaços africanos de língua oficial portuguesa. No Instituto Superior de Ciências Sociais e Políticas a licenciatura em **Antropologia** oferece uma cadeira de «Geografia Humana das Regiões Tropicais», «Povos e Culturas de África», «Sistemas Políticos e Jurídicos Internacionais», «Economia das regiões Tropicais», «História da Colonização Moderna e da Descolonização», bem como nas áreas de formação complementar pode encontrar-se na Sociologia das Regiões Tropicais uma cadeira de «Regimes Políticos Africanos», «Regimes Políticos Asiáticos» e «Modernização e Mudança Cultural das Regiões Tropicais». Na licenciatura em **Ciência Política** nenhuma especialização disciplinar se dirige para os espaços CPLP. Na licenciatura em **Relações Internacionais** pode estudar-se na

II – A Cooperação no espaço CPLP: Universidades e Investigação Científica 163

área complementar de «Relações Políticas e Culturais» também «História da Colonização Moderna e da Descolonização» e uma «História da Projecção da Cultura Portuguesa».

Na Universidade da Madeira a Licenciatura em **Línguas e Literaturas Românicas** apresenta opções dedicadas ao estudo da «Literatura Brasileira» e das «Literaturas Africanas de Expressão Portuguesa», enquanto no mestrado em **História das Regiões** o que mais longe se vai é até a um seminário opcional de «História das Canárias».

Na Universidade do Minho enquanto a licenciatura em **Administração Pública** não especializou ainda qualquer atenção disciplinar pelos espaços CPLP, a licenciatura em **Relações Internacionais Culturais e Políticas** oferece interessantes disciplinas internacionais, como «Política Internacional com Incidência Comunitária», «União Europeia – Países do Leste» ou «Desafios de Segurança no Mediterrâneo» (seminário do 4.º ano), mas que não nos aproximam mais em consagração disciplinar do estudo autónomo dos estados – membros da comunidade. O curso de licenciatura em **Relações internacionais Económicas e Políticas** destaca o mesmo panorama anterior em que, pelo menos, se espera que as cadeiras gerais de relações ou organizações internacionais se aproximem do estudo dos espaços CPLP. Ligado ao departamento de ciência política e relações internacionais recenseia-se ainda um «mestrado em estudos europeus» e outro em «relações económicas e sociais internacionais» em que será sempre possível enquadrar investigações e dissertações que possam vir a interessar-se pelos problemas dos países CPLP. Iniciado no ano lectivo de 1993/94, também o curso de licenciatura em **Direito** da Universidade do Minho não privilegia qualquer aproximação aos espaços que nos interessam: a lista de opções é mais do que generosa, chegando a 43 cadeiras, várias das quais solicitadas a outros cursos, permitindo ao discente estudar «Teoria das Relações Internacionais», «Direito Penal Internacional», «Direito das Organizações Internacionais», «Direito Económico Internacional», «Direito Fiscal Internacional» ou «Relações económicas internacionais».

Na Universidade do Porto a ainda jovem Faculdade de Direito não persegue qualquer interesse pelos espaços CPLP nos seus projectos de graduação. Na Faculdade de Economia, a licenciatura com o mesmo nome limita-se a ensinar «Economia Internacional» e «Economia Monetária Internacional». Quanto à Faculdade de Letras, as licenciaturas em **Filosofia, Geografia** e **Sociologia** desinteressam-se igualmente pela especialização disciplinar do estudo dos espaços CPLP. No caso da licenciatura em **História** descobre-se a par com a normativa «História dos Descobrimentos e da Expansão Portuguesa», opções de «História do Brasil» e «História e Cultura de Timor». A mais jovem licenciatura em **História de arte** não oferece nos dois primeiros anos qualquer atenção disciplinar pela comunidade e os seus membros. Nas diferentes variantes de licenciatura em Línguas e Literaturas Modernas de **Estudos Portugueses, Estudos Portugueses e Alemães, Estudos Portugueses e Espanhóis, Estudos Portugueses e Franceses** e **Estudos Portugueses e Ingleses** pode frequentar-se, como ocorre em cursos semelhantes, «Literatura Brasileira» e «Literaturas Africanas de Expressão Portuguesa».

Na Universidade de Trás-os-Montes e Alto Douro a licenciatura em **Economia** oferece apenas umas «Relações económicas internacionais», enquanto no pólo de Miranda do Douro o curso de Licenciatura em **Antropologia Aplicada ao desenvolvimento** conta com «História dos Países Africanos», «Culturas Africanas» e «Religião e Cultura (África)».

No ISCTE a bem organizada licenciatura em **Antropologia** especializa uma opção de «Antropologia das Religiões. Ásia do Sul», enquanto a licenciatura em **Economia** se limita, como noutros cursos oferecidos no país, a ensinar obrigatoriamente «Economia Internacional» e, já em opção, «Mercados Financeiros Internacionais». Na original licenciatura em **História Moderna e Contemporânea** existe uma «História da Expansão Europeia Moderna», «História da Expansão Europeia Contemporânea», «História da Ásia», «História da África», «História do Brasil e da América Latina» e «História do Norte de África e do Médio Oriente». No curso de licenciatura em Sociologia ensina-se uma disciplina de opção sobre «Camponeses, Estado e Migrações em África». Expressivo é o aparecimento de um **Mestrado em Antropologia: Colonialismo e Pós-Colonialismo,** destacando-se no seu aparato de seminários «Brasil e Portugal: relações e Representações» e «Contextos Africanos: Reconfigurações Identitárias». Motor importante do desenvolvimento actual das investigações sobre a África de língua oficial portuguesa é o **Mestrado em Estudos Africanos** do ISCTE com as suas quatro grandes áreas de especialização em «Estado, Relações Internacionais e Desenvolvimento», «Políticas Económicas

II – A Cooperação no espaço CPLP: Universidades e Investigação Científica 165

e Desenvolvimento Empresarial», «População e Desenvolvimento» e «Gestão do Desenvolvimento e Cooperação». Convoque-se ainda o **Mestrado em História Social e Contemporânea** oferecendo um seminário dedicado à história extra-europeia e descolonização.

Ao concluirmos este percurso pelos *curricula* da esmagadora maioria dos nossos cursos universitários de graduação e de pós-graduação rapidamente verificamos que a ideia de CPLP e os espaços políticos que a informam são praticamente estranhos às opções das escolas superiores portuguesas públicas. Com a excepção desse curso recente de licenciatura em estudos africanos na Faculdade de Letras da Universidade Clássica de Lisboa, dos três mestrados em estudos africanos e desenvolvimento que, em Lisboa e no Porto, por vezes até excessivamente, convocam um atenção lectiva e de pesquisa privilegiando os PALOP, de uma cadeira de História e Cultura de Timor ensinada na Faculdade de Letras da Universidade do Porto, das disciplinas de literaturas brasileiras e africanas de expressão oficial portuguesa e de alguma atenção em alguns cursos referenciados de ciências políticas e relações internacionais, o panorama geral é tão pobre como limitado, esclarecendo que são imediatamente as ciências sociais e humanas que falham estrondosamente em inserir o espaço CPLP nas opções estratégicas tanto de ensino e investigação como também de recrutamento de alunos ou de organização dos espaços e problemáticas que preparam o trabalho de investigação pós-graduada e doutoral. Existe uma constelação de razões que explica esta situação, a menor das quais não será certamente a enorme dificuldade da própria CPLP em sair do papel *imaginado* e passar a inserir-se bem no interior das práticas de cooperação dos países do seu espaço, obrigando a integrar o ensino superior na própria estratégia das opções da cooperação.

O problema radica, de forma maior, na própria dimensão polifactética deste espaço que, apesar de partilhar uma mesma língua oficial e, a um nível mais complexo, uma mesma partilha de uma longa colonização portuguesa, carece de factores de identidade estratégia e, mais humildemente, de parcerias sustentadas comuns, ancoradas a um multilateralismo necessário. De facto, podem recensear-se centenas de acordos, convénios e manifestações de cooperação bilateral, tantas vezes concorrenciais, mas é muito mais difícil arrolar exemplos qualificados de cooperação multilateral congraçando os diferentes componentes independentes do espaço CPLP. No campo das Universidades e da investigação científica estas limitações são ainda mais graves. Recenseiam-se imensas redes universitárias europeias em que se inserem as Universidades portuguesas e são também centenas os projectos multilaterais de investigação científica que integram investigadores e centros de investigação portugueses e europeus. Enquanto a Europa é de forma incontornável uma estratégia obrigatória quase de sobrevivência universitária e de investigação científica, o espaço da CPLP é negligenciável, mesmo quando este espaço poderia representar uma evidente mais valia do ensino superior e da investigação portuguesa também na sua afirmação europeia.

Contrastando aparentemente com o panorama pouco cuidado que ressalta das opções curriculares dominantes nas graduações em ciências sociais e humanas das Universidades públicas portuguesas, parece encontrar-se uma atenção bem mais activa pelos espaços da CPLP quando se escrutinam os acordos, convénios e projectos que as nossas instituições universitárias desenvolvem com os diferentes países membros da comunidade. Assim, se frequentarmos o quadro oficial em que se informam os convénios e protocolos de cooperação assinados pelas diferentes Universidades públicas portuguesas deparamos com uma impressionante colecção de acordos que parece matizar o descuido das estratégias curriculares, prefigurando quase um dinâmico optimismo.

A Universidade dos Açores mantém acordos e convénios em fase exploratória com Angola e Cabo Verde, tendo celebrado um protocolo de cooperação na área das Ciências Agrárias com São Tomé e Príncipe. Não existe, em contrapartida, qualquer projecto concreto de cooperação em curso com países da CPLP.

A Universidade do Algarve assinou com o Brasil convénios de cooperação de carácter geral, de intercâmbio de ciência e tecnologia, bem como no âmbito da horticultura e do intercâmbio de formação. Celebrou com Cabo Verde um acordo de cooperação em Engenharia Electrónica e com Moçambique um convénio geral e dois outros de formação de docentes, a que somam acordos de cooperação nas áreas das ciências do mar, gestão e hotelaria, aquacultura e biologia marítima e pescas. Em termos concretos, decorre actualmente um projecto com o Brasil nos domínios da agro-pecuária e fruticultura; um projecto com Cabo Verde de engenharia electrónica informática e automação em biologia marítima; dois projectos com Moçambique para intercâmbio

II – A Cooperação no espaço CPLP: Universidades e Investigação Científica 167

de docentes e alunos, dois projectos de formação, um de ciências marinhas e outro no campo do desenvolvimento sustentável.

A Universidade de Aveiro assinou com Angola e o Brasil dois acordos gerais, a que somam com o grande país sul-americano três convénios em ciência e tecnologia, dez em investigação e tecnologias de ensino, mais acordos singulares em ciências exactas e ciências ambientais. Dirige esta Universidade para Moçambique dois acordos em Engenharia e Ciências Exactas e um outro ruma para São Tomé e Príncipe no domínio da Educação e planeamento regional. Conseguem ainda encontrar-se alguns projectos em curso com o Brasil e Moçambique no campo das geociências, recebendo ainda este país africano de língua oficial portuguesa projectos de criação de um laboratório instrumental, de física-metereologia, de técnica do vidro, de materiais de construção e de desenvolvimento de protótipos.

A Universidade da Beira Interior acordou com Angola e Cabo Verde um convénio geral e dirige para universidades brasileiras seis protocolos, a que somam outros nos campos dos têxteis e pastas. Este centro universitário concretizou projectos com Angola na área da química e com o Brasil de intercâmbio de mestrados e doutoramentos. Desenvolve ainda com Moçambique um projecto de Antropologia Cultural.

A Universidade de Coimbra assinou até ao presente 10 convénios gerais com diferentes Universidades do Brasil, bem como dois acordos particulares na área da História, outros dois no campo das Ciências Humanas, quatro em ciência e tecnologia, um em gestão, um em investigação e desenvolvimento, um em economia e um protocolo concreto envolvendo a Faculdade de Letras. A academia coimbrã celebrou também com Cabo Verde um acordo em Ciências Económicas e Empresarias e formação de professores do ensino secundário. Com Moçambique arrola-se um convénio geral e outro no campo da Educação Física. Não existe informação disponível que permita recensear qualquer projecto concreto em curso com os países da CPLP.

A Universidade de Évora assinou com o Brasil um acordo na área das Ciências Humanas e Sociais, celebrando também com Cabo Verde um acordo geral de Educação. É possível encontrar em execução dois projectos com o Brasil em estudos literários e outros com Cabo Verde em matemática e história e filosofia das ciências.

A Universidade Clássica de Lisboa assinou com Angola um convénio geral, dez com Universidades brasileiras, contemplando também cinco acordos de cooperação em ciências sociais, três em Direito, um em Educação, dois em Biologia vegetal e um em Letras. Mantém ainda com Cabo Verde um programa conjunto de investigação e outro com a Guiné-Bissau na área do direito. Quanto a projectos em andamento, recolhe-se informação sobre dois com Angola de incidência em ciências sociais, um com o Brasil em paleoclimatologia e química, outros com Moçambique em Biologia marinha, Matemática e Saúde.

Na Universidade da Madeira não foi possível descobrir, pelo menos a partir das várias fontes de informação compulsadas, qualquer convénio ou projectos em execução com os países do espaço CPLP.

Na Universidade do Minho regista-se a assinatura de um acordo com Angola no campo da Educação e Psicologia, dois acordos gerais com Universidades brasileiras, complementados com protocolos concretos em Psicologia, Economia e Gestão. Para Moçambique dirige-se um convénio para a formação de professores e para a área da engenharia. Não se encontrou qualquer projecto específico em fase de execução.

A Universidade Nova de Lisboa concluiu com Angola um acordo no campo da Matemática e assinou onze convénios gerais com instituições universitárias brasileiras, mais protocolos concretos em saúde, Comunicação Social, Ciências Sociais, Economia e Engenharia. Para Cabo Verde dirige-se um convénio geral em Educação e outro em Saúde procura alimentar a cooperação com a Guiné-Bissau. No caso de Moçambique é possível reunir três convénios em Saúde e um em informática. Vários projectos em desenvolvimento fazem-se com Universidades brasileiras em informática e sociologia do trabalho, enquanto com a Guiné-Bissau, São Tomé e Príncipe e Moçambique privilegiam a área da Saúde.

Na Universidade Técnica de Lisboa a cooperação com Angola consagrou três convénios no campo da engenharia e igual número com o Brasil em Economia. Cabo Verde recebe igualmente três acordos em Engenharia e um em Economia. Descobrem-se alguns projectos em desenvolvimento com Cabo Verde no campo das telecomunicações e geodesia, enquanto com Moçambique se desenvolve um projecto em Engenharia.

A Universidade de Trás-os-Montes e Alto Douro mantém convénios gerais com Universidades brasileiras e acordos concretos de cooperação em Relações internacionais, Sociologia rural e Culturas tro-

II – A Cooperação no espaço CPLP: Universidades e Investigação Científica 169

picais. Cinco projectos em curso dirigem-se para o Brasil na área do desenvolvimento rural, enquanto com São Tomé e Príncipe se concretiza um programa de intercâmbio em Agronomia.

A Universidade do Porto assinou com Angola dois convénios gerais, outros dois no domínio da formação, a que se somam acordos singulares em Letras, Psicologia, Tecnologias avançadas e Engenharia. Para Universidades brasileiras rumam sete acordos gerais de cooperação, três em Educação Física, dois em Economia, dois em Arquitectura, dois em Engenharia, um em Farmácia galénica e outro em Biologia celular. Esta Universidade mantém um acordo com a Guiné--Bissau em Saúde e com Moçambique três protocolos em Arquitectura, dois em Saúde e um em Educação Física. Em termos de projectos concretos desenvolve-se com Angola um intercâmbio em Educação; dez projectos com Universidades brasileiras em Engenharia e um em Biomédicas; um projecto com Cabo Verde em Arquitectura; um projecto com a Guiné-Bissau em Saúde; quatro projectos com Moçambique na área das Letras, um em Saúde e outro em Estudos Africanos.

A partir destes dados, mesmo prevenindo falhas informativas, julga-se possível destacar alguns dos seus elementos estruturantes. Em primeiro lugar, regista-se uma evidente diferença entre convénios e projectos em execução, estes em muito menor número do que as intenções dos acordos e protocolos permitia esperar. A seguir, deve também sublinhar-se a dispersão disciplinar, muitas vezes quase microdisciplinar, dos acordos assinados com os países dos espaços CPLP, preferindo-se seguir as expressões «disciplinares» de Faculdades e departamentos das Universidades portuguesas em detrimento de uma cooperação temática interdisciplinar baseada no recenseamento rigoroso de áreas económicas, sociais, culturais e científicas de cooperação. Não pode ainda deixar de se referir que estes convénios e projectos carecem de avaliação pública, não sendo também concretizados em função de uma política geral, rigorosa e transparente, de cooperação política com os espaços CPLP em que as Universidades, mesmo com a sua sempre reiterada autonomia, servissem objectivos estratégicos nacionais. Talvez por isso, devemos, por fim, reflectir sobre um vector social mais do que preocupante: convénios e projectos dirigem-se para os principais países da CPLP, sobretudo o Brasil, marginalizando, afinal, os espaços mais carenciados de uma cooperação baseada na formação superior e na qualificação universitária. Não se trata de uma questão de dimensão, mas antes de um problema político de fundo como se pode comprovar pela enormíssima diferença entre os muitos programas e projectos de cooperação que se dirigem para Cabo Verde em contraste com a escassez dos acordos celebrados com a Guiné-Bissau e São Tomé e Príncipe, ainda assim privilegiando principalmente a área da saúde.

Esta constelação de informações recolhidas permite também perceber que, apesar de não se distinguir qualificadamente a comunicação ensino-investigação, muitos convénios contemplam formalmente modalidades de formação e intercâmbio de investigação científica, da cooperação aos projectos comuns. Por vezes, encontram-se mesmo algumas interessantes actividades entre a investigação e o voluntariado, provavelmente próximo do atraente paradigma cada vez mais complexo das chamadas ONG, como ocorre na Faculdade de Arquitectura da Universidade Técnica de Lisboa, mantendo através do GERTIL uma missão de voluntários em Timor-Leste, desenvolvendo trabalho de acompanhamento de diversas obras de reconstrução, mas avisando igualmente preocupações quanto ao levantamento do território. Seja como for, a articulação entre a cooperação universitária e a investigação científica não se consegue perceber a partir dos textos informativos e das cooperações em curso mobilizando, quase sempre bilateralmente, várias Universidades dos espaços CPLP.

Resta questionar, o que é que as Universidades portuguesas fazem em comum com as muitas instituições universitárias de língua portuguesa com que mantêm acordos? Praticamente nada. Apesar dos convénios e projectos em curso repetirem áreas e interesses, as nossas Universidades públicas dispensam a estruturação de quaisquer formas de redes interuniversitárias e temáticas capazes de potenciar vantagens e infirmar limitações. Muito menos existe qualquer esforço colectivo para, convocando essas vantagens e limitando custos, organizar formas institucionais de reunir, por exemplo, numa instituição geral de cooperação o ensino universitário e a investigação científica que se dirige para os espaços CPLP. Pelo contrário, regista-se mesmo uma disputa concorrencial que, somando convénios e projectos, concretiza muito pouco para além das intenções protocolares e das visitas de circunstância. Pese embora muitas Universidades portuguesas assinarem o mesmo tipo de acordos com as mesmas Universidades do espaço CPLP, tantas vezes nos mesmos âmbitos educativos, científicos e técnicos, a semelhança não gera inexplicavelmente cooperação e in-

II – A Cooperação no espaço CPLP: Universidades e Investigação Científica 171

tegração, somente permite, afinal, exibir uma colecção muito semelhante de acordos convocados para as apresentações gerais destas instituições universitárias, ontem em brochuras e hoje cada vez mais em bem cuidadas páginas interactivas.

II. A cooperação científica

Dificílima se mostra a tarefa de investigar os principais índices que pautam a cooperação científica desenvolvida pelas diferentes unidades de investigação que, dos laboratórios aos grandes institutos, passando pelos diferentes centros disseminados por departamentos e secções universitários, dirigem também os seus investimentos para o espaço CPLP. Esta dificuldade ressalta de vários factores, o menor dos quais não é a grande lentidão na estabilização de unidades de investigação estruturantes do sistema científico nacional, presentemente disperso principalmente em função dos diversos espaços universitários, incapaz ainda de gerar de forma substantiva novas formas de institucionalização e emprego científico alargando tanto os espaços como a autonomia da produção científica nacional. Vive-se uma (muito) demorada revolução tranquila que tem trazido mais rigor, transparência e avaliação aos projectos e unidades de investigação científica, mas que tarda em transformar a revolução em novas estruturas tanto como nessas renovadas oportunidades de emprego científico, largamente ancorado ainda, como se sabe, a uma complexa teia de bolsas estendendo-se da iniciação à investigação aos apoios pós-doutorais. Estes apoios aumentaram significativamente a diversidade e qualidade da nova investigação científica portuguesa, mas não têm também permitido vitalizar a situação de alargamento da presença do emprego científico já no tecido empresarial, já mesmo nas instituições públicas e privadas, cooperação incluída. A situação não é, porém, uniforme, devendo ser discutida com outro rigor e argumentação incompatível com os objectivos de diagnóstico em que também se integra esta contribuição.

Percorrendo o sistema científico nacional oficial[217] verifica-se

---

[217] Seguiu-se o critério, naturalmente discutível, de inquirir o «sistema» científico nacional que se enquadra no âmbito dos financiamentos plurianuais da Fundação de Ciência e Tecnologia – Ministério da Ciência e Tecnologia. Trata-se de um universo com as suas limitações, incluindo as que decorrem do largo atraso na

172   *Cooperação Científico-Cultural*

rapidamente que são quase residuais as unidades de investigação científica interessadas no espaço CPLP. Curando de estudar a globalidade deste espaço e da sua instituição comunitária não existe qualquer organismo científico disponível, sendo pouco provável o desenho próximo de qualquer unidade de investigação científica portadora do substantivo *lusofonia* que, face ao desprestígio referido desta noção, poderia vir a constituir uma condicionante negativa na sua avaliação, referenciando-se apenas a adopção do adjectivo «lusófono» numa unidade designada por «Centro de Estudos de Culturas Lusófonas».

Percorrendo o conjunto das unidades de investigação científica (oficialmente designadas por «unidades de I&D» nos programas de financiamento do Ministério da Ciência e Tecnologia) suportado por financiamentos públicos – que são, como se sabe, de origem principalmente de orçamentos de programas-quadro da União Europeia – tentemos perceber a sua aproximação ao estudo e pesquisa dos espaços CPLP, seguindo as divisões disciplinares oficiais que, no âmbito dos concursos da Fundação de Ciência e Tecnologia, associam (e separam) diferentes campos científicos de forma não apenas discutível, mas que tendem a não contemplar já a interdisciplinaridade, mesmo as investigações que se dirigem para os espaços não-europeus. Continuaremos a seguir o critério anteriormente exposto dirigido para os domínios das ciências sociais e humanas.

Na área de **Economia e Gestão** existem actualmente 20 unidades financiadas, uma das quais é o «Centro de Estudos sobre África e o Desenvolvimento - CESA», sediada no Instituto Superior de Economia e Gestão, da Universidade Técnica de Lisboa, um centro de pesquisa qualificado responsável por vários projectos de investigação dos espaços africanos da lusofonia e, mais recentemente, de Timor-Leste. No domínio oficialmente designado por **Sociologia, Antropologia, Demografia e Geografia** existem 27 unidades financiadas oficialmente, destacando-se o trabalho excepcional desenvolvido nos últimos anos pelo **Centro de Estudos Africanos** do ISCTE, largamente responsável por uma grande renovação problemática das pesquisas sobre a África lusófona, a que se deve também somar a investigação mais recente pro-

---

abertura destes concursos, obrigando novas unidades e projectos de unidades de investigação científica a (des)esperar anos por avaliações e financiamentos. Atrasos que são tantas vezes incompatíveis com boas oportunidades e projectos que tendem a dispersar-se ou, com frequência, a pura e simplesmente desistir.

II – A Cooperação no espaço CPLP: Universidades e Investigação Científica 173

duzida em torno do **Centro de Estudos Africanos da Universidade do Porto**. Em matéria de **Ciências da Educação** descobrem-se já 10 unidades de investigação financiadas pelo orçamento público, mas nenhuma se dedica, ainda que longinquamente, ao estudo e pesquisa dos espaços CPLP. Na área das **Ciências da Linguagem** são 6 os centros de investigação que convocam financiamentos públicos, mas não se destaca novamente atenção dirigida para os espaços de língua portuguesa que organizam a Comunidade. No campo dos **Estudos Literários** arrolam-se 14 unidades financiadas publicamente, descobrindo-se um «Centro de Literaturas de Expressão Portuguesa – CLEPUL», na Universidade de Lisboa, um «Centro de Literatura e Cultura Portuguesa e Brasileira», acolhendo-se à Universidade Católica Portuguesa, e um «Centro de Estudos de Culturas Lusófonas», sediado na Faculdade de Ciências Sociais e Humanas da Universidade Nova de Lisboa. Nos domínios dos **Estudos Artísticos**, da **Filosofia** e da **Psicologia** registam-se em cada uma das áreas 6 unidades financiadas pelos orçamentos públicos mas nenhuma dedica a mínima atenção aos espaços da lusofonia. Uma situação que ocorre igualmente, com alguma perplexidade, nos 16 centros de investigação em **História**.

Nos 12 Laboratórios do Estado, mobilizando generosos investimentos e financiamentos públicos, um é o **Instituto de Investigação Científica Tropical** (IICT). Herdeiro das instituições de investigação ultramarinas e coloniais, este Instituto organiza no seu seio um Centro de Estudos Africanos e Asiáticos, um Centro de Etnologia Ultramarina, o importante Arquivo Histórico Ultramarino e o Jardim – Museu Agrícola Tropical. O IICT desenvolve ampla cooperação com os espaços da lusofonia. Assim, a cooperação com Moçambique reúne protocolos de cooperação com a Universidade Eduardo Mondlane, o Instituto Nacional de Geologia de Moçambique, os Institutos Nacionais de Investigação Agronómica, Veterinária e de População Animal, o Centro de Experimentação Florestal e a Direcção Nacional de Geografia e Cadastro do Ministério da Agricultura. Dirigem-se para República de Cabo Verde vários acordos de cooperação científica com o Centro de Documentação e Informação para o Desenvolvimento, a Escola de Formação de Professores do Ensino Secundário e o Instituto Nacional de Investigação Tecnológica. A República de São Tomé e Príncipe recebe intercâmbio de investigação através do seu Ministério da Agricultura e Pescas, do Centro de Investigação Agronómica e Tecnológica, do

Centro de Investigação e de Extensão Agro-Florestal. Vários são também os convénios de cooperação com a República de Angola, nomeadamente com a Universidade Agostinho Neto, o Arquivo Histórico de Angola, o Instituto Nacional de Geologia de Angola, o Gabinete Técnico da Secretaria de Estado da Cultura e o Instituto Nacional de Geologia de Angola. Registam-se igualmente alguns programas de cooperação científica com a República da Guiné-Bissau através do Instituto Nacional de Pesquisa Agrícola e do Instituto Nacional de Estudos de Pesquisa. Finalmente, a cooperação com o Brasil concretiza-se através de acordos com o Conselho Nacional de Desenvolvimento Científico e Tecnológico e a Fundação Cultural Brasil-Portugal.

Em relação aos 4 laboratórios associados do Estado, uma nova figura institucional e contratual com evidente interesse na consolidação de novos projectos de investigação laboratorial avançada, ainda não se regista qualquer interesse ou projectos de investigação científica e aplicada dirigidos para os espaços CPLP.

Resta ainda investigar a atenção que os projectos de investigação científica em ciências sociais e humanas financiados pela Fundação de Ciência e Tecnologia em concursos anuais dirige para a pesquisa dos espaços da lusofonia. Optamos apenas por analisar o conjunto dos projectos aprovados para o período de 2000-2003, até porque esta colecção se mostra suficientemente representativa das tendências gerais seguidas por este tipo de programas de investigação. Na área da **Economia** dos 12 projectos aprovados nenhum se propõe desenvolver qualquer interesse de investigação pelos espaços lusófonos, mostrando-se quase virados para a pesquisa de problemas específicos da economia portuguesa e, de forma particular, da sua integração europeia. Em **Gestão** encontram-se 3 projectos aprovados que também não se orientam para qualquer tema de investigação do espaço CPLP. No domínio das **Ciências Jurídicas** os únicos 2 projectos de pesquisa científica aprovados também nada investigam acerca de temas e espaços políticos de língua oficial portuguesa. Já em **Ciência Política** entre os 5 projectos aprovados um orienta-se para a investigação da «Administração Local para Timor Lorosae», tendo sido proposto pelo Instituto Superior de Ciências Sociais e Políticas, recebendo um financiamento de 21000 contos para três anos de execução. Na área da **Sociologia** podem encontrar-se 16 projectos aprovados, sendo um dedicado ao tema de «A reconstrução dos espaços políticos na África Lusófona», organizado

II – A Cooperação no espaço CPLP: Universidades e Investigação Científica 175

pelo Centro de Estudos Africanos do ISCTE, reunindo um financiamento de 30400 contos para três anos de investigação. No campo da **Antropologia** dos 7 projectos aprovados, um trata de «Díli: Etnografia dos códigos sociais e espaciais de reconstrução de uma capital em situação pós-colonial», proposto pela Universidade Fernando Pessoa, recolhendo uma verba limitada de 4675 contos para três anos de trabalho. No caso da **Geografia** nenhum dos 3 projectos aprovados se dirige para a pesquisa dos espaços lusófonos, situação que se repete em relação quer aos 17 projectos financiados em **Ciências da Educação**, quer com os 10 projectos apoiados em Psicologia. No caso da **Linguística**, entre os 3 projectos financiados um trata do «Desenvolvimento do Primeiro Dicionário Português-Cabovediano», proposto por «Verbalis Computação e Linguagem, Lda.» para recolher um financiamento de 4930 contos. Em **Filosofia** os 12 projectos aprovados não se interessam por qualquer temário ligado à lusofonia e seus espaços. O mesmo se passaria na área de **História e Arqueologia** não fosse um dos 23 projectos aprovados se dedicar à investigação da «Memória de Timor: Inventário Cultural, Patrimonial, Histórico e Documental», programa organizado pelo Centro Português de Estudos do Sudeste Asiático, acolhendo um financiamento de 10000 contos para três anos de estudos. Por fim, no domínio dos **Estudos Literários** os 7 projectos aprovados não se aproximam da investigação de qualquer tema ligado à literatura da lusofonia.

As recentes alterações na organização e estrutura do Ministério da Ciência e Tecnologia criaram o Instituto de Cooperação Científica e Tecnológia Internacional (ICCTI), organismo vocacionado para a coordenação e desenvolvimento das políticas de cooperação científica de âmbito internacional. Apesar da sua juventude, este organismo responsabiliza-se pela coordenação portuguesa de vários programas bilaterais com o Brasil (convénios com a CAPES, CNPQ e FAPESP), mantém permanentemente aberto o programa *Fundo Fácil* com Cabo Verde, desenvolve um acordo com a Universidade Eduardo Mondlane, tendo também lançado um original programa de apoio à investigação científica em mestrados e doutoramentos sobre os PALOP, nomeadamente através da concessão em concurso público de subsídios para investigações de campo (programa de formação avançada em estudos africanos), a que se junta um programa de bolsas de mestrado e doutoramento para nacionais e residentes nos PALOP. Trata-se de exemplos de programas de cooperação especialmente relevantes que importaria mesmo alargar e estruturar, repensando de forma mais global e integrada o apoio à investigação científica portuguesa que se dirige para espaços não-europeus, incluindo naturalmente os diferentes espaços de língua oficial portuguesa.

Cruzando este conjunto de dados sobre a investigação científica de financiamento público, agrupando unidades de investigação, laboratórios e projectos de pesquisa não se afigura difícil sublinhar o carácter muito residual dos espaços CPLP na mobilização da moderna investigação científica portuguesa, em especial nas áreas das ciências sociais e humanas. Nota-se mesmo que a dimensão extremamente secundária e menor que se verificava na atenção dirigida pelos *curricula* das Universidades públicas pelos espaços da lusofonia é semelhante à desatenção destacada pela investigação científica. Trata-se, aliás, de duas vertentes de um mesmo vector, visto que a investigação científica portuguesa em ciências sociais e humanas é fundamentalmente feita em espaços universitários, pelos seus docentes, estruturas e equipamentos, perseguindo, por isso, as grandes opções do conhecimento que se plasmam em estruturas curriculares de graduação e pós-graduação. Resta essa expressão mais protocolar que, entre o retórico e a concretização de alguns projectos de cooperação específicos, as nossas Universidades e centros de investigação gostam de exibir nas suas apresentações e guias.

Falta discutir a partir da reunião dos estudos apresentados neste volume se a CPLP ainda tem condições de cumprir os objectivos para que foi fundada. Trata-se, sobretudo, de um problema político que deve convocar respostas políticas e, a partir delas, organizar a mobilização das estratégias que, da língua à investigação, podem concorrer para transformar definitivamente a utopia de uma comunidade de países de língua oficial portuguesa numa comunidade de acção multiplicando projectos e programas também de cooperação universitária e científica inscritos na modernidade, na interdisciplinaridade e na cooperação multilateral.

III – A COOPERAÇÃO CULTURAL*

José Carlos Venâncio

Pensar a CPLP em termos políticos e culturais é uma tarefa que se torna imprescindível para a afirmação da própria comunidade, reconhecendo-se, pois, que a mesma dificilmente se afirmará pelo lado económico, à imagem do que aconteceu com a Commonwealth e, de certa maneira, com a francofonia, entidade que, em termos de legitimação, responde pela sustentação, em África, da chamada zona franco. Reconhecendo-lhes, porém, aos países constituintes algum préstimo em termos de negociação internacional, pelo que a sua viabilização se impõe, a via que, nessa procura de afirmação, nos parece mais eficaz para a viabilização pretendida é a cultural, alicerçada na partilha do mesmo idioma. É esta, aliás, a opinião de analistas dos mais variados quadrantes intelectuais (Lamego 1994[218]; Moreira 1999).

Não será legítimo, por outro lado, pensar-se que o aprofundamento da condição lusófona pela via cultural decorrerá naturalmente, sem qualquer interferência dos Estados interessados, em suma, sem uma política de intercâmbios que, por parte dos países mais desenvolvidos (Portugal e Brasil), poderá revestir a forma de cooperação cultural ou, com maior precisão em termos semânticos, de ajuda ao desenvolvimento cultural dos países menos desenvolvidos (Cabo Verde, Angola, Moçambique, São Tomé e Príncipe e Timor).

---

* A feitura deste capítulo contou com a colaboração de Fátima Geraldes Silva, técnica do Centro de Estudos Sociais da Universidade da Beira Interior.

[218] Artigo de opinião publicado no jornal *Público* de 27 de Novembro de 1994.

As acções de cooperação a desenvolverem-se, nesse âmbito, virão de encontro à actual filosofia da ajuda ao desenvolvimento, posta em prática por vários organismos e agências de desenvolvimento, com especial destaque para as europeias que, confrontadas com insucessos crescentes, desde meados dos anos 80 têm privilegiado projectos mais pequenos, os mesmos a que as populações e as instituições locais poderão, de algum modo, dar um sentido próprio e, assim, atribuir-lhes continuidade ou sustentabilidade. A par desta orientação, verificou-se igualmente que o domínio cultural, o da racionalidade estético-expressiva, para utilizar palavras de Boaventura de Sousa Santos (1994:193), (não propriamente o do ensino e formação profissional, domínios relegados para o que o mesmo autor designa por racionalidade cognitivo-instrumental), seria, enquanto factor de desenvolvimento, um domínio a ter em conta pelas políticas desenvolvimentistas e de cooperação. A cooperação desenvolvida pela União Europeia no âmbito da chamada Convenção de Lomé, mais especificamente da de Lomé IV (Cap. 2, art°.147), passou a contemplar a ajuda à produção e difusão de bens e serviços culturais dos Estados ACP (África, Caraíbas e Pacífico)[219].

Verifica-se, assim, que a teoria do desenvolvimento, por razões que se prendem sobretudo com o desenvolvimento verificado nos países do Sudeste Asiático, desde os anos 80, numa viragem para o chamado paradigma da modernização (Senghaas, 1984, Goody 1987), tem acentuado a importância da alta cultura ou cultura cultivada como um importante factor de desenvolvimento. Olhar a CPLP pelo lado da cultura poderá, assim, servir simultaneamente dois propósitos, aparentemente contraditórios: o do aprofundamento do sentimento de comunidade e a capacitação dos países mais débeis, em termos de desenvolvimento, de meios que permitam às suas elites repensar os seus espaços culturais e políticos, alinhando-os num percurso desenvolvimentista que, não deixando de ser negociado, poderá e deverá ser o mais autónomo possível.

A cooperação cultural portuguesa no âmbito dos países que integram a CPLP tem sido múltipla, variada e sobretudo dispersa. Não se

---

[219] Cf. "La coopération vise la diffusion des biens et services culturels des Etats ACP hautement représentatifs de leurs identités culturelles tant des Etats ACP que dans la Communauté", in *Le Courrier*, n.° 155, 1996: 41.

III – A Cooperação Cultural

tem pautado por um plano que defina as linhas de orientação comuns a todos os organismos que a protagonizam. A ausência desse plano torna-a, assim como a todas as acções de cooperação em geral, vulnerável a factores de natureza partidária (Venâncio, 2000: 107). Esta realidade contraria a fase da chamada "gestação da cooperação cultural portuguesa" identificada por Armando Marques Guedes. Segundo este autor, é possível identificar três fases na evolução da cooperação cultural, cuja caracterização interessa aqui traçar minimamente. Assim, na já referida primeira fase, que terá decorrido entre 1974 e 1977, pretendeu-se enunciar a cooperação como sendo um postulado sempre presente, independentemente de princípios político-ideológicos ou de interesses de poder. De facto, nesta fase muito foi idealizado e pouco foi concretizado. Ainda assim, foi dado um passo importante com a criação de um Gabinete Coordenador para a Cooperação em 31 de Dezembro de 1974 que, sob o controlo da Presidência da República, permaneceu em funções até finais de 1979 (Guedes, 2000: 39, 42).

A segunda fase, a do "enquadramento jurídico" (de resto referente a toda a cooperação), é delimitada no tempo pelo primeiro e último acordo cultural com um PALOP (1977 e 1982 respectivamente). Em termos gerais, tal como o nome indica, nesta fase registou-se uma tentativa de enquadramento legal das políticas e acções de cooperação com os PALOP. No entanto, a avaliar pelo testemunho de Mário Matos e Lemos (1999: 130), este objectivo não foi totalmente conseguido. Isto porque, muitas das dificuldades sentidas ao longo da sua presidência no Centro Cultural de Bissau derivaram, precisamente, da ausência de um quadro legislativo estruturado que permitisse a concretização de acções concertadas no âmbito da cooperação cultural. Não obstante esta realidade, foi neste período que se começaram a assinar os primeiros acordos culturais de cooperação ao nível do ensino e formação profissional e da área científica e técnica. Contudo, não houve uma base homogénea de sustentação de todos estes actos, cujos conteúdos e estruturas ficaram visivelmente "_ao sabor de conjunturas políticas internas e externas" (Guedes, 2000: 48), pelo que o ideal da isenção anunciado na fase de "gestação" da cooperação portuguesa ia sendo cada vez mais uma miragem.

Ainda nesta fase, em 1979 o então Gabinete para a Cooperação foi extinto e o Ministério dos Negócios Estrangeiros criou um outro organismo que recebeu a designação de Direcção-Geral da Cooperação. No

Ministério das Finanças, por seu turno, foi criado o Instituto para a Cooperação Económica (Guedes, 2000: 51). À primeira entidade cabiam os assuntos da chamada *cooperação sócio-cultural*, onde se inclui a questão cultural, educacional, entre outras. À segunda, cabia-lhe a designada *cooperação económico-financeira* da técnica e da formação profissional. A superficialidade desta divisão tornou na prática esta separação ilusória, já que tratava-se de duas dimensões indissociáveis. A situação foi agravada pelas constantes lutas sempre latentes entre os dois organismos, que derivavam, muitas das vezes, de incompatibilidades pessoais (Guedes, 2000: 57).

A terceira fase identificada pelo autor teve início na data da assinatura do último acordo cultural com um PALOP (30 de Junho de 1982) e que, ainda segundo o mesmo, se prolonga até à actualidade ou, pelo menos, até à mais recente reestruturação da política de cooperação portuguesa (2000)[220], conquanto sejam escassas no documento as referências à cooperação cultural.

Retomando a sistematização de Armando Marques Guedes, a terceira fase, a "da construção de relações de interdependência", foi marcada pela institucionalização de lugares de conselheiros culturais nas embaixadas portuguesas e pela criação de centros culturais nas capitais dos PALOP (Guedes, 2000: 61). É nesta fase que surgiram ou foram remodelados organismos governamentais que em Portugal têm personificado e pontificado, nas respectivas políticas e acções, a cooperação cultural com os PALOP.

Em Julho de 1992, foi criado no Ministério da Educação o Instituto Camões, que substituiu o Instituto de Cultura e Língua Portuguesa (ICLP). O Instituto Camões tem levado a cabo um processo de cooperação, sobretudo nos últimos cinco anos, centrado nas infra-estruturas e equipamento educativo, na valorização dos recursos humanos, no apoio ao sistema de ensino, na cultura e recuperação do património, bem como noutros projectos na área sócio-cultural. O sentido dessa cooperação direcciona-se sobretudo para os PALOP e outros países da África Subsariana, representando cerca de 80% do total da ajuda. Esta cooperação tem conhecido um importante crescimento resultante

---

[220] Trata-se do Programa Integrado da Cooperação Portuguesa (Resolução do Conselho de Ministros n.º 174/2000, in *Diário da República* – I Série-B, n.º 300, de 30.12.2000

III – A Cooperação Cultural

sobretudo da diversificação das acções culturais, quer bilaterais, quer multilaterais (no âmbito da CPLP), assim como também do aumento das actividades relacionadas com a promoção da Língua Portuguesa.

Nos últimos cinco anos de cooperação do Instituto Camões com os PALOP, é possível identificar dois períodos: um primeiro que decorreu entre os anos de 1995 e 1997 e um outro que teve início em 1997 com a aprovação da Lei Orgânica do Instituto. O primeiro período foi sobretudo marcado pela criação oficial dos centros culturais nos PALOP. Esta criação decorreu de um despacho conjunto dos Ministros das Finanças e dos Negócios Estrangeiros em Julho de 1995. O objectivo oficial a perseguir era o de melhorar a cooperação com esses países através da aposta na melhoria desses centros e de uma intervenção mais activa ao nível da língua e da cultura portuguesas. Neste âmbito foram abertos, já em 1996, os Centros Culturais de Luanda e Maputo, tendo-se efectuado obras de reabilitação no Centro Cultural de Bissau. No entanto, nem sempre estes objectivos foram realmente concretizados e, a avaliar pelo testemunho de Mário Matos e Lemos, ex-director do Centro Cultural Português de Bissau, são inúmeros os obstáculos burocráticos que entravaram muitas das acções do Centro a que presidiu.

O segundo período centrou-se no ensino do Português ao nível do Ensino Superior e do Português extra-curricular. Neste sentido foram criados centros de língua portuguesa em instituições de ensino superior nos PALOP, tendo sido igualmente criados programas de bolsas.

A organização da cooperação portuguesa, no seu geral, nunca foi um assunto propriamente consensual. A cooperação cultural não deixou de reflectir esta fragilidade. A tutela dos centros culturais, bem como a coordenação e o acompanhamento dos projectos culturais, foram sempre motivos de lutas encobertas entre o Instituto Camões e o Instituto da Cooperação Portuguesa, pretendendo este último, criado em 1994, nessa contenda assumir uma posição privilegiada como interlocutor institucional do Estado Português ao nível da cooperação (Guedes, 2000: 63). O resultado seria previsível: em lugar de uma complementaridade de funções entre as duas instituições, assistiu-se antes a uma busca de centralismo e de monopólio da cooperação.

O Instituto de Cooperação Portuguesa tem orientado as suas acções em torno de seis eixos de concentração: valorização dos recursos humanos e culturais; promoção das condições sociais e de saúde; apoio ao desenvolvimento sócio-económico; apoio à consolidação das instituições; cooperação inter-municipal; contribuição para organismos multilaterais e cooperação financeira.

Estes seis eixos no seu conjunto constituem a Ajuda Pública ao Desenvolvimento (APD), a qual é definida, de acordo com o critério do Comité de Apoio ao Desenvolvimento (CAP), como sendo um conjunto de recursos humanos, financeiros e materiais que, sob a forma de donativos ou empréstimos, são transferidos para os países em desenvolvimento directamente pelos organismos estatais do país doador ou, de forma indirecta, através dos vários organismos multilaterais financiados pelos países doadores. Para que estas transferências possam concretizar-se é necessário, por um lado, que essas transferências tenham como objectivo explícito a promoção do desenvolvimento do país receptor e, por outro, haver, em caso de empréstimo, um elemento de doação no mínimo de 25%. Pouca ou nenhuma tem sido a acção deste organismo no que concerne à cooperação cultural propriamente dita. O mesmo já não poderá ser referido no que respeita ao sector da educação, não obstante registar-se, no âmbito da chamada cooperação bilateral, um decréscimo da ajuda no período compreendido entre 1996 e 1998.

Percentagem da APD (Ajuda Pública ao Desenvolvimento) Bilateral destinada à Educação
(Fonte: Programa Integrado da Cooperação Portuguesa 1999 e 2000)

	Anos		
Educação	1996	1997	1998
Nível não Especificado	1%	4%	1%
Educação Básica	2%	1%	1%
Educação Secundária	4%	2%	2%
Escola Superior	12%	7%	6%
Total	19%	14%	10%

A cooperação cultural tem sido igualmente desenvolvida por organizações não-governamentais. Cabem nesta designação fundações como a Calouste Gulbenkian (Lisboa), a Oriente (Lisboa), António José de Almeida (Porto), Portugal-África (Porto), Mário Soares (Lisboa), entre outras, assim como organizações como o Centro de

III – A Cooperação Cultural 183

Informação e Documentação Amílcar Cabral (CIDAC) e a OIKOS (Cooperação e Desenvolvimento). De todas elas, pela antiguidade, pela capacidade financeira e pelos objectivos programáticos, tem sido a Fundação Gulbenkian a que mais se tem envolvido na cooperação cultural com os PALOP e, mais recentemente, com Timor-Leste. A Fundação dispõe, pois, de uma secção, os Serviços de Cooperação para o Desenvolvimento, que tem precisamente concretizado este objectivo com o apoio a conferências e debates, à Escola de Música de São Vicente (Cabo Verde), a seminários, exposições e a festivais de teatro, como se pode verificar no quadro seguinte, respeitante às acções de cooperação desenvolvidas pela Fundação no ano de 1998:

ANO 1998 (Fonte: *Relatório, Balanço e Contas, 1998*)	
TOTAL	**414 256 815**
I. Educação	250 000 000
II. Saúde	136 500 000
III. Ciência	12 000 000
IV. Arte	16 000 000
Conferências e debates	3 000 000
Escola de Música de São Vicente, Cabo Verde	3 680 000
Seminários e exposições	3 300 000
Festivais de teatro	2 000 000

O ano de 1999 registou algumas alterações no que diz respeito à cooperação cultural. Foram introduzidas novas rubricas, como o apoio à dança e à actividade cultural, assim como houve uma intervenção junto do Arquivo Histórico Ultramarino, cujo espólio documental, sendo imprescindível para o conhecimento histórico dos actuais PALOP (e até de Portugal), não tem merecido, ao longo dos anos, a atenção devida por parte das entidades oficiais. A ajuda da Gulbenkian, registada no Relatório de Actividades de 1999, consistiu na doação de uma colecção de negativos fotográficos sobre a Guiné-Bissau, da autoria do repórter Álvaro Geraldo.

A Fundação Oriente não está propriamente vocacionada para o apoio a actividades de cooperação nos PALOP ou, mais abrangentemente, nos países que constituem a CPLP. Está essencialmente vocacionada para Portugal, Macau e Timor. Todavia não tem deixado de apoiar actividades relacionadas com os PALOP, apoiando nomeadamente congressos e publicações.

As Fundações António José de Almeida, Portugal-África e Mário Soares têm igualmente desenvolvido actividade nesse domínio. Organizações não-governamentais, tais como o CIDAC e a OIKOS, têm também orientado parte das suas acções para o que se poderá considerar como cooperação cultural. O CIDAC, cujos projectos de desenvolvimento não visam especificamente os domínios que temos vindo a referenciar, mantém, em Lisboa, um Centro de Documentação, especializado em literaturas africanas em língua portuguesa, em questões relacionadas com as minorias africanas em Portugal, em políticas de cooperação e em questões de desenvolvimento no quadro das relações Norte-Sul. A OIKOS, entre outras actividades que poderão, de alguma forma, ser consideradas como de cooperação cultural, dispõe, em Lisboa, de um espaço onde têm sido promovidas exposições de pintores oriundos de países do Terceiro Mundo. De qualquer forma, parece-nos que, no domínio específico da cultura, o Instituto Camões e a Fundação Gulbenkian têm sido as instituições que de uma forma mais sistemática e continuada têm prestado atenção à cooperação cultural.

Não nos podemos esquecer neste balanço das acções conducentes a uma cooperação cultural entre os países de língua portuguesa, da RTP-África e da RDP-África. Sobretudo da última, já que a primeira não dispõe de uma programação que interesse especificamente o público africano. Diferente tem sido a actuação da segunda, desempenhando um papel meritório na aproximação das diferentes comunidades e países de língua portuguesa. Essa aproximação tem igualmente passado por acções de cooperação cultural, tais como programas específicos sobre artistas, pintores, escritores, etc. de cada um dos países, cujas actividades são dadas a conhecer aos públicos e interessados dos restantes países. Talvez mereça realçar, a este respeito, o conjunto de acções de divulgação que a RDP-África realiza no seu auditório em Lisboa, integradas na sua programação, indo por conseguinte directamente para o ar. Contam-se entre essas acções o lançamento de livros, de CDs, etc. Aliás, trata-se de uma rádio não só muito ouvida em Portugal, pelos africanos (e não só) aqui residentes[221], como

---

[221] De referir que a RDP –África tem desempenhado um importante papel no

III – A Cooperação Cultural

também em África. Acaba, nesta sua dimensão por ter muito mais impacto do que a própria RTP, o que de resto só vem sublinhar, uma vez mais, o papel que a rádio tem tido no continente (Ferreira 1977; Tudesc e Nédélec 1998).

Estas acções, as do Instituto Camões, da Fundação Gulbenkian, da RTP-África e RDP-África, para enumerar as mais significativas, não têm, de forma alguma, respondido às inúmeras necessidades e vontades de cooperação que, ao serem devidamente potenciadas, decerto enriqueceriam a condição lusófona. Ao falarmos em cultura cultivada e em intercâmbio cultural no espaço de língua portuguesa, falamos essencialmente naqueles que são os seus agentes por excelência (escritores, músicos, pintores, etc.), de quem, na verdade, em última instância depende a própria lusofonia, enquanto conceito de estratégia política e identitário. A este respeito só nos podemos regozijar com a iniciativa do Instituto Camões em criar as chamadas *Pontes Lusófonas*, empreendimento que, desde que devidamente ponderado, poderá potenciar gostos e carreiras até agora inexplorados[222].

Os artistas e os escritores são, em princípio, pessoas mais sensíveis do que as restantes. No caso específico dos lusófonos, portadores de experiências coloniais e pós-coloniais, espelham, em acréscimo, aproximações a Portugal, à língua portuguesa e à sua respectiva cultura que raramente não trazem, à mistura, ressentimentos difíceis de ultrapassar, pelo que o relacionamento, com eles a haver, por parte das instituições portuguesas (mesmo que de uma situação pós-colonial se trate), deve revestir-se do máximo cuidado e, sobretudo, de um tratamento diferenciado e, dentro do possível, personalizado.

Este tratamento diferenciado passa, por exemplo, pela contemplação da diferença entre pintores como Manuel Figueira, Luísa Queirós e Bela Duarte, cabo-verdianos, e o pintor moçambicano Malangatana, de todos seguramente o mais conhecido internacionalmente. Enquanto este último deixa espelhar nas suas obras um cariz marcada-

---

acolhimento de artistas e escritores africanos residentes em Portugal, proporcionando-lhes um contacto permanente com aquele que é, porventura, o seu público privilegiado. É este constituído precisamente por esses residentes.

Evidentemente que esta conexão entre artistas e público africanos a residirem em Portugal levanta um conjunto de questões de ordem identitária e política, como sejam as que se prendem com o facto de a arte produzida em tais termos ser africana ou portuguesa, enquanto minoritária, que não cabe discutir no âmbito deste ensaio.

[222] Cf. *Camões. Revista de letras e Culturas Lusófonas*, n.º 1, 1998 e n.º 6, 1999.

mente africano (ou tido como tal), o mesmo não acontece com os três primeiros por uma razão simples: o meio social que os rodeia não é o do continente; é um meio misto, crioulo, a meio caminho entre o europeu e o africano. Dificilmente poderiam explorar as formas misteriosas da pintura de Malangatana que, não poucas vezes por uma recepção carregada de exotismo, lhe granjeou uma popularidade ímpar no mundo ocidental, de que Portugal não é excepção. A apreciação dos pintores cabo-verdianos deve, pois, ter em conta o meio em que se inserem, que traduzem com soberana mestria (diga-se de passagem!), e não querer fazer deles uma réplica, que seria forçosamente esbatida, de Malangatana ou de outro pintor do continente africano. Nem sempre tem, assim, acontecido. Aliás, em entrevistas realizadas em Janeiro de 1995 (cf. Venâncio 1996: 63-85) os referidos pintores cabo-verdianos queixam-se precisamente da pouca consideração que a crítica[223] e os pintores portugueses lhes dispensam: "Penso que os pintores portugueses quando vêm a Cabo Verde pensam que vêm encontrar uma arte mais artesanal, folclórica, africana. Quando digo africana refiro-me apenas à arte tradicional ou artesanal do continente. Vendo o que fazemos, acabam por ficar de pé atrás" (_), diz Bela Duarte numa das entrevistas acima referidas (Venâncio 1996: 78). Implícita está uma atitude que não deixou de ser colonialista, de coisificação do Outro, que, no caso da pintura cabo-verdiana[224], porque próxima em termos estéti-

---

[223] Num espaço político e cultural exíguo como é o de Cabo Verde, dadas ainda as contingências históricas acima referidas (tenho em mente a situação de crioulidade), a crítica portuguesa continua a ser muito importante para a consagração do artista no seu meio, como o diz o escritor Germano Almeida, referindo-se especificamente à actividade do escritor, numa entrevista concedida ao jornal *Público* de 12.03.1993. Cabo Verde fará, assim, como que parte do campo artístico e cultural de Portugal, utilizando para este propósito analítico um conceito devido a Pierre Bourdieu, o de "campo cultural".

Esta pertença de Cabo Verde ao campo cultural português ter-se-á intensificado com o processo de globalização em curso, em que o mercado, com as suas leis específicas, tem dominado cada vez mais as manifestações artísticas, num processo que, quando de um país do Terceiro Mundo se trate, se aproxima do que os intelectuais marxistas designam por imperialismo cultural.

[224] E, no fim, da angolana ou, talvez melhor, de parte da angolana. Refiro-me àquela que, de alguma forma, reflecte a mundividência urbana, mormente a de Luanda e Benguela, a chamada "cultura crioula". Fazem parte deste grupo de pintores, António Ole, José Zan Andrade (Zan), Eleutério Sanches, Lília Fraguito, etc., vivendo uns em Angola, outros em Portugal.

III – A Cooperação Cultural

cos da portuguesa, é encarada como concorrente daquela. O mesmo não se passaria se a temática e as formas exploradas por essa pintura pudessem, de alguma forma, sustentar, pela diferença ou distância dos códigos culturais implícitos, um olhar mais exótico e, como tal, menos concorrente.

Queixas idênticas têm sido apresentadas por cineastas. Um desses cineastas é o angolano Zézé Gamboa, que, nesse sentido, se manifestou nas Jornadas de África que tiveram lugar na Universidade Nova de Lisboa em 1998. A aceitação das suas obras junto dos públicos ocidentais, quando estas procuram retratar a África moderna e *real*, é sempre restrita, se não mesmo estigmatizada pela indiferença. Recepção diferente têm os filmes que abordam, de uma forma mitificada, o chamado mundo tradicional. Alguns críticos vêem aí a recuperação, por parte desse público, de um passado de oralidade perdido. Ao invocarem a oralidade perdida, explicam tanto o sucesso de bilheteira da criatividade cinematográfica, como o da própria literatura que, como aquela, acaba por granjear maior público no Ocidente quando explora o mundo tradicional e oral africano, como é, alias, o caso de Mia Couto[225].

Talvez esta proposição seja, na verdade, parte da explicação. A repercussão que esse acto tem, porém, junto dos que procuram retratar nos seus filmes, em pé de igualdade com os seus colegas ocidentais, a modernidade africana, certamente que não entendem da mesma forma o facto de pouca ou nenhuma atenção ser dedicada aos seus filmes.

Estes são apenas alguns exemplos de alguns ressentimentos que, sendo subtis, não deixam de potencialmente perigar todo o trabalho anterior de aproximação dos diferentes povos e culturas de língua portuguesa. Atitudes destas são tão mais graves quanto o facto de não derivarem directamente da sociedade civil (onde apenas se pode actuar através da educação e, como tal, com efeitos a longo prazo), mas de instituições estatais. Estas pouco ou nada têm feito no sentido da normalização. Os pintores cabo-verdianos acima referidos continuam a aguardar maior reconhecimento junto da crítica e das instituições portuguesas vocacionadas para a dinamização e cooperação culturais.

---

[225] Um dos críticos que assim tem procedido é Salvato Trigo. Não há muito voltou a reiterar esta opinião. Fê-lo no âmbito da comunicação que apresentou ao painel "Sociedade e literatura" do VI Congresso Afro-Luso-Brasileiro de Ciências Sociais, que decorreu na Universidade do Porto, nos primeiros dias de Setembro de 2000.

Provavelmente a falta de apoio desta não se prenda tanto com a temática e temas desenvolvidos por tais pintores, ignorando-os, ou não lhes dando o apoio devido, apenas por razões económicas. Sabe-se que o transporte de quadros exige cuidados especiais e é dispendioso, pelo que apoiar pintores da mesma nacionalidade, com perfis estilísticos idênticos, a viverem em Portugal se torna mais acessível. Será essa, porventura, a explicação para o facto de Kiki Lima, pintor cabo-verdiano residente em Portugal, ter apoio de uma instituição, como é o Instituto Camões, e os seus conterrâneos continuarem a aguardar por ela em Cabo Verde. Refiro-me concretamente à exposição que esse pintor teve oportunidade de fazer na sede do Instituto Camões, na Praça do Marquês de Pombal, de 22 de Novembro a 19 de Dezembro de 1999.[226]

Este cuidado deve, porém, ser levado ainda mais longe. Por razões que se prendem com a especificidade do colonialismo português, que não cabe aqui explicitar, o mundo cultural nas antigas colónias tanto é protagonizado por negros, como por mestiços, como brancos. Também a este nível as ajudas a serem concedidas devem sê-lo com o cuidado bastante para não ferir susceptibilidades, não acordar fantasmas que, depois de despertos, são sempre de efeitos perniciosos, i.e., não contribuir para a instabilidade social desses países, julgando (ou fazendo supor) que pratica o bem. Nem sempre as instituições portuguesas vocacionadas para a cooperação cultural têm, na verdade, atendido a esses pormenores e esta atitude é particularmente grave no presente momento, marcado, por um lado, pelos efeitos que a globalização tem tido nos frágeis tecidos sociais dos países visados pela cooperação portuguesa, e, por outro, pela reacção das elites locais a esse mesmo fenómeno. Exige-se, assim, das instituições responsáveis pela cooperação (cultural) portuguesa uma actuação que seja o mais *politicamente correcta*, para utilizar uma expressão entretanto vulgarizada.

---

[226] In suplemento "Camões", do *Jornal de Letras, Artes e Ideias* de 1 de Dembro de 1999.

III – A Cooperação Cultural

REFERÊNCIAS BIBLIOGRÁFICAS

FERREIRA, Eduardo de Sousa, 1977, *O fim de uma era. O colonialismo português em África*, Lisboa: Sá da Costa (Pref. de Basil Davidson)

GUEDES, Armando Marques, 2000, "A dispersão e o centralismo burocrático. Disputas na cooperação cultural bilateral do Estado português, 1974-1999", in *Themis*, I, n°1: 33-80

GOODY, Jack, 1986, *A lógica da escrita e a organização da sociedade*, Lisboa: Edições 70

LEMOS, Mário Matos e, 1999, *Política cultural portuguesa em África. O caso da Guiné-Bissau*, Lisboa: Ed. do Autor

MARQUES, Fernando Pereira, 1994, *De que falamos quando falamos de cultura*, Lisboa: Editorial Presença

MOREIRA, Adriano, 1999, *Estudos da conjuntura internacional*, Lisboa: Publ. Dom Quixote

SANTOS, Boaventura de Sousa, 1994, *Pela mão de Alice. O social e o político na pós-modernidade*, Porto: Afrontamento

SENGHAAS, Dieter, 1984, "Kultur und Entwicklung – Überlegungen zur aktuellen entwicklungspolitischen Diskussion", in *Zeitschrift für Kulturaustausch* (Kolonialismus und Kolonialreiche II), (34), 4: 417-424

TUDESQ, André-Jean e Serge NÉDÉLEC, 1998, *Jornais e rádios em África nos séculos XIX e XX*, Lisboa: INDE

VENÂNCIO, José Carlos, 1996, *Colonialismo, antropologia e lusofonias. Repensando a presença portuguesa nos trópicos*, Lisboa: Vega

VENÂNCIO, José Carlos, 2000, *O facto africano. Elementos para uma Sociologia de África*, Lisboa: Vega

IV – ANEXOS
A COOPERAÇÃO PORTUGUESA SEGUNDO ALGUNS ORGANISMOS ENVOLVIDOS*

Conhecer o que tem sido a cooperação portuguesa implica identificar por dentro os organismos que a têm operacionalizado nas suas diversas matrizes e realizações. Ao nível das organizações públicas, daremos, neste propósito, destaque à Comunidade dos Países de Língua Portuguesa (CPLP), ao Instituto Camões e ao Instituto da Cooperação Portuguesa. A Fundação Oriente e a Fundação Calouste Gulbenkian, valendo como organismos não-governamentais, merecerão igualmente a nossa atenção.

Comunidade dos Países de Língua Portuguesa (CPLP)

A CPLP nasceu em 17 de Julho de 1996, data em que se realizou a 1ª Conferência dos Chefes de Estado e de Governo dos Países de Língua Portuguesa em Lisboa. Esta conferência, que marcou oficialmente o início da CPLP, teve por detrás todo um trabalho de diplomacia levado a cabo pelos Ministros dos Negócios Estrangeiros e das Relações Exteriores, pelo Director-Geral de Política Externa do Palácio das Necessidades e pelos Embaixadores em Lisboa dos restantes países que constituíram a CPLP (Angola, Brasil, Cabo Verde, Guiné-Bissau, Moçambique, São Tomé e Príncipe e Brasil).

A ideia inicial da CPLP foi lançada por Jaime Gama, em 1983, então ministro dos Negócios Estrangeiros, aquando da sua visita oficial a Cabo Verde. Porém, essa ideia foi, na verdade, efectivada pelo Em-

---

* Informação recolhida por J. C. Venâncio e Fátima Silva.

baixador José Aparecido de Oliveira, que assumiu a missão diplomática do Brasil em Lisboa, a partir do ano de 1993.

Oficialmente a já referida conferência, realizada em Julho de 1996, ficou como sendo o primeiro evento desse tipo da CPLP, uma vez que foram aí aprovados os seus estatutos. Contudo, em 1989, o então Ministro da Cultura do Brasil, José Aparecido de Oliveira, havia já organizado em São Luís do Maranhão uma conferência dos países de língua portuguesa, onde foi aprovada a constituição do Instituto Internacional de Língua Portuguesa (IILP).

Analisando os estatutos da CPLP, verificamos que os seus objectivos gerais prendem-se com a "concertação política", com a "cooperação, particularmente nos domínios económicos, social, cultural, jurídico e técnico-científico", com "a materialização de projectos de promoção e difusão da língua portuguesa" (Artigo 3.°, alíneas a, b e c), bem como com a "promoção do desenvolvimento nos países membros" (Artigo 5.°, alínea g). Está aqui, de certo modo, patente a concepção de desenvolvimento subjacente à filosofia da CPLP, englobando várias componentes para além da económica, como sejam a cultural, a artística, a científica e a social.

Estruturalmente e ainda segundo os estatutos, os seus principais órgãos são:

– a Conferência de Chefes de Estado e de Governo, que tem reuniões com a periodicidade de dois anos;

– o Conselho de Ministros dos Negócios Estrangeiros e das Relações Exteriores, que reúne anualmente;

– o Conselho de Concertação Permanente, que é constituído pelos embaixadores dos países membros e pelo representante da chancelaria do país-sede;

– o Secretário Executivo, que é escolhido por mandatos de dois anos.

Foi num contexto de aproximação entre países territorialmente contíguos, exemplificado em casos como o da União Europeia, do MERCOSUL, da SADC (South African Development Community) ou da CEDEAO (Comunidade Económica dos Estados da África Ocidental), que a CPLP surgiu. A não-existência de contiguidade territorial entre os países membros não foi um obstáculo à sua constituição enquanto "espaço cultural". Outros traços de união foram então invocados, sendo o idioma o mais forte e paradigmático.

Segundo a Declaração Constitutiva da CPLP, a língua portuguesa constitui um "património comum, resultante de uma convivência multissecular que deve ser valorizada", bem como um "meio privilegiado de difusão da criação cultural entre os povos que falam português". Decorrente da importância que o poder linguístico desempenha na Comunidade, foi instituído, em 1998, o Instituto Internacional da Língua Portuguesa (IILP), sediado na Cidade da Praia, em Cabo Verde. Segundo os seus estatutos, o IILP "…é uma organização criada pelos Estados membros da CPLP e tem por objectivos fundamentais a promoção, a defesa, o enriquecimento e difusão da língua portuguesa como veículo de cultura, educação, informação e acesso ao conhecimento científico e tecnológico" (Artigo 1.°).

Em termos financeiros, a CPLP conta com um fundo especial que advém, por um lado, das contribuições obrigatórias, suplementares e voluntárias dos Estados membros e, por outro, de doações e legados, bem como de subsídios (Artigo 18.° do Regimento Interno do Secretariado Executivo da CPLP). No âmbito deste fundo especial, o Secretariado Executivo da CPLP dispõe, paralelamente ao seu orçamento corrente, de mais de meio milhão de dólares para o apoio financeiro e acções concretas de interesse para a Comunidade. Esses recursos provêm de contribuições voluntárias dos países membros que, através do Comité de Concertação Permanente, também decidem sobre a sua aplicação (ver gráfico).

Distribuição dos fundos financeiros

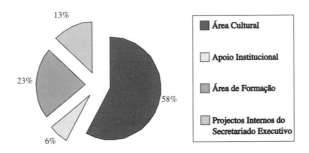

Várias têm sido as actividades específicas que a Organização tem levado a cabo. O seu objectivo é o de fomentar a cooperação entre os países membros, através de três meios: reuniões periódicas, apoio à ini-

Cooperação Científico-Cultural

ciativa da sociedade civil e a procura de parcerias com instituições específicas. Dentro deste último ponto, é importante conhecer algumas dessas parcerias, concretizadas em protocolos de cooperação com as seguintes instituições:

– o Instituto Camões; protocolo assinado a 27 de Maio de 1997 e que teve como objectivo incentivar a revelação de obras em língua portuguesa através de um *Prémio CPLP / 1ª Obra* (patrocínio do Instituto Camões), que serve para distinguir obras de autores dos países e territórios de língua portuguesa;

– a Fundação BIAL; protocolo de cooperação assinado a 23 de Junho de 1997 e que teve como propósito a promoção e valorização universal da língua portuguesa através da investigação científica sobre o Homem;

– a Organização Internacional para as Migrações (OIM); protocolo de cooperação assinado a 5 de Dezembro de 1997 com o intuito de "fortalecer a coordenação e a cooperação ao nível das políticas migratórias dos estados membros da CPLP, procurando igualmente soluções para os problemas que enfrentam as comunidades de migrantes" (Artigo 1.° do protocolo de cooperação entre a CPLP e a OIM);

– o Fórum da Lusofonia; protocolo celebrado a 9 de Março de 1998 com o objectivo de promover a cooperação entre as comunidades dos países membros da CPLP, através da sua participação (expressa em "apoio institucional, financeiro ou material") nos programas e acções realizados pelo Fórum da Lusofonia (Artigo 4.° do protocolo de coordenação entre a CPLP e o Fórum da Lusofonia);

– o Fórum dos Empresários de Língua Portuguesa (FELP); protocolo assinado a 9 de Março de 1998. Este protocolo de cooperação apresenta uma vertente importante, expressa no apoio prestado pela CPLP a actividades levadas a cabo pelo FELP, como sejam as "missões comerciais, feiras, exposições, seminários ou estudos" (Artigo 4.° do protocolo de cooperação entre a CPLP e o FELP).

Em termos ainda mais específicos, a CPLP edita o chamado *Boletim da CPLP*, que tem um carácter essencialmente informativo e que é distribuído gratuitamente em todos os países membros. Trata-se de um meio de divulgar a Comunidade e de dar a conhecer os principais

IV – Anexos

eventos registados no seu seio. Também a RTP-África, iniciada em 1998, desempenha um importante papel enquanto veículo transmissor de ideias e de informação, imprescindíveis para a consolidação das relações no âmbito da Organização. Relevando da importância da televisão para a consolidação da comunidade lusófona, a CPLP apoiou o "Projecto Além Mar", uma série documental para televisão em formato de cinco episódios. Por outro lado, a Organização teve também uma importante participação na *Expo 98*, onde lhe foi reservado um espaço para exposições temporárias de artistas oriundos dos diversos países lusófonos. Este espaço contribuiu não só para a divulgação da própria CPLP, mas também de trabalhos artísticos provenientes dos países membros.

Para fazer face aos níveis baixos de alfabetização registados nalguns desses países, assim como à ineficácia dos respectivos sistemas de ensino de língua portuguesa, a educação na Comunidade mereceu uma atenção especial. Incentivou-se a introdução das disciplinas de História e de Literatura nos currículos dos sistemas de ensino, de modo a proporcionar um conhecimento mais aprofundado da história e da literatura dos respectivos povos (medida resultante da reunião de Conselho de Ministros realizada a 17 e 18 de Julho de 1997). Por outro lado, na II Conferência dos Chefes de Estado e de Governo, realizada em 1998, foram tidos em conta, ainda no âmbito da educação, dois vectores fundamentais:
– garantia de iguais oportunidades para uma educação continuada das populações dos países membros;
– promoção da cooperação em termos educacionais.

Foi sobretudo dentro da linha deste segundo vector que surgiu o acordo de cooperação entre instituições de ensino superior dos países membros da CPLP. O propósito geral deste acordo foi o de promover "a cooperação entre instituições de ensino superior mediante actividades de apoio à educação e cultura, à pesquisa e ao desenvolvimento científico e tecnológico" (Artigo 1.º do Acordo de Cooperação entre Instituições de Ensino Superior dos Países Membros da CPLP). Em termos mais específicos os objectivos desse acordo foram os de formar e reciclar docentes, trocar informações, experiências, produções científicas, documentação e publicações, assim como planear, implementar e desenvolver projectos comuns, proporcionando um inter-conhecimento dos diferentes sistemas de ensino superior existentes na Comunidade (Artigo 2.º).

A CPLP presta especial atenção aos jovens e à juventude dos respectivos países membros. A Cimeira da Juventude de Países de Língua Portuguesa que perspectivou a criação do Centro de Juventude Lusófona em Lisboa, dos Centros Inforjovem nos países da Comunidade e da Bienal de Jovens Criadores dos Países da Lusofonia, constituem um exemplo dessa preocupação.

Outro dos propósitos da CPLP é o de estimular o desenvolvimento de acções de cooperação interparlamentar. Neste âmbito, reuniram-se em Março de 1998, em Lisboa, as delegações dos parlamentos de língua portuguesa. O encontro serviu para criar oficialmente o Fórum dos Parlamentos de Língua Portuguesa (FPLP), que tem como objectivo principal a cooperação interparlamentar no espaço lusófono, fortalecendo a democracia e favorecendo a concertação política e a cooperação no domínio sócio-económico e cultural.

Conscientes de que qualquer plano de acção só poderá ser implementado e desenvolvido em contextos de estabilidade e de paz, os membros da CPLP têm discutido as situações graves vividas por alguns dos seus países, como é o caso de Angola e da Guiné-Bissau. Neste âmbito, também Timor foi alvo de preocupações, tendo sido organizada uma missão de observação da CPLP para acompanhar o processo de consulta conduzido pelas Nações Unidas. Foi igualmente lançada, em resposta ao pedido feito por D. Carlos Ximenes Belo, uma "campanha de solidariedade com Timor-Leste".

No âmbito da CPLP existe também a chamada Comunidade Sindical dos Países da CPLP, que nasceu em Maio de 1998. Os estatutos desta Comunidade determinam que seja uma associação internacional sem fins lucrativos, sediada em Lisboa e tendo delegações nos demais países. A CPLP sindical tem como órgãos constitutivos a Conferência Sindical, o Comité Executivo e um Secretariado Permanente. O seu principal objectivo é o de estreitar relações entre as centrais sindicais lusófonas e actuar como interlocutor dos interesses dos trabalhadores perante a CPLP. Um outro ponto importante deste organismo sindical é o da promoção da circulação de trabalhadores e cidadãos na comunidade lusófona e o da definição do *Estatuto do Cidadão Lusófono*, aprovado em 1997. Este estatuto alicerça-se num leque de direitos que poderiam ser reconhecidos por cada país membro aos cidadãos dos restantes. Alguns desses direitos estão ligados à facilidade de circulação, através da isenção de visto durante um certo período de tempo para homens de negócios, profissionais liberais, cientistas, investigadores e homens de cultura. Inclui igualmente direitos relacionados com o investimento interno e com o livre acesso ao emprego privado e a funções públicas de carácter predominantemente técnico.

A Organização apresenta ainda uma vertente que se debruça sobre a questão dos poderes locais, vistos a uma escala mais micro. Com efeito, realizam-se encontros autárquicos entre os municípios da CPLP, onde são debatidas questões como os processos de democratização local dos países saídos de guerras civis ou as experiências autoritárias de poder político. Daqui surgiu também a ideia da criação de uma Associação de Municípios de Língua Portuguesa, já que se acredita que a cooperação ao nível do poder local é importante para a cimentação das relações mais abrangentes entre os países membros da CPLP.

Mais recentemente foi aprovado um plano de acção na Cimeira de Ministros da Cultura da CPLP, realizada em Maio de 2000, que já incluiu Timor-Leste. Algumas das acções estabelecidas nesse plano passam pela instituição do dia 17 de Julho (data da proclamação da CPLP), como o Dia da Cultura Lusófona, tendo sido agendadas diversas iniciativas culturais para a respectiva comemoração. A leitura de um clássico da literatura portuguesa em todos os Estados membros é uma dessas iniciativas. Acordou-se igualmente na criação de uma página na Internet, dedicada à literatura e à divulgação de outras manifestações culturais registadas na Comunidade. Por outro lado, foi planeado a criação de um fundo, o chamado *Fundo Cultural-CPLP*, que servirá para financiar algumas actividades, tais como: acções de recuperação e valorização do património, edição e aquisição de livros para difusão em bibliotecas públicas e não só, incentivos por meio de parcerias à participação de autores de língua portuguesa em feiras do livro e festivais internacionais, projectos de produção, distribuição, promoção e formação na área do Cinema e do Audiovisual, criação de uma *Bienal de Criadores* de expressão portuguesa e ainda a instituição de um prémio.

A título de resumo, pode-se concluir que a acção da CPLP tem sido desenvolvida em torno da potencialização do bem-estar das populações, do aprofundamento das relações bilaterais e da difusão cultural. Com estes objectivos, a CPLP tem procurado desenvolver projectos de intercâmbio cultural nos mais diversos domínios: social, empresarial, artístico, científico. Ao serem concretizados, ganhará provavelmente a expressão de que, em termos públicos, ainda carece.

Fonte: *Boletim da CPLP*, documentos vários da CPLP: Estatutos, Protocolos, Cimeira de Ministros da Cultura da CPLP, Declaração do Estoril e Plano de Acção, 2ª Conferência de Chefes de Estado e de Governo da CPLP na Cidade da Praia.

Instituto Camões

O Instituto Camões tem levado a cabo um processo de cooperação, sobretudo nos últimos cinco anos, centrado, fundamentalmente, nas seguintes áreas:
 – infra-estruturas e equipamento educativo;
 – valorização dos recursos humanos;
 – apoio ao sistema de ensino;
 – cultura e recuperação do património;

O sentido dessa cooperação direcciona-se sobretudo para os PALOP e outros países da África Subsariana, abrangidos com cerca de 80% do total despendido. Esta cooperação tem conhecido um crescimento, resultante essencialmente da diversificação das acções culturais, quer bilaterais quer no âmbito da CPLP, assim como também do aumento das actividades relacionadas com a promoção da língua portuguesa.

É possível identificar, nos últimos cincos anos de cooperação do Instituto Camões com os PALOP, duas fases:
 – a primeira decorreu entre os anos de 1995 e 1997. Foi marcada pela criação formal dos centros culturais dos PALOP através de um despacho conjunto dos Ministros das Finanças e dos Negócios Estrangeiros, em Julho de 1995. Estes centros passaram do Instituto da Cooperação Portuguesa para a tutela do Instituto Camões. O objectivo a perseguir era o de melhorar a cooperação com os PALOP através, precisamente, da aposta na melhoria desses centros e numa intervenção mais activa no domínio da língua e da cultura portuguesas. Neste âmbito foram abertos, já em 1996, os Centros Culturais de Luanda e Maputo, tendo-se efectuado obras de reabilitação no Centro Cultural de Bissau e iniciado as diligências necessárias para a aquisição de um novo edifício para o Centro Cultural de São Tomé.
 – em 1997 inicia-se a segunda fase. É aprovada a Lei Orgânica do Instituto Camões, que permitiu uma clarificação de tarefas ao nível do ensino da língua, centrando a instituição no ensino

do português a nível do ensino superior e extracurricular. Nesta fase os centros culturais mereceram especial atenção em duas vertentes. Por um lado procedeu-se à respectiva modernização, dotando-os de infra-estruturas informáticas e de meios audiovisuais e bibliográficos, por outro, houve a preocupação de assegurar uma correcta gestão administrativa desses centros, apostando na formação do seu pessoal e na execução de planos anuais de actividades. No âmbito destas transformações, procedeu-se, por exemplo, em 1999, à informatização e renovação do equipamento multimédia, áudio e vídeo do Centro Cultural de Luanda. Outros centros receberam igual tratamento, passando a publicitar, com o equipamento recebido, as suas actividades em boletins próprios ou em suporte visual.

A título de resumo importa referir, neste ponto da descrição, os centros sediados nos PALOP:

– o Centro Cultural Português em Bissau que iniciou a sua actividade antes de 1995, cessando-a devido ao conflito político entretanto deflagrado. Retomou as suas funções em 2000, mas de forma muito insuficiente;

– o Centro Cultural Português de Luanda, aberto oficialmente em 1996, que está equipado com biblioteca e desenvolve actividades como exposições, conferências e acções de formação;

– o Centro Cultural Português de Maputo, que abriu em 1996 e que foi alvo de obras de beneficiação, tendo sido ampliado e dotado de equipamento informático. Tem biblioteca e realiza conferências. Este Centro possui uma delegação na Beira;

– o Centro Cultural Português de São Tomé abriu ainda antes de 1995 e está presentemente instalado num edifício adquirido em 1997, cuja renovação e ampliação está projectada. Possui biblioteca e sala para actividades culturais e apoio a professores;

– o Centro Cultural Português da Cidade da Praia iniciou as suas actividades antes de 1995, possui biblioteca e tem organizado várias actividades culturais, tais como dança, teatro e conferências. Dá ainda apoio a professores de português. Tem igualmente uma delegação no Mindelo.

Ainda nesta fase foram criados os chamados Centros de Língua Portuguesa do Instituto Camões sediados em instituições de ensino superior nos PALOP. Estes centros têm por objectivo apoiar o sistema de ensino local e promover a língua portuguesa, reforçando programas de cooperação que sirvam à valorização do português como língua de comunicação internacional. Foram igualmente criados, em 1999, três novos programas de bolsas, sobretudo usufruídas pelos estudantes dos PALOP. Foi o caso do Programa Pessoa, do Programa Vieira e do Programa Lusofonia, este último destinado especificamente a estudantes oriundos dos PALOP que pretendam obter o grau de licenciatura na área da Língua e da Cultura Portuguesas.

A linha de acção do Instituto Camões passa igualmente pelo apoio prestado a um conjunto de eventos cujos objectivos relacionam-se intimamente com a questão da cooperação cultural. Por exemplo, o CIFO-PLEP (Congresso Internacional de Formação de Professores de Língua e Expressão Portuguesa) é um desses acontecimentos que contam com o apoio do Instituto, para além de exposições e de edições de livros. Destes dois últimos podemos mencionar o caso da exposição "Arte(s) de Moçambique" e do livro *Insularidades* de Carlos Brandão Lucas.

O Instituto Camões iniciou em 1998 a edição da revista *Pontes Lusófonas – Revista de Letras e Culturas Lusófonas*. Esta revista ajuda a promover e a divulgar iniciativas culturais dos sete países de língua oficial portuguesa, incluindo também Timor-Leste. Como o próprio nome indica, *Pontes Lusófonas* pretendeu ser um "espaço de convivialidade" entre os intelectuais e homens de cultura desses mesmos países, tendo a língua como elo de união.

Para o ano de 2000 estavam previstas as seguintes acções:
– conclusão da rede de centros de língua portuguesa;
– reforçar a formação de quadros locais;
– desenvolver projectos didácticos relacionados com o ensino do português como segunda língua;
– fomentar a formação de tradutores e intérpretes, reforçando as relações com as organizações regionais africanas no âmbito da utilização do português como língua internacional.

Fonte: Documentação interna do Instituto Camões; Revista *Pontes Lusófonas*

Instituto da Cooperação Portuguesa

O Instituto da Cooperação Portuguesa tem orientado a sua função em torno de seis eixos de actuação;
– valorização dos recursos humanos e culturais;

IV – Anexos

– promoção das condições sociais e de saúde;
– apoio ao desenvolvimento sócio-económico;
– apoio à consolidação das instituições;
– cooperação intermunicipal;
– contribuição para organismos multilaterais e cooperação financeira.

Estes seis eixos constituem, no seu conjunto, a Ajuda Pública ao Desenvolvimento (APD), definida, de acordo com o critério do Comité de Ajuda ao Desenvolvimento (CAD), como sendo um conjunto de recursos humanos, financeiros e materiais que, sob a forma de donativos ou empréstimos, são transferidos para os países em desenvolvimento directamente pelos organismos estatais do país doador ou, de forma indirecta, através dos vários organismos multilaterais financiados pelos países doadores. Para que estas transferências possam operacionalizar--se é necessário, por um lado, que tenham como objectivo explícito a promoção do desenvolvimento do país receptor e, por outro, haver, em caso de empréstimo, uma percentagem da transferência que é doada e que deve ser no mínimo de 25%. Vejamos, de seguida, como se tem caracterizado a APD decorrente da cooperação portuguesa.

A cooperação bilateral portuguesa caracteriza-se, acima de tudo, pela sua concentração nos Países Africanos de Língua Oficial Portuguesa (PALOP), facto a que não são alheios os laços históricos, linguísticos e culturais partilhados.

**Evolução da Ajuda Pública ao Desenvolvimento (APD)
Bilateral Portuguesa, por Países Beneficiários**

	1992	1993	1994	1995	1996	1997	1998	1999*
Angola	6.9	12.5	9.3	14.8	21.4	18.0	13.6	10.4
Cabo Verde	7.4	9.0	8.0	8.2	9.6	7.6	13.0	9.8
Guiné-Bissau	6.8	8.2	39.6	10.0	20.1	10.0	6.0	6.7
Moçambique	67.8	57.4	18.4	40.0	32.7	54.8	34.9	26.3
São Tomé e Príncipe	6.5	5.4	4.2	24.0	8.4	7.1	6.0	6.1
Outros Países	4.6	7.5	20.5	3.0	7.8	2.5	26.2	40.7

Fonte: Programa Integrado da Cooperação Portuguesa 1999 e 2000
Notas: Não inclui a cooperação multilateral
* Dados preliminares

202 *Cooperação Científico-Cultural*

Por outro lado, o quadro seguinte permite-nos conhecer a percentagem que a APD ocupa no PNB. Verifica-se que essa percentagem diminuiu no intervalo de tempo analisado [de 1991 (0.31%) a 1998 (0.24%)], havendo algumas oscilações intermédias pouco significativas. Em 1998 atingiu os 0.24%, estando muito longe dos 0.70% definidos como objectivo na Conferência do Rio de Janeiro realizada em 1992.

Evolução da Ajuda Pública ao Desenvolvimento (APD)

	1991	1992	1993	1994	1995	1996	1997	1998
APD (milhões de contos)	30.69	40.71	39.78	51.18	38.61	33.61	43.91	46.58
% do PNB	0.31	0.36	0.29	0.35	0.25	0.21	0.25	0.24

Fontes: Programa Integrado da Cooperação Portuguesa 1999 e 2000

A ajuda pública ao desenvolvimento bilateral distribui-se por vários sectores representados no quadro seguinte. Verifica-se que, não obstante ter-se registado um ligeiro decréscimo, o sector das infra-estruturas e serviços sociais é o que apresenta uma maior aposta da APD. Incluem-se neste sector áreas como a da saúde e da educação.

Distribuição Sectorial da APD Bilateral

	Anos		
Sectores	**1996**	**1997**	**1998**
Infra-estruturas e Serviços Sociais	31	27	23
Infra-estruturas e Serviços Económicos	6	7	19
Sectores de Produção	6	4	6
Multisectorial	4	1	2
Total Sectorial	47%	39%	50%

Fontes: Programa Integrado da Cooperação Portuguesa 1999 e 2000

Concentrando a nossa atenção na questão da cooperação cultural, focalizaremos a análise na educação, por forma a conhecermos o tipo de ajuda prestada pelo Instituto da Cooperação Portuguesa neste âmbito. Assim, no que se refere à cooperação bilateral, o quadro seguinte regista uma diminuição da ajuda entre 1996 e 1998. O nível de ensino com maior percentagem dessa ajuda é o ensino superior, onde a concessão de bolsas de estudo, principalmente para a frequência de escolas portuguesas, é um factor importante. No âmbito dos restantes níveis, o apoio tem assumido essencialmente a forma de ajudas a projectos de construção de escolas públicas portuguesas em Maputo e em Luanda.

**Percentagem da APD (Ajuda Pública ao Desenvolvimento)
Bilateral destinada à Educação**

Educação	Anos		
	1996	**1997**	**1998**
Nível não Especificado	1%	4%	1%
Educação Básica	2%	1%	1%
Educação Secundária	4%	2%	2%
Escola Superior	12%	7%	6%
Total	19%	14%	10%

Fontes: Programa Integrado da Cooperação Portuguesa 1999 e 2000

Plano Integrado de Cooperação com São Tomé e Príncipe

	Plano Integrado de Cooperação com São Tomé e Príncipe	Plano Integrado de Cooperação com Moçambique	Plano Integrado de Cooperação com Cabo Verde
Valorização dos recursos humanos e culturais	1320	3900	3200
Promoção das Condições Sociais de Saúde	1780	2300	730
Apoio ao Desenvolvimento Sócio-económico	800	3800	2500
Apoio à Consolidação das Instituições	1830	2900	2000
Cooperação Intermunicipal	80	500	130
Cooperação Financeira e Multilateral	780	2400	10950

Fontes: Programas Integrados da Cooperação Portuguesas 1999 e 2000

Fundação Oriente

A Fundação Oriente foi instituída em 18 de Março de 1988 e é estatutariamente constituída pelo Conselho de Curadores (composto por sete membros designados de entre personalidades de "reconhecido mérito, integridade moral e competência em qualquer dos campos de actividade da Fundação"), o Conselho de Administração (constituído por três membros designados pelo Conselho de Curadores), o Conselho Consultivo (engloba doze representantes dos sectores empresarial, cultural, científico e artístico de Portugal e Macau, designados pelo Conselho de Curadores) e o Conselho Fiscal (composto por três membros designados pelo Conselho de Curadores). A Fundação Oriente tem como objectivos gerais o apoio e a realização de actividades de cariz cultural, educativo, artístico e filantrópico. Estas actividades visam essencialmente Portugal e Macau.

Ainda assim, a Fundação Oriente tem protagonizado algumas acções de cooperação com os PALOP, com o Brasil e sobretudo com Timor-Leste. Esta cooperação tem assumido essencialmente as seguintes configurações:

a) **Organização de colóquios/conferências/exposições sobre os PALOP e Timor em diversos locais** (merece destaque, entre outros eventos, o seminário "Os Trópicos e o Século XXI", promovido pelas Fundações Oriente, Joaquim Nabuco (Brasil), Gilberto Freyre (Brasil) e pela Universidade Internacional realizado em 1996, o "VIII Colóquio Internacional de Estudos Crioulos" em Lisboa e, em 1999, o apoio à participação de conferencistas brasileiros no colóquio "O Luso-Tropicalismo Revisitado", organizado pela Universidade da Beira Interior com o apoio da Sociedade de Geografia de Lisboa);

b) **Apoios a certas actividades desenvolvidas pelos próprios países** (cf., por exemplo, em 1994, o apoio a algumas iniciativas de carácter cultural no âmbito da comemoração da independência de Cabo Verde ou, em 1999, a contribuição financeira para a abertura de uma delegação em Díli);

c) **Publicações de obras de autores oriundos desses países ou de temáticas relacionadas** (veja-se, a este respeito, a publicação, em 1992, d'*A Ilha de Moçambique pela Voz dos Poetas* em colaboração com a CNCDP e Fundação Calouste Gulbenkian, em 1997, das *Fontes para a História de África, Ásia e América*, projecto promovido e coordenado pelos Arquivos Nacionais/Torre do Tombo e subsidiado, na fase de investigação, pela Fundação Oriente e pela CNCDP);

d) **Programas de bolsas concedidas a alunos dos PALOP e de Timor Lorosae;**

e) **Cooperação com algumas identidades dos países em apreço** (destaque para o apoio concedido, em 1997, à Associação Cabo-Verdiana de Lisboa, Associação de Escritores Cabo-Verdianos e Associação Portuguesa de Escritores na homenagem a Manuel Lopes e na apresentação do filme *Flagelados do Vento Leste*, realizado por António Faria);

Procurando dar algum reconhecimento e relevo a pessoas e entidades dos países em referência, a Fundação Oriente tem atribuído anualmente alguns prémios, tais como os Prémios Nacional Timor e Timor Ensaio. Em 2000 atribuiu ainda o Prémio Gilberto Freyre (em homenagem ao centenário do nascimento do escritor e sociólogo brasileiro) à obra colectiva *Luso-tropicalismo: uma teoria social em questão* (Lisboa Vega 2000).

Fonte: relatórios anuais de 1990 a 1999.

Fundação Calouste Gulbenkian

A Fundação Calouste Gulbenkian é estruturalmente constituída pelos seguintes órgãos: o Conselho de Administração, a Comissão Revisora de Contas e o Conselho Consultivo Geral. Integra variados serviços, dos quais destacaremos os Serviços de Cooperação para o Desenvolvimento, cujas actividades visam o apoio aos países africanos lusófonos e a Timor-Leste. A Fundação concretiza estes objectivos através da atribuição de subsídios e de bolsas de estudo, obedecendo, nessa função, a um conjunto de princípios gerais, tais como: o reforço da capacidade nacional dos países alvo na concepção, execução e acompanhamento de projectos, a adopção de uma prévia co-responsabilização mútua na implementação dos programas e projectos e o acompanhamento dos projectos desde a sua fase de concepção e execução até à respectiva produção de resultados ou ainda a promoção da avaliação dos programas e projectos.

206 *Cooperação Científico-Cultural*

Assim, o quadro seguinte reflecte as actividades do Serviço de Cooperação no ano de 1998.

ANO 1998 (Fonte: Relatório, Balanço e Contas, 1998)

TOTAL	**PTE 414 256 815**
I. Educação	**PTE 250 000 000**
Programa de formação e valorização de recursos humanos	119 000 000
Projecto de consolidação dos sistemas educativos	10 000 000
Programa de apoio às universidades moçambicanas	81 458 000
Missões de assistência técnica	4 353 000
Oferta de publicações	3 570 000
Apoio a organizações juvenis	2 350 000
Centro Tecnológico do Mindelo, Cabo Verde	1 418 000
Academia de Música de São Vicente, Cabo Verde	16 000 000
Conferência Mundial do Ensino Superior	1 520 000
Faculdade de Direito da Universidade Agostinho Neto, Angola	1 900 000
Apoio à participação de especialistas africanos	4 150 000
Oferta de equipamento didáctico	2 675 000
II. Saúde	**PTE 136 500 000**
III. Ciência	**PTE 12 000 000**
Apoio à participação em conferências e congressos	4 250 000
Centro de Estudos de Línguas Africanas	2 500 000
Projectos científicos sobre a escravatura	1 500 000
Projectos científicos	2 100 000
Missões científicas	1 650 000
IV. Arte	**PTE 16 000 000**
Conferências e debates	3 000 000
Escola de Música de São Vicente, Cabo Verde	3 680 000
Seminários e exposições	3 300 000
Festivais de teatro	2 000 000

Os Serviços de Cooperação da Fundação Gulbenkian, tal como é visível no quadro anterior respeitante a 1998, têm centrado as suas actividades nos domínios da Educação/Formação e da Saúde e, em menor escala, da Ciência e da Arte. Nestas actividades têm contado com a conjugação de esforços com entidades internacionais financiadoras de programas e projectos em África, como por exemplo, o Banco

Mundial, a Comissão Europeia, a Organização Mundial de Saúde, a UNESCO e a UNICEF.

Concentremo-nos, a título de exemplo, na cooperação desenvolvida a nível da **Educação**, da **Ciência** e da **Arte**.

Educação

No que diz respeito à educação, a formação de recursos humanos, o apoio a sistemas educativos, a realização de projectos específicos e o reforço dos instrumentos e materiais didácticos, constituem as principais prioridades:

– *a formação de recursos humanos* foi operacionalizada através da atribuição de bolsas de estudo para cursos básicos (45 timorenses), secundários (28 timorenses), superiores universitários e politécnicos (119 estudantes dos PALOP, 17 timorenses) e de pós-graduação, estágios profissionalizantes e de aperfeiçoamento, investigação e especialização em Portugal;

– com o *apoio aos sistemas educativos* deu-se continuidade às actividades do Projecto Regional de Consolidação dos Sistemas Educativos nos PALOP, cujo financiamento é assegurado pelo Fundo Europeu de Desenvolvimento (no quadro da Convenção de Lomé IV) e pela Fundação Calouste Gulbenkian. Este projecto dirige-se aos cinco países africanos lusófonos e iniciou-se em 1995, estando o respectivo termo previsto para 1999. As principais medidas deste projecto são:

a) formação de formadores de professores do ensino básico;

b) elaboração de materiais didácticos;

c) criação e apoio ao funcionamento de centros de formação local de docentes.

– a rubrica *realização de projectos específicos* permitiu operacionalizar o programa de apoio às universidades moçambicanas (Universidade Eduardo Mondlane e Pedagógica), implementando, entre outros, os seguintes projectos:

a) projecto de combustão e desenvolvimento de protótipos a ser realizado na Faculdade de Engenharia da Universidade Eduardo Mondlane;

b) quatro projectos a serem implementados na Universidade Pedagógica (Mestrado em Língua Portuguesa, Mestrado em Ciências do Desporto e Educação Física, projecto de investigação saúde, crescimento e desenvolvimento motor das crianças e jovens de Moçambique e desenvolvimento e reorganização do sistema de bibliotecas da Universidade).

– a rubrica **reforço dos instrumentos e materiais didácticos e outros apoios** permitiu implementar, entre outras, as seguintes medidas:

a) a aquisição de livros sobre temas africanos para oferta a instituições africanas e portuguesas;

b) apoio à edição de obras científicas por autores africanos;

c) oferta de livros às bibliotecas de diversas instituições africanas, como sejam a Biblioteca Municipal de Luanda, a Ordem dos Advogados de Angola, as residências de estudantes do Mindelo e da Praia, o Instituto Superior de Educação, sediado na Praia, o Instituto Médio de Economia do Lubango, o Seminário Maior do Sagrado Coração de Jesus, em Luanda;

d) oferta de equipamento didáctico à paróquia da Missão de São José de Lhanguene, em Moçambique, e à Sociedade de Língua Portuguesa (onde foi apoiada a formação em língua portuguesa de cidadãos de Timor-Leste);

e) comparticipação nas despesas com obras de adaptação do edifício de Centro Tecnológico do Mindelo do Ministério da Educação de Cabo Verde;

f) apoio às despesas de participação de representantes moçambicanos, cabo-verdianos e são-tomenses na Conferência Mundial do Ensino Superior, que decorreu em Paris e que foi organizada pela UNESCO;

Ciência

Na área da ciência, a fundação tem apoiado o desenvolvimento da cultura cientifica e das tecnologias nos PALOP, o intercâmbio de cientistas entre estes países e Portugal, assim como linhas de investigação sobre os países africanos em instituições portuguesas. Com estes objectivos, apoiou em 1998, várias participações em conferências e congressos, apoiou igualmente a criação do Centro de Estudos de Línguas Africanas na Faculdade de Letras da Universidade de Lisboa e apadrinhou alguns projectos científicos sobre a escravatura. Esteve também

presente em alguns projectos científicos (Projecto Estudo da Esquistos-
somose e da Dicroceliose nos Ruminantes da República da Guiné-
-Bissau, Projecto de Vigilância do Vulcão da Ilha do Fogo, Cabo Verde).

Arte

No campo da arte, a fundação tem promovido e estimulado a divulgação de actividades artísticas dos PALOP através do apoio a con-
ferencias e debates, a seminários e exposições e a festivais de teatro.
Procedeu igualmente à oferta de instrumentos musicais à Escola de
Música de São Vicente, em Cabo Verde, para viabilizar as actividades
formativas desta instituição.

ANO 1999 (Fonte: Relatório de Actividades, 1999)

TOTAL	**PTE 372 732 850**
I. Educação	**PTE 240 000 000**
Programa de formação e valorização de recursos humanos	104 471 317
Programa de apoio às universidades moçambicanas	50 973 600
Projecto da consolidação e modernização do Sistema Educativo em Cabo Verde	6 900 000
Programa de apoio ao ensino superior	45 000 000
Fundo bibliográfico de Língua Portuguesa	5 360 000
Ensino Básico e Secundário	4 100 000
Bibliotecas / oferta de publicações	4 000 000
Equipamento didáctico	1 930 000
Congressos e seminários	15 928 000
Organizações Juvenis	1 300 000
II. Saúde	**PTE 108 203 850**
III. Ciência	**PTE 10 279 000**
Apoio à participação em conferências e congressos	4 700 000
Projectos de investigação científica	4 300 000
Instituto de Investigação Científica Tropical	1 300 000
IV. Arte	**PTE 14 250 000**
Actividades no domínio da dança	5 500 000
Actividades teatrais	1 000 000
Actividades de divulgação cultural	2 500 000
Arquivo Histórico Ultramarino	5 000 000
Academia de Música de S. Vicente	250 000

Educação

Também em 1999 a prioridade foi dada ao desenvolvimento dos sistemas educativos e de formação e à promoção da valorização dos recursos humanos.

No âmbito da *formação de recursos humanos* – através do Programa de Formação e Valorização de Recursos Humanos – foram atribuídas 140 bolsas de estudo a estudantes africanos e timorenses, a frequentarem o ensino desde o nível secundário até à pós-graduação. Foram igualmente contemplados cursos profissionalizantes e de aperfeiçoamento, investigação e especialização em Portugal.

O *apoio aos sistemas educativos* suportou o projecto de Consolidação e Modernização do Sistema de Ensino e Formação em Cabo Verde. Este projecto resultou de um acordo celebrado em 1999 entre o Governo de Cabo Verde e o Banco Mundial. Engloba todo o sistema educativo cabo-verdiano e integra diversos estudos de base, avaliações e experiências-piloto, tendo como objectivo a configuração futura do sistema. Ou seja, visa a generalização da educação pré-escolar, o alargamento da escolaridade obrigatória, a reformulação do ensino secundário e a organização do nível pós-secundário. A participação da Fundação Calouste Gulbenkian consistiu num importante apoio financeiro e técnico que se traduziu em actividades como:

a) Apoio à gestão dos manuais escolares;

b) Apoio à realização da avaliação qualitativa das escolas básicas

c) Apoio à formação de professores baseada em metodologias inovadoras, desenvolvimento de estudos específicos nos domínios da melhoria de qualidade da educação pré-escolar e da aprendizagem da língua de ensino.

A Fundação atribuiu igualmente um conjunto de subsídios destinados a consolidar o ensino superior no âmbito do Programa de Apoio ao Ensino Superior. A Fundação concedeu apoio ao desenvolvimento do ensino básico numa região da Guiné-Bissau, através do reequacionamento de uma estratégia local, integrando outros parceiros institucionais e as comunidades locais. Proporcionou ainda a realização de projectos específicos, com destaque para o contrato-programa estabelecido entre a Fundação e as Universidades Eduardo Mondlane e Pedagógica de Moçambique. Este programa tem vindo a ser desenvolvido desde de 1996 e em 1999 apoiou mais dois projectos:

IV – Anexos 211

- o projecto "Laboratório de Computação", realizado na Faculdade de Engenharia da Universidade Eduardo Mondlane, com a colaboração da Universidade de Aveiro;
- o projecto "Repensar, Reorganizar e Desenvolver os Sistemas de Bibliotecas da Universidade Pedagógica" (2ª fase), de Moçambique, com a colaboração da Universidade do Porto.

Foi igualmente levado a cabo o projecto do Fundo Bibliográfico de Língua Portuguesa que teve como objectivo proporcionar a oito formadores africanos a frequência do Curso Médio de Ciências Documentais no CIDOC (Instituto Médio de Ciências Documentais), no âmbito do Fundo Bibliográfico de Língua Portuguesa (Maputo, Moçambique).

O **reforço dos instrumentos e materiais didácticos e outros apoios** traduziu-se na oferta de equipamento escolar a numerosas instituições diocesanas africanas em Moçambique e Angola.

A Fundação levou a cabo uma importante actividade de apetrechamento de bibliotecas de oito universidades e outras instituições escolares africanas de Moçambique, Angola, Cabo Verde e Guiné-Bissau. Neste âmbito, procedeu-se também à aquisição de livros sobre temas africanos para oferta a instituições africanas e portuguesas.

Por outro lado, à semelhança de 1998, a Fundação apoiou a participação de representantes dos países africanos lusófonos e de Timor--Leste em vários congressos e seminários, tais como: a conferência internacional "As Mulheres Timorenses e o Direito Internacional", a IX Reunião da Associação das Universidades de Língua Portuguesa, o Congresso Internacional do Jornalismo de Língua Portuguesa e o colóquio "Literaturas de Diásporas do Mundo Lusófono".

Também em 1999 a Fundação continuou a apoiar os projectos de cooperação promovidos por associações de estudantes e outros organismos juvenis, nomeadamente visitas de estudos, cursos, jornadas e outras reuniões ligadas à temática de África.

Ciência

Neste domínio, continuando o trabalho desenvolvido no ano de 1998, a Fundação procurou criar capacidades endógenas nos PALOP, bem como proporcionar a participação em congressos e seminários internacionais de técnicos e quadros africanos. Assim, apoiou vários projectos de investigação cientifica, como seja o projecto sobre as rochas ornamentais em Moçambique. Subsidiou também a participação de investigadores/historiadores dos países africanos lusófonos na III Reunião Internacional sobre a História de África, realizada no âmbito do Centro de Estudos de História e Cartografia Antiga do Instituto de Investigação Científica Tropical.

Arte

Ao nível da arte, as actividades visaram o apoio ao desenvolvimento de estruturas formativas no âmbito da música, a prossecução de acções de formação na área da dança e a participação em iniciativas de diversa natureza com interesse artístico e com impacto nos PALOP. Destacam-se, neste âmbito, as seguintes actividades:

a) acções de formação e aperfeiçoamento de artistas e técnicos da área da dança em Cabo Verde e Moçambique;

b) concessão de um subsídio ao festival Mindelact 99, importante evento teatral de Cabo Verde;

c) doação ao Arquivo Histórico Ultramarino do Instituto de Investigação Científica e Tropical de uma colecção de negativos fotográficos do repórter Álvaro Geraldo, referentes à Guiné-
-Bissau.

A título de resumo, poder-se-á dizer que os serviços de Cooperação para o Desenvolvimento da Fundação Calouste Gulbenkian têm orientado a sua acção em torno de um objectivo principal que é o de "...fortalecer a capacidade interna dos países onde actua, promovendo o seu desenvolvimento e a qualidade dos serviços prestados e a sua adequação às necessidades das populações, no quadro de um desenvolvimento económico e social sustentável" (Relatório de Actividades 1999). Ou seja, procura um desenvolvimento adequado a cada contexto de cada país alvo através da participação das respectivas comunidades e da sua formação, o que está de acordo, aliás, com a filosofia dominante das acções de cooperação.

Fonte: Relatório de Actividades 1998 e 1999.

COOPERAÇÃO TÉCNICO-MILITAR

COOPERAÇÃO TÉCNICO-MILITAR
NO ÂMBITO DA CPLP

António Emílio Ferraz Sacchetti
Pedro Borges Graça
Maria Francisca Gil Saraiva

I. Introdução

1. *Evolução do ambiente internacional*

Se pretendêssemos seleccionar apenas duas das grandes áreas de questões que caracterizam a actualidade, poderíamos muito bem escolher o processo de globalização, na sua generalidade, e os movimentos de pessoas e de grupos humanos.

São talvez os mais importantes fenómenos destas décadas de passagem de milénio e que apresentam de comum a preocupante singularidade de não terem paternidade nem sede e de fugirem ao controlo dos governos nacionais e das Organizações Internacionais criadas para reforçar o poder individual dos Estados ou para apoiar o desenvolvimento humano.

Dizia um jornal de Washington de 19 de Fevereiro de 2001: *Na realidade, "globalismo" significa o fim da soberania das nações a favor de uma "coutada mundial" administrada por elites que não prestam lealdade a parte alguma mas que exercem o controlo em toda a parte. Os globalistas prosseguem os seus objectivos seguindo persistentemente o método dos pequenos passos*[227].

---

[227] CHARLEY REESE, *Globalism Means End to Nation States*, in *Spotlight*, 19 de Fevereiro de 2001.

Embora sejam imparáveis os avanços em todas as áreas do saber e sejam notáveis as maravilhas que o desenvolvimento tecnológico constantemente nos oferece, o certo é que o reverso da medalha, sentido com alguma acuidade desde a revolução industrial, apresenta hoje uma face muito grave.

Acentuam-se a um ritmo surpreendentemente acelerado os desequilíbrios entre ricos e pobres, entre as sociedades de desperdício e as muito mais numerosas sociedades que vivem com carências gritantes, os desequilíbrios na área dos alimentos, da saúde, da educação, do ambiente, do acesso ao conhecimento, enfim, de quase todos os factores que podem contribuir para a valorização da dignidade do homem e para a promoção do seu bem-estar.

Isto acontece porque as referidas elites que comandam a globalização, elegem os seus egoístas interesses materiais como objectivos do desenvolvimento e ignoram totalmente os valores, mesmo os valores das culturas onde se movem e que deveriam servir, se não se servissem a elas próprias. E tudo foge ao controlo dos governos que ajudámos a eleger e que gostaríamos que nos protegessem.

Por outro lado, estamos a viver um período já demasiado prolongado, sem quaisquer objectivos políticos de médio ou longo prazo que sejam mobilizadores, e sem qualquer grande projecto que entusiasme, congregue e oriente os esforços dos indivíduos e dos grupos nacionais, ou da comunidade internacional.

O horizonte político dos governos é, no máximo, o período de uma legislatura e, mesmo assim, actuam tarde, numa dolorosa acção curativa de males que não conseguiram evitar através de uma acção preventiva inteligente.

O complexo fenómeno do movimento de pessoas também está, em grande parte, relacionado com aspectos importantes da globalização e do desenvolvimento.

A dimensão e as razões desta mobilidade permanente são as mais variadas: os jovens que vão estudar no estrangeiro ou que buscam um emprego adequado ao já alto nível das suas capacidades; as fugas ao desemprego que tanto a diluição das fronteiras como a criação de estruturas internacionais comuns proporcionam; as migrações económicas clandestinas como as que ocorrem no Mediterrâneo, onde se perdem por ano cerca de 500 navios, alguns de razoável porte como o que em Fevereiro de 2001 naufragou na Côte d'Azur; os deslocados das zonas de catástrofes naturais; as grandes marés humanas fugindo às guerras ou às opressões políticas; os refugiados que pedem asilo político, etc.

As consequências destas deslocações são tão diversas quanto as suas causas: famílias perturbadas pela separação; questões sociais nos países de acolhimento; formação rápida de sociedades multi-étnicas e multiculturais, muitas vezes tidas como ameaça à identidade cultural do país de asilo; dificuldades de integração ou em proporcionar o pluralismo na educação e na religião; percepção de maior instabilidade e insegurança.

As fronteiras caem ou são desrespeitadas e as distâncias encurtam-se. A maioria destes problemas tem vindo a atingir, e continuará certamente a atingir, grandes sectores da população mundial em todos os continentes.

2. *Objectivo da cooperação*

É sobre essas medidas que devem incidir as acções de cooperação.

Tendo sido já ultrapassados certos preconceitos, incompreensões e ressentimentos herdados do período colonial, a cooperação deve alicerçar-se na solidariedade, que tanto se procura reforçar neste mundo perturbado que acaba de entrar num novo milénio, tirando partido, precisamente, da secular relação histórica e cultural que une os povos.

É uma atitude que nada tem de neo-colonialismo. É antes uma atitude de parceria pós-colonialista que procura valorizar tudo o que une, tudo o que foi criado de positivo num longo período de história comum.

Independentemente da fixação posterior dos objectivos políticos e da definição das acções pontuais a desenvolver para apoio aos países africanos, poderão resumir-se em estabilidade e paz os grandes valores que inicialmente é fundamental garantir. Só então se poderão tomar as medidas necessárias ao desenvolvimento económico e à criação de bem-estar social de que quase todas as populações estão tão carenciadas.

E ao falar de estabilidade e paz como primeira preocupação, terá que se procurar, como é evidente, garantir e dar credibilidade ao diálogo político, organizar a segurança e a defesa nacionais, transformar os grupos armados de fidelidades diversas em Forças Armadas nacionais.

A cooperação técnico-militar, nomeadamente no que se refere à definição do ordenamento jurídico da organização superior da Defesa

Nacional e à organização de umas Forças Armadas nacionais inseridas no Estado, subordinadas ao poder político, conhecedoras dos princípios da ética militar e profissionalmente valorizadas, contribuirá decisivamente para o desenvolvimento do espírito nacional e para a formação de uma elite nacional de que quase todos os jovens Estados muito necessitam.

Os sucessos bilaterais mais simples que forem sendo conseguidos terão repercussões positivas e serão incentivos para o desenvolvimento de acções mais amplas e complexas, de âmbito multilateral.

II. A Cooperação Militar com os Países de Língua Portuguesa

1. *A Evolução do Sistema da Cooperação Portuguesa*

O conceito de cooperação (aplicado às relações internacionais e associado ao processo de descolonização) despontou no início dos anos 60, definindo, na sua forma ideal, uma dinâmica de contribuição altruísta dos países ex-colonizadores para o desenvolvimento das suas ex-colónias entretanto transformadas em Estados independentes. Quando se deu o 25 de Abril de 1974 essa dinâmica encontrava-se pois integrada na conjuntura internacional há mais de uma década e Portugal iniciou um processo de alinhamento com a corrente. Esse processo levaria ainda uma outra década até se atingir uma plataforma de sustentação institucional e financeira que desencadearia depois o arranque efectivo daquilo a que podemos chamar Política de Cooperação.

Com efeito, é possível assinalar a existência, até ao momento, de duas grandes fases da Política de Cooperação portuguesa. O marco separador situa-se entre os anos de 1984 e 1986, data da entrada de Portugal para a Comunidade Económica Europeia.

A primeira fase é a do difícil reatamento de ligações com os PALOP, após uma descolonização "traumática" tanto para os colonizadores como para os colonizados.[228] No âmbito externo, não só as "feri-

---

[228] Adriano Moreira definia assim operacionalmente, em 1984 (numa comunicação às primeiras jornadas de Tropicologia da Fundação Joaquim Nabuco), o conceito de cooperação: *"Nome da política de reatamento das ligações com os Estados de Expressão Portuguesa"*. (in ADRIANO MOREIRA, *Condicionamentos Internacionais da Área LusoTropical*, Recife, Fundação Joaquim Nabuco/Editora Massangana, 1985, p. 18).

das de guerra" necessitaram de tempo para sarar como também existiram factores consistentes de dissociação, nomeadamente o conflito leste--oeste que integrou nas suas áreas de confluência as (ex)colónias portuguesas. A URSS (e respectivos "satélites") acabou por exercer uma efectiva influência nos PALOP após as independências, ocupando durante vários anos (até à sua "implosão" no final dos anos 80), através dos seus próprios mecanismos de cooperação, a maior parte do espaço político-ideológico e administrativo dos novos Estados; por outro lado, ficou pendente, para negociação, um conjunto de dossiers relacionados com os interesses portugueses aí remanescentes, como por exemplo Cahora Bassa. No âmbito interno, a instabilidade política e governativa (15 governos, entre provisórios e constitucionais, em 10 anos) e uma crise económico-financeira prolongada foram porventura as maiores dificuldades da construção do *sistema da cooperação portuguesa*.

O *sistema da cooperação portuguesa* começou a ser formalmente esboçado no último dia do ano de 1974, quando foi criado, junto da Presidência da República, o Gabinete Coordenador para a Cooperação (Decreto-Lei n.° 791/74), ao mesmo tempo que a Comissão Nacional de Descolonização (Decreto-Lei n.° 792/74).[229] O Gabinete Coordenador para a Cooperação pretendia ser o núcleo central de estudo, programação e acompanhamento das acções de cooperação dos "diferentes departamentos de Estado" e ser também por estes informado das "variadas matérias que hajam de constituir objecto de acordos de cooperação a negociar com os novos países" (art. 3.°, §2).[230] No entanto, este Gabinete viria apenas a ser a primeira iniciativa de uma série de "indecisões" políticas quanto ao modelo do sistema de cooperação a adoptar, as quais

---

[229] Note-se no entanto que nos primeiros acordos com os movimentos de libertação se encontrava já inscrito, a título prospectivo, o princípio da cooperação. Por exemplo, o Acordo de Lusaka com a Frelimo, assinado em 7 de Setembro de 1974, terminava com a seguinte afirmação: *"A Frente de Libertação de Moçambique, que no seu combate sempre soube distinguir o deposto regime colonialista do povo português, e o Estado Português desenvolverão os seus esforços a fim de lançar as bases de uma cooperação fecunda, fraterna e harmoniosa entre Portugal e Moçambique"* (art. 19.°).

[230] É de assinalar que essas matérias estavam enunciadas de modo geral no diploma, destacando-se, por exemplo, as bolsas de estudo, o envio de professores e técnicos, o desenvolvimento de novas metodologias de ensino da língua portuguesa e mesmo o "estabelecimento, em base voluntária, de uma comunidade cultural e eventualmente política".

passaram inclusivamente pela criação de um Ministério da Cooperação que durou cerca de 10 meses.[231] Este constituiu de facto a única tentativa de centralização institucional do *sistema da cooperação portuguesa*. A partir daí tornou-se comum defender a sua natureza *descentralizada*, considerada como vantajosa não obstante a dispersão de energias e recursos pelas dezenas de organismos do Estado apontados como "vocacionados" para a cooperação.[232]

Sem qualquer estudo estratégico, o *sistema da cooperação portuguesa* evoluiu assim de forma empírica com um **activo de acordos e declarações generosas** e um **passivo de realizações**. Com efeito, entre 1975 e 1977 foram assinados cerca de 40 Acordos de Cooperação com os PALOP, sendo de salientar que destes apenas um foi celebrado com Moçambique (Acordo Geral de Cooperação, em 7 de Maio de 1975) e nenhum se firmou com Angola.[233] Num estudo algo raro na altura, Luís Ferreira Leite não só observava que vários desses acordos albergavam disposições que confundiam matérias de cooperação e de descolonização (fruto das circunstâncias e de alguma inexperiência), mas também identificava a sua essência no que respeitava à relação que Portugal pretendia estabelecer com os PALOP:

---

[231] O Ministério da Cooperação, criado pelo VI Governo Provisório (25 de Setembro de 1975), foi extinto pelo I Governo Constitucional (23 de Julho de 1976), o qual no seu programa (III, G, 3.1) se referia às relações "particularmente difíceis" com Angola e Moçambique e, para ultrapassar a situação, propunha o seguinte: "desdramatizar os problemas existentes e tratá-los de forma não ideológica, no respeito mais escrupuloso pelas soberanias e pelos interesses respectivos em termos de igualdade. Nesse sentido foi extinto o Ministério da Cooperação, e os assuntos de interesse comum serão tratados, como é normal, no âmbito do Ministério dos Negócios Estrangeiros." O MNE viu assim anulado um mecanismo considerado como "diplomacia paralela" que se interpunha directamente na sua tradicional esfera de competências.

[232] A ideia fundamental era a de que as "extensões ultramarinas" dos Ministérios (entretanto "retornadas" à metrópole) detinham um capital específico de experiência e conhecimento que facilitavam as relações sectoriais com os organismos congéneres das ex-colónias.

[233] Cfr. Luís FERREIRA LEITE, *Introdução ao Direito da Cooperação*, Lisboa, Moraes Editores, 1979, pp. 125-127. (Acordos Gerais e também Acordos Especiais do seguinte tipo: consulares; pessoas e bens; judiciários; saúde; correios e telecomunicações; metereologia; cartografia e navegação, em cujo âmbito se previu já situações do domínio da cooperação militar; ensino e formação profissional; seguros; interesses empresariais; migração; transportes aéreos; pesca; empréstimos e donativos. É sintomático, face ao receio do "neocolonialismo", que apenas tenha sido assinado um Acordo Cultural, e precisamente com Cabo Verde).

Cooperação Técnico-Militar no âmbito da CPLP 221

"Admitiu-se e consagrou-se o princípio da reciprocidade para a concessão e a recepção da cooperação, mas tendo em conta tal princípio como uma declaração de boa vontade e que, em uma primeira fase, somente era previsível que fosse unilateralmente aplicável, isto é, da concessão por Portugal e recepção pelos outros países."[234]

Para consolidar o desejado reatamento das ligações, estabeleceu-se também na época o método *das consultas mútuas regulares* e das *comissões mistas*, mas nos finais dos anos 70 a dinâmica ainda não se encontrava minimamente implantada. Reajustamentos constantes, à velocidade da sucessão de governos, deram origem a um conjunto de *instituições de duração limitada* que se sobrepuseram nas suas competências, traduzindo na verdade uma efectiva descoordenação do sistema.[235] Como medidas tendentes a solucionar o problema, a reestruturação do Instituto para a Cooperação Económica (ICE) e a criação da Direcção Geral de Cooperação (DGC), no final de 1979, e a institucionalização da Secretaria de Estado da Cooperação e Desenvolvimento em 1981, representaram a tentativa de estabelecimento de um núcleo eficaz de coordenação do sistema no MNE. Tal núcleo não responderia contudo ao desafio que se lhe apresentava e, com o cenário efectivo da entrada de Portugal para a Comunidade Económica Europeia e a necessidade urgente de se definir a "triangulação" com os PALOP, proliferaram as críticas à *política* e ao *sistema da cooperação portuguesa* nas reflexões então produzidas no seio de um conjunto de instituições oficiais e não-oficiais.[236] A tónica foi

---

[234] Idem, p. 123

[235] Luís Ferreira Leite propunha que tal descoordenação fosse solucionada com a afectação ao Conselho de Ministros das "funções de coordenação interministerial da cooperação e de incentivo da mesma" (idem, p.115). Em 1978, referindo-se ao mesmo problema, Manuel Amador Coelho falava de "institucionalizar a cooperação (...) no sentido de racionalizar e de dar forma actuante a uma nova política de cooperação no âmbito das nossas relações externas", defendendo o reaparecimento da *direcção geral de cooperação* (existente no ex-Ministério da Cooperação e anunciada no programa do segundo Governo Constitucional) no MNE e colocados na sua dependência todos os organismos vocacionados para a cooperação, incluindo a Junta de Investigações Científicas do Ultramar e o Instituto de Medicina Tropical. (MANUEL JOAQUIM AMADOR COELHO, *Por uma Política de Cooperação nas Relações Externas de Portugal*, in *Democracia e Liberdade*, Junho de 1978 (pp. 27-45), p. 42).

[236] Cfr. PEDRO BORGES GRAÇA, *A Informação Cultural de Portugal (Introdução ao seu estudo no contexto lusófono e internacional)*, in *Estratégia*, vol IV, 1992 (pp. 189-297), p. 237.

praticamente unânime no problema da dispersão e descoordenação dos organismos, situação que Adriano Moreira apontava então como de difícil resolução "enquanto não se criarem hábitos de coordenação que deveriam ser a regra de qualquer governo, em qualquer época e em qualquer país."[237]

A este ambiente não foi portanto estranha a criação no âmbito do MNE, em 1985, da Comissão Interministerial para a Cooperação, da Comissão Consultiva para a Cooperação e da "nova" Secretaria de Estado dos Negócios Estrangeiros e Cooperação. Parece ser possível afirmar que a estrutura político-institucional do *sistema da cooperação portuguesa* ficou basilarmente construída nessa altura. Esta plataforma de sustentação institucional e financeira, aliada ao novo estatuto e poder funcional de Portugal nas relações internacionais enquanto membro da Comunidade Económica Europeia, marcaria assim o início de uma nova fase de relacionamento com os PALOP.

O *sistema da cooperação* seria depois reforçado em 1991 com o Fundo para a Cooperação Económica (no contexto das altas expectativas levantadas pelo processo de paz em Angola) e com o Instituto Camões. Manteve-se contudo o problema da descoordenação e, em 1994, reestruturou-se o núcleo central fundindo o ICE e a DGC no "novo" Instituto da Cooperação Portuguesa.

A reforma global do *sistema* viria nos anos de 1998 e 1999, sob o signo de "uma nova política de cooperação", mas, decorridos dois anos, ainda é cedo para se avaliar se de facto se iniciou uma nova fase marcada pela eficácia e coordenação.

De qualquer modo, os *inputs* realmente novos são significativos: orçamento integrado, conselho de ministros especializado e documento de orientação estratégica.[238] Este último – *A Cooperação Portuguesa no*

---

[237] ADRIANO MOREIRA, op. cit., p. 24. Pela evidente circunstância, é interessante notar que Jaime Gama (então ex-MNE) se incluía nos críticos à descoordenação do *sistema*: "Enquanto não houver *programação integrada* (sublinhado nosso) das acções de cooperação a realizar pelos diferentes departamentos do Estado, enquanto a cooperação não tiver adequado suporte orçamental e enquanto a administração não for capaz de estruturar um diálogo concertado com os agentes económicos, o papel de Portugal em África não terá a amplitude construtiva que seria desejável. O que se passa é mesmo, em muitos casos, escandaloso." (JAIME GAMA, *A Ajuda Pública ao Desenvolvimento e o Papel da Cooperação Portuguesa no Contexto das Comunidades Europeias*, in *Desenvolvimento*, n.º 4, Novembro de 1986 (pp. 17-25), p. 21)

[238] É discutível que a *Agência Portuguesa de Apoio ao Desenvolvimento* e o

Limiar do século XXI[239] – traduz com efeito um mudança substancial na concepção, nos objectivos e nas prioridades da política de cooperação portuguesa. Dois pontos fundamentais chamam desde logo a atenção: a *desnacionalização* das anteriores *linhas de orientação política de cooperação para o desenvolvimento*, agora alinhadas estritamente com as orientações do Comité de Ajuda ao Desenvolvimento da OCDE;[240] a *vontade* de que a cooperação portuguesa extravase a área dos PALOP para "outros países e outras regiões, a que estamos, indelevelmente, ligados por laços profundos, em África, na Ásia e na América Latina."

Esta é de facto uma nova visão da política de cooperação portuguesa, centrada naquilo que parece ser um *projecto político exclusivo* do Ministério dos Negócios Estrangeiros. A *atitude* está patente na seguinte observação de Luís Amado a propósito da tradicional descoordenação do *sistema de cooperação*:

Secretariado Executivo da Comissão Interministerial para a Cooperação sejam mais que "liftings". É no entanto de salientar que a este último (presidido pelo próprio presidente do ICP) se atribuem competências de controlo e avaliação da execução, nomeadamente orçamental, de *todos os organismos de todos os ministérios* envolvidos em acções de cooperação. Só o tempo dirá se tal função será assimilada, com ou sem sobressaltos, por todos os interessados. Note-se que, tal como no passado, **o núcleo central do *sistema* (que é neste momento o ICP) possui um estatuto "sub-nivelado" relativamente às secretarias de estado e aos ministérios, o que é um factor disfuncional, pela natureza da relação, na cooperação intra-governamental.**.

[239] Resolução do Conselho de Ministros n.º 43/99 de 18 de Maio. (Cfr. versão policopiada, 57p., em www.min-nestrangeiros.pt/mne/portugal/icoop/seculo21/principal.html)

[240] **Os objectivos** (assinalados no documento como *específicos de curto prazo e hierarquizados*) **são agora**: 1.º Reforçar a Democracia e o Estado de Direito; 2.º Reduzir a pobreza, promovendo as condições económicas e sociais das populações mais desfavorecidas, bem como, desenvolver as infra-estruturas necessárias ao nível da educação; 3.º Estimular o crescimento económico, fortalecendo a iniciativa privada; 4.º Promover o diálogo e a integração regionais; 5.º Promover uma parceria europeia para o desenvolvimento humano.

Os objectivos eram antes: Promover a melhoria das condições de vida das populações dos países em desenvolvimento e da consolidação da democracia e do Estado de Direito; Actuar a nível da União Europeia, como agente de sensibilização para os problemas do continente africano, assumindo uma postura político-diplomática de promoção e aprofundamento do diálogo euro-africano; Intervir prioritariamente a favor dos PALOP; Desenvolver um bom relacionamento entre Portugal e os PALOP, com base na coordenação política e diplomática e aproveitando os laços de língua, de cultura e de confiança existentes.

"Fora o sector da cooperação técnico-militar, a generalidade da cooperação tem vivido envolvida num manto de alguma clandestinidade, sobretudo em relação ao controlo político que deve existir e ser assumido pelo Ministério dos Negócios Estrangeiros, responsável por definir, orientar e conduzir a política externa portuguesa e, também, a política de cooperação."[241]

É justo o reconhecimento do caso de excepção do subsistema da cooperação militar na evolução do sistema da cooperação portuguesa. A organização, o planeamento, a coordenação e a execução rigorosa são valores intrínsecos da cultura organizacional militar e por isso não constitui verdadeira surpresa que a cooperação neste domínio se venha desenvolvendo a um ritmo contínuo e com progressos evidentes, "queimando etapas" na dinâmica prolongada da integração lusófona.

Face ao *problema crónico da descoordenação do sistema da cooperação portuguesa*, parece ser portanto desejável e sobretudo do interesse nacional que o lugar e o papel do subsistema da cooperação militar seja devidamente preservado e apoiado; e que não venha a ser de algum modo importado o caso francês da transição da tutela da cooperação técnico-militar do Ministério da Defesa para o Ministério dos Negócios Estrangeiros, conforme se encontra notado no *documento de orientação estratégica* atrás mencionado. Com efeito, as relações internacionais são complexas demais para serem reduzidas ao domínio restrito da diplomacia; neste, corre-se o elevado risco de que o *tempo demorado* das negociações seja ultrapassado pelo *tempo acelerado* dos acontecimentos.

2. *O Subsistema da Cooperação Militar*

2.1. *Propósito e natureza da CTM*

Ao referir de uma forma mais detalhada as acções de cooperação militar que se vêm desenvolvendo, parece oportuno e adequado fazer umas considerações prévias.

---

[241] Luís Amado, *A CPLP e a Política Externa Portuguesa*, in *A Comunidade dos Países de Língua Portuguesa* (Seminário no Instituto de Altos Estudos Militares em 10-11de Dezembro de 1998), Lisboa, Edições Atena/IAEM, 1999 (pp. 115-127), p. 124.

Primeiro, recorda-se que Portugal facilmente poderá recuperar a tradição do seu relacionamento com o Sul iniciado há seis séculos. É um relacionamento que foi persistentemente edificado por largos sectores de gerações sucessivas de portugueses e que se deve fomentar, tanto no âmbito político, como no económico ou no cultural.

Segundo, salienta-se que esse relacionamento apresenta hoje características inteiramente diferentes, pois tem uma motivação e um objectivo que não procuram o engrandecimento próprio mas sim a consolidação da formação dos novos Estados irmãos.

Terceiro, reconhece-se que ao assumir esta responsabilidade da cooperação Portugal tem, por um lado, consciência das limitações das suas capacidades materiais mas, por outro, sente o grande valor que representa uma atitude solidária alicerçada num longo passado construído em comum, com uma facilidade de entendimento que lhe é proporcionada por alguns valores culturais também comuns e ainda por uma afectividade genuína.

Quarto, verifica-se que as minorias dos países africanos de língua portuguesa que se deslocam a Portugal no âmbito da cooperação, ou que emigram para Portugal, fortalecem e ajudam a perpetuar os laços históricos, culturais e económicos que nos unem.

2.2. *Os mecanismos da cooperação*

A Cooperação Técnico-Militar teve início em 1978, com grande moderação, não só por razões políticas e psicológicas relacionadas com a proximidade da data da independência dos Países Africanos de Língua Portuguesa, como também por não terem sido logo definidas todas as áreas que a cooperação poderia abranger. Mas, partindo de alguns pedidos pontuais, isolados, sem programas definidos mas sempre concretizados com muito entusiasmo, rapidamente a cooperação militar se foi intensificando e diversificando. E, apesar do ambiente de conflito militar dos cerca de 14 anos que precederam as independências de alguns dos novos Estados, é precisamente na cooperação militar que tem havido maior abertura, maior entendimento e, talvez, mais positivos resultados.

Os marcos que formalizaram o arranque da cooperação militar com cada um destes países, foram os seguintes[242]:

---

[242] JORGE BACELAR GOUVEIA, *Acordos de Cooperação entre Portugal e os*

1978 – (26 de Junho) Acordo Geral de Cooperação Luso-
-**Angolano** (com base neste acordo foram desenvolvidas algumas
acções de cooperação técnico-militar – ver *1996, 3 de Outubro*);

1988 – (13 de Junho) Acordo de Cooperação no Domínio
Técnico-Militar com **Cabo Verde**;

1988 – (21 de Dezembro) Acordo de Cooperação no Domínio
Técnico-Militar com **São Tomé e Príncipe**;

1988 – (7 de Dezembro) Acordo de Cooperação no Domínio
Técnico-Militar com **Moçambique**;

1989 – (5 de Março) Acordo de Cooperação no Domínio
Técnico-Militar com a **Guiné-Bissau**;

1996 – (3 de Outubro) Acordo de Cooperação Técnica no
Domínio da Defesa e Militar com **Angola**.

Para o estudo, planeamento, acompanhamento, análise e avaliação
do esforço português nesta modalidade de cooperação foi criado o Departamento de Cooperação Técnico-Militar, a funcionar na Direcção-
-Geral de Política de Defesa Nacional do Ministério da Defesa Nacional
(Decreto Regulamentar n.° 32/89, de 27 de Outubro).

Numa estrutura bilateral, foram criadas *Comissões Mistas Perma-
nentes de Cooperação* com cada um dos Estados: *Luso-Guineense, Luso-
-Caboverdeana, Luso-Sãotomense, Luso-Moçambicana e Luso-Angolana*.

A partir daí, a cooperação passou a desenvolver-se de uma forma
coordenada e programada segundo um esquema de *programas-quadro*.
Mais uma vez se considera de interesse indicar as datas em que os primeiros programas-quadro de cooperação no domínio militar foram assinados:

1 de Outubro de 1990, entre a Guiné-Bissau e Portugal

26 de Outubro de 1990, entre Cabo Verde e Portugal

13 de Dezembro de 1990, entre Moçambique e Portugal

8 de Julho de 1991, entre São Tomé e Príncipe e Portugal

3 de Outubro de 1996, entre Angola e Portugal

Todo o processo de entendimento com Angola, devido ao prolongado conflito interno e ao frequente envolvimento das forças militares

---

Estados Africanos Lusófonos, 2ª. Edição, Lisboa, Cooperação Portuguesa e Revista
de Cooperação, 1998, e TGen. António Gonçalves Ribeiro, *Da Ponte Aérea à
Cooperação*, Lisboa, Direcção-Geral de Política de Defesa Nacional, 3 de Novembro
de 2000, pp. 56 e 57.

Cooperação Técnico-Militar no âmbito da CPLP

angolanas no exterior, tem sofrido atrasos, tem sido menos estruturado e mais irregular. Em consequência, a I Reunião da Comissão Mista só se realizou em 1997.

Foi também neste mesmo ano de 1997 que se deu um novo e importante passo no alargamento e aprofundamento da cooperação, segundo um conceito que se designou de *Globalização*[243] e que, para além de definir novos objectivos sem abandonar o método dos programas--quadro, consistia fundamentalmente em passar de sistemas bilaterais de cooperação entre Portugal e cada um dos PALOP para um sistema multilateral de seis países, tendo o Brasil como observador.

No âmbito deste novo sistema multilateral de Globalização da Cooperação Técnico-Militar realizou-se a I Reunião Ministerial, em 20 e 21 de Julho de 1998, no Forte de S. Julião da Barra.

No início do milénio, em Janeiro de 2001, os programas-quadro que estavam em curso continham 30 projectos, 6 por cada país, que incluíam cerca de 39 subprojectos.

O objecto deste estudo é a Cooperação *Técnico-Militar*. Contudo, não poderá deixar de se referir que as Forças Armadas, nomeadamente a Marinha através do Instituto Hidrográfico, têm estado envolvidas em outras acções de cooperação, destacando-se[244]:

1976 – (16 de Fevereiro) Acordo de Cooperação nos Domínios do Desenvolvimento Marítimo, Cartografia e Segurança da Navegação, com a República de **Cabo Verde**;

1977 – (27 de Maio) *Idem*, com a República da **Guiné--Bissau**;

1988 – (13 de Junho) Acordo de Cooperação nos Domínios do Desenvolvimento Marítimo, Hidrografia, Cartografia, Segurança da Navegação e Oceanografia, com **Cabo Verde**;

1990 – (1 de Outubro) Acordo de Cooperação nos Domínios do Desenvolvimento Marítimo, Hidrografia, Cartografia Náutica, Segurança e Ajudas à Navegação e Oceanografia, com a **Guiné--Bissau**.

Note-se, no entanto, que a organização do Sistema de Ajudas à Navegação Marítima de São Tomé, da responsabilidade da Marinha e que incluiu o notável trabalho, em três anos, da recuperação de cinco faróis

---

[243] TGEN. ANTÓNIO GONÇALVES RIBEIRO, op. cit., p. 67.
[244] JORGE BACELAR GOUVEIRA, op. cit..

e farolins antigos e da construção de mais doze novos faróis e farolins, já constituiu um projecto do programa-quadro 1995-1998 da CTM com São Tomé e Príncipe. A cerimónia de entrega deste sistema de farolagem realizou-se em 30 de Outubro de 1997[245].

A cooperação tem vindo a incluir tipos de acções bastante diversos que, de uma forma muito genérica, se poderão agrupar nas modalidades seguintes:

     a. Missões técnico-militares de estudo, planeamento e de assessoria técnica;

     b. Formação de pessoal; a partir de 1997 incluiu a cooperação técnico-militar no quadro da prevenção de conflitos e da manutenção da paz em África;

     c. Fornecimento de material;

     d. Construção e recuperação de infra-estruturas;

     e. Outros tipos de acções.

As missões técnico-militares e a assessoria técnica têm vindo a tratar temas relacionados com as mais diversas áreas: organização superior da Defesa Nacional e das Forças Armadas, legislação militar, engenharia militar, comunicações militares, saúde militar, organização de comandos e sistemas como o da Guarda Costeira, cartas topográficas e hidrográficas, informatização da Força Aérea, fardamento, apoio ao ensino da língua portuguesa nas Forças Armadas, etc..

A formação de pessoal é uma das mais importantes e talvez a mais regular das actividades da CTM. A maioria dos PALOP, assim como muitos dos países africanos seus vizinhos, vivem uma grande instabilidade que inviabiliza a consolidação das estruturas administrativas, a melhoria do bem-estar social e o desenvolvimento económico. Nestas circunstâncias a atitude das Forças Armadas tem uma importância fundamental.

O programa de formação e treino operacional que se vem realizando visa, principalmente, organizar as Forças Armadas, propor a sua subordinação ao poder político, salientar o papel das Forças Armadas como factor estruturante do Estado e da sociedade, contribuir para o prestígio da instituição militar, melhorar a capacidade operacional das suas unidades e valorizar os seus elementos.

---

[245] Cfr. CTEN. VICTOR COLA DUARTE, *O Sistema de Ajudas à Navegação Marítima de São Tomé e Príncipe, Revista da Armada*, Lisboa, Marinha, Agosto de 1998, pp. 12 e 13.

A formação do pessoal tem sido ministrada através da frequência de cursos em Portugal, ou promovendo a deslocação aos PALOP de Unidades Móveis de Instrução, ou ainda realizando programas de treino operacional e de exercícios combinados.

Formação em Portugal (1991-1999)

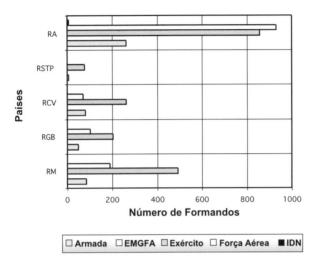

Formação nos PALOP (1991-1999)
Número de Formandos

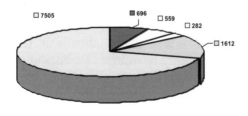

Embora a Marinha, excepcionalmente, tenha contribuído para a formação de mais elevado número de militares angolanos em Portugal, o maior esforço na formação de pessoal, quer em relação a todos os outros Estados, quer na globalidade, recaiu sobre o Exército.

Formação em Portugal (1991-1999)
Número de Formandos

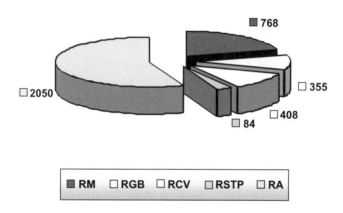

Nota: No que diz respeito à formação nos PALOP, não foram divulgados os dados estatísticos, referentes à distribuição por ramos, para o ano de 1998.

A República de Angola foi o Estado que, com grande diferença em relação a todos os outros, teve maior número de formandos, quer em Portugal, quer no seu próprio território. O reduzido número de formandos de São Tomé e Príncipe, Cabo Verde e Guiné-Bissau, é uma consequência natural da pequena população destes Estados.

Gradualmente têm vindo a ser concebidas *acções complementares de formação*, assim como tem sido ampliado o âmbito das matérias a tratar nos programas de formação e se têm diversificado os métodos a seguir no ensino ou no treino.

Nesta ordem de ideias, em 1991 foram criados os Prémios Ministro da Defesa Nacional destinados a galardoar os alunos dos PALOP que finalizem com mais altas classificações os seus cursos na Escola Naval, na Academia Militar e na Academia da Força Aérea.

Por Despacho do Ministro de Defesa Nacional de 30 de Dezembro de 1992 foi institucionalizada a realização de reuniões de convívio dos formandos em Portugal.

Em 1995 foram alargadas as matérias e o nível da formação, nomeadamente nas áreas da segurança e da defesa, por intermédio de seminários e de conferências destinados a sensibilizar os quadros superiores dos PALOP, civis e militares; apenas para dar uma indicação do interesse desta acção, refere-se que alguns elementos dos PALOP começaram a frequentar o Instituto de Defesa Nacional de Lisboa, que tem apoiado a criação do Instituto de Defesa Nacional em Angola e que as conferências proferidas trataram temas como "As Forças Armadas, Transição para a Paz e Desenvolvimento" (1995, Angola), "Enquadramento Estratégico da África Austral" (1996, Angola), "Condicionantes Actuais da Segurança e Suas Implicações na Defesa dos Estados" (Moçambique, 1995), "A Defesa Nacional e o Papel das Forças Armadas numa Sociedade Democrática" (Moçambique, 1995), etc..

Também já se referiu que em 1997, e mais concretamente após a I Reunião dos Ministros da Defesa dos seis países lusófonos, estando o Brasil presente como observador, foi decidido dar início a uma outra forma de cooperação multilateral para satisfação de novos objectivos relacionados com a mais recente evolução do ambiente internacional.

Dos objectivos então definidos, dois revestem-se de especial importância: a preparação de Unidades das Forças Armadas para actuação em operações humanitárias e operações de apoio à paz, e a criação de um Centro de Análise Estratégica em Maputo e com núcleos em cada um dos países.

Deste modo, tem havido a preocupação de apoiar as Forças Armadas e os quadros superiores da administração do Estado no estudo e análise das relações internacionais, nomeadamente nos aspectos mais restritos relacionados com o ambiente internacional africano, de as sensibilizar para a resolução pacífica dos conflitos e de as preparar para melhor colaborar nas acções para o restabelecimento, manutenção ou imposição da paz, decididas em organizações internacionais de reconhecida competência como a ONU e a OUA.

Para além do ensino de procedimentos e de doutrinas tácticas conjuntas e combinadas, Portugal tem apoiado a realização de exercícios

232   *Cooperação Técnico-Militar*

regionais multinacionais, nomeadamente o exercício *Blue Crane*, organizado pela República da África do Sul entre 7 e 15 de Abril de 1999, com a participação de 4.965 homens de 11 países da África austral, e o exercício *Gabão 2000*, com a participação de 1.259 homens de oito países da Comunidade Económica dos Estados da África Central (CEEAC), da qual São Tomé e Príncipe é o único membro, entre os PALOP[246].

Para além do interesse que estas acções têm para cada um dos países, elas acabam por ser também um modo de apoiar a iniciativa da OUA anunciada durante a Cimeira do Cairo de 1993, de institucionalizar um *Mecanismo de Prevenção, Gestão e Resolução de Conflitos*, para o que ainda hoje não foram encontrados recursos materiais nem capacidade de coordenação política.

Julga-se que o debate sobre estes temas e o treino para o exercício deste tipo de cooperação internacional deveriam ser mais intensificados, pois muito contribuem para elevar o prestígio nacional, para favorecer a estabilidade interna dos Estados e para melhorar o tão precário ambiente de segurança regional.

No que se refere às acções que foram identificadas como "fornecimento de material" e "construção e recuperação de infra-estruturas", a lista dos fornecimentos e das intervenções já realizadas e das que estão em curso, é enorme. Note-se que o material cedido não inclui armamento.

É interessante verificar que, por exemplo, no orçamento próprio da CTM para o ano de 1999 (o último ano de que há relatório) estas duas componentes da Cooperação Técnico-Militar, mais as duas já referidas (assessoria e formação de pessoal), consomem perto de 73% da verba total.

Como exemplos de outros tipos de acções de cooperação parece interessante mencionar os encargos com a frequência dos estabelecimentos militares de ensino (Colégio Militar, Instituto de Odivelas e Instituto Militar dos Pupilos do Exército) e com o internamento hospitalar em Lisboa de militares dos PALOP, quando no seu país não há os recursos necessários para o tratamento.

---

[246] No exercício *Blue Crane* participaram África do Sul, Angola, Botswana, Lesoto, Malawi, Moçambique, Namíbia, Suazilândia, Tanzânia, Zâmbia e Zimbabué; no exercício *Gabão 2000* participaram Burundi, Camarões, Chade, Congo, Gabão, Guiné Equatorial, República Centro Africana e S. Tomé e Príncipe.

É ainda importante referir que, desde Dezembro de 1988, estaciona em São Tomé um destacamento da Força Aérea Portuguesa com um Aviocar C-212. Tem por missão realizar transportes gerais, proceder a evacuações sanitárias entre as ilhas e cumprir acções de busca e salvamento no mar, de acordo com um Memorando de Entendimento entre os Governos de Portugal e de São Tomé e Príncipe, de 27 de Julho de 1988. Este é um encargo suportado não pelas verbas acima referidas, mas pelo orçamento da Força Aérea Portuguesa.

III. Contexto Local da Cooperação Militar

1. *Evolução do ambiente internacional, em África*

Por outro lado, nesta época que se caracteriza pela crescente complexidade das relações internacionais, pela aceleração do desenvolvimento económico, pela proliferação dos instrumentos da informação e pela intensificação das comunicações, a África continua a ser considerada «o continente esquecido».

Porém, teremos que admitir que esta afirmação denota uma certa hipocrisia do mundo mais desenvolvido.

Na realidade, a *África não é ignorada, porque são bem conhecidos os muitos problemas humanos chocantes que enfrenta. A África não é esquecida, porque é rica em recursos naturais, é útil e cobiçada. A África é desprezada e maltratada porque não tem poder*[247].

Os dois aspectos da evolução da situação internacional que anteriormente foram referidos marcam de forma particular o continente africano.

As relações do mundo ocidental ou do mundo industrializado com África, continuam a desenvolver-se predominantemente de acordo com objectivos económicos, ligados à exploração de recursos naturais e ao comércio. E a África é muito vulnerável à pressão das elites económicas e multinacionais.

Nos séculos XV e XVI a cultura ocidental pretendeu impor-se por aculturação dos povos que foi contactando. Foi um erro, uma atitude

---

[247] A. E. SACCHETTI, *A Comunidade Internacional 1997/1998, Segurança e Defesa*, Edições Culturais da Marinha, 2000, p. 47.

agora reconhecida como condenável. A cultura ocidental está hoje a ter uma difusão livre. Porém, é aceite timidamente, e quase exclusivamente nas suas vertentes económica e técnica, apresentando-se assim completamente desprovida de valores humanos, éticos e morais[248].

Entretanto, fala-se do diálogo de culturas e reconhecem-se as virtudes e a necessidade do diálogo de culturas. Mas, como se referiu, a cultura ocidental apresenta-se como o império da tecnologia, da finança e do mercado. E este é um império que domina mas que não governa nem tem interlocutores.

No que se refere ao apoio à organização política e administrativa dos Estados, ou à tentativa de resolução dos problemas globais e humanos mais gritantes, os países africanos têm sido deixados entregues às suas próprias dificuldades e incapacidades, com a evocação fácil da ideia de que não há o direito de intervir ou de impor fórmulas. Mas os países democráticos mais desenvolvidos sabem bem como é difícil a organização política da Nação e dispendiosa a administração geral do Estado.

Ora, sem segurança não há estabilidade e sem segurança e estabilidade não há desenvolvimento económico nem é possível a adopção das políticas sociais adequadas.

A adesão a valores, a interesses e a princípios que vão sendo divulgados pela informação globalizada ou que vão sendo impostos pelos sistemas económicos que penetram em toda a parte, são aceites pelas reduzidas elites das diversas comunidades, quando vêem nessa aceitação algumas vantagens. Mas não são entendidos nem interiorizados pelas comunidades que essas elites representam.

E assim, esses valores, reduzidos à condição de interesses de grupos dominantes, só teoricamente harmonizáveis, são causa de tensão não apenas entre as elites de diferentes Estados, como também entre aquelas e as comunidades que cada uma tem a responsabilidade de administrar ou orientar.

Fora da Europa, os valores ocidentais a que alguns dizem ter aderido têm um peso muito variável no jogo pelo poder regional ou até na vida interna de cada Estado.

E quem exibe esta bandeira dos valores importados, que não são sentidos mas que destronam os valores tradicionais, não deveria deixar

---

[248] Cfr. JOÃO PAULO II, Mensagem para o Dia Mundial da Paz – 1 de Janeiro de 2001, L'OSSERVATORE ROMANO, 23 de Dezembro de 2000, p. 7.

de considerar também *o esforço próprio do compromisso ético que todo o ser humano tem de fazer para levar a melhor sobre o próprio egoísmo e os seus limites*[249].

Na última década, todas as organizações internacionais importantes têm procurado privilegiar o diálogo como meio de resolução pacífica dos conflitos e até, numa atitude mais positiva ainda, como processo de prevenção de conflitos e de defesa preventiva.

É um propósito cuja concretização tem encontrado muitas dificuldades, nomeadamente em África, dadas as características dos conflitos e a natureza das forças que neles intervêm.

A maioria das guerras de África têm uma tripla característica de "guerra civil": são guerras civis porque são conflitos internos do Estado envolvendo facções da população que lutam entre si; são guerras civis porque atingem principalmente a população – mulheres, crianças e idosos; são guerras civis porque são feitas mais por grupos civis armados e por mercenários do que por exércitos regulares.

No ambiente de instabilidade e de conflitos em que a África vive é difícil a aplicação de planos de desenvolvimento e de melhoria de bem-estar de que quase todos os Estados africanos tanto carecem: habitação, alimentação, saúde, educação. A União Europeia vai receber em Bruxelas, de 14 a 20 de Maio de 2001, a LCD-III (III Conferência das Nações Unidas sobre os Países Menos Desenvolvidos). São 48 estes países, dos quais 33 são de África. Todos os países africanos da CPLP constam da lista[250].

Como causas dos conflitos podemos considerar factores predominantemente externos e outros factores essencialmente internos[251].

---

[249] Cf. João Paulo II, op. cit., p. 6.

[250] 33 países de África: *Angola*, Benin, Burkina Faso, Burundi, *Cabo Verde*, Chade, Comoros, Djibuti, Eritreia, Etiópia, Gâmbia, Guiné, *Guiné-Bissau*, Guiné Equatorial, Lesotho, Libéria, Madagascar, Malawi, Mali, Mauritânia, *Moçambique*, Niger, República Centro Africana, República Democrática do Congo, Ruanda, *São Tomé e Príncipe*, Serra Leoa, Somália, Sudão, Tanzânia, Togo, Uganda, Zâmbia. 9 da Ásia: Afeganistão, Bangladesh, Butão, Camboja, Iémen, Laos, Maldivas, Myanmar, Nepal. 5 da Oceânia: Kiribati, Samoa, Salomão, Tuvalu, Vanuatu. 1 das Caraíbas: Haiti.

[251] Sobre esta matéria, na generalidade, ver General Amadou Toumani Touré, antigo Chefe de Estado do Mali, *Conflitos Violentos e Prioridades da Cooperação em África,* comunicação apresentada na Conferência Internacional promovida pelo Instituto de Estudos Estratégicos e Internacionais (IEEI), Lisboa, Hotel Altis, 26 e 27 de Novembro de 1999.

Entre os factores externos ou que hoje facilmente se generalizam transpondo as fronteiras, salientam-se:

– O repatriamento de refugiados, sejam quais forem as razões dos grandes movimentos de populações;

– A reinstalação de populações deslocadas;

– A desmobilização de grande parte dos efectivos das Forças Armadas que excedem as necessidades de defesa e que são muito frequentemente a origem de conflitos internos ou que são utilizadas em prolongadas intervenções externas;

– O tráfico de armas, muito ligado ao da droga e ao das riquezas naturais, com especial relevo para os diamantes e marfim. Entre os factores de natureza interna, salientam-se:

– A falta generalizada de estruturas políticas e administrativas ou o deficiente exercício do poder legítimo com credibilidade e autoridade, leva as populações a intervir directamente nas coisas públicas, desenvolvendo a tendência para práticas ilícitas e convidando ao suborno ou à corrupção;

– A rivalidade entre grupos, principalmente entre os grupos que lutam pelo poder, prejudicando gravemente a coesão nacional;

– A frustração dos grupos excluídos e ignorados, mesmo quando não há perseguição;

– Relacionado com o ponto anterior, a incapacidade de fazer sentir a opinião, de influenciar o poder ou de evitar a injustiça, leva a escolher a violência como única forma de protesto;

– A instrumentalização das Forças Armadas quer pelo poder estabelecido quer por poderes ilegítimos, com justificação em razões culturais ou económicas, e muito facilitada pela falta de espírito nacional;

– dificuldade de reinserção de grande número de ex-combatentes, muito especialmente das crianças e adolescentes dos 6 aos 15 anos de idade;

– As diferenças culturais, a que se junta frequentemente o factor étnico, muitas vezes consequência do traçado das fronteiras herdadas mas que tem muito fraca aceitação regional e nacional, tudo isto agravado pela falta de tradição de resolução dos antagonismos pelo diálogo;

– A muito má gestão pública, esbanjadora e depredadora dos recursos, seguida de uma administração injusta e inequitativa dos bens. Não basta criar riqueza, é preciso administrá-la bem e distribuí-la com justiça e equidade.

Identificadas as causas mais importantes dos conflitos, podem deduzir-se as medidas para as combater e, com vantagem, as medidas para prevenir os conflitos, como passo fundamental para a criação de um ambiente de estabilidade, favorável ao desenvolvimento económico e humano.

É necessário que a prevenção e a tentativa de regulação política dos conflitos substitua o recurso fácil à violência.

2. *O Militarismo Africano e a Democracia Limitada*

O tão apontado factor externo (isto é, os interesses internacionais), como causa principal dos conflitos africanos, encontra-se sobrevalorizado. De facto, durante o período da guerra fria, esse factor condicionou a evolução da situação política interna dos Estados africanos, mas não é possível afirmar, num plano de objectividade científica, que determinasse mecanicamente a grande maioria dos conflitos. O Katanga, o Biafra, a Somália, Angola e Moçambique são apenas alguns exemplos da regra geral dos conflitos africanos. Os interesses internacionais estiveram presentes, mas a sua influência "no terreno" não teria sido possível se não existissem fracturas profundas, de natureza político-ideológica, e sobretudo económica e étnica, que predispunham e continuam a predispor as elites a mobilizar a massa dos combatentes.

Os conflitos actuais em África devem-se pois em grande medida a uma causa interna que está presente desde as independências: **a luta pelo poder por parte de grupos rivais das elites, motivados pelo domínio dos mecanismos de controlo dos recursos económicos**. Esse domínio traduz-se em benefícios imediatos e directos para os indivíduos que compõem esses grupos e respectivas bases sociais de apoio, as quais possuem uma dupla componente moderna (*clientela de tipo ocidental*) e tradicional (*clientela de tipo étnico*). Na verdade, no factor étnico, tão frequentemente desvalorizado e/ou ocultado pelas próprias elites africanas, reside uma considerável parte da explicação do problema. Contudo, como a Antropologia tem sido sistematicamente "excluída" após as independências, por ser considerada uma ciência colonialista, não tem existido uma real produção e acumulação de conhecimentos que permitam uma correcta avaliação do fenómeno da *intersecção étnica* presente na luta pelo poder em África. Uma das raríssimas excepções, e que aborda um caso lusófono, é o trabalho do francês Christian Geffray (recentemente falecido), *A Causa das Armas. Antropologia da Guerra Contemporânea em Moçambique*, trabalho esse que, na altura em que foi publicado, pouco antes do cessar-fogo entre a Frelimo e a Renamo, foi recebido com *frieza marginalizadora* nos meios da política e da "intelligentsia" moçambicana.[252]

Embora os conflitos nos países africanos lusófonos devam ser compreendidos neste contexto, o actual factor potenciador e dinamizador é concretamente a *democracia*, não obstante tal facto possa parecer paradoxal num momento em que esta *solução política* é vista como a *derradeira salvação*.

Com efeito, a Democracia e a Economia de Mercado não são passíveis de ser automaticamente introduzidas em África, nomeadamente na lusófona e particularmente na Guiné-Bissau, em Angola e Moçambique. Desde logo é preciso observar que a nova Democracia africana é mais formal que real; é uma *democracia limitada*, no sentido em que, por adaptação às mudanças da conjuntura internacional, os dirigentes agora ex-marxistas procederam a uma partilha programada do Poder, abrindo um *espaço limitado de actuação para a oposição*, a qual, de acordo com uma inovadora classificação política, foi dividida em *armada* e *não--armada*, discriminando-se positivamente a oposição armada por razões óbvias. Enquanto decorria a transição para as eleições, a elite governante realizou uma série de privatizações às quais concorreu de imediato um conjunto de empresários nacionais, individualmente descapitalizados mas oriundos da esfera do Poder. Através das privatizações entrou também o investimento estrangeiro, que acabou por reforçar a elite governante e a sua base sócio-económica de apoio. A oposição armada e não--armada, financiada pela chamada comunidade internacional, aceitou as regras do jogo com a esperança de constituir uma alternativa política credível, mas a estabilidade política entretanto criada, base essencial do futuro crescimento económico, limitou-lhes o campo de acção. As

---

[252] Nos estudos africanos, o *objecto* "militares" é dos que mais obstáculos apresenta e, por isso, os projectos e trabalhos de investigação não abundam. Cfr. EBOE HUTCHFUL, *Os Militares e o Militarismo em África*, in AAVV, *Ciências Sociais em África. Alguns Projectos de Investigação*, Dakar/Lisboa, CODESRIA/Edições Cotovia, 1992, pp.171-195.

eleições, construídas sobre processos deficientes de recenseamento e educação cívica, legitimaram a elite governante e, nos casos mais difíceis, foi necessário recorrer a acordos pós-eleitorais, durante a contagem prolongada dos votos, para a oposição garantir uma percentagem significativa dos seus deputados e consequentemente de acesso aos recursos do Estado. Mas as elites governantes africanas, detentoras de uma concepção patrimonial do poder muito marcada, não têm mostrado estar dispostas a aceitar a dinâmica democrática da *alternância política*. Trata-se em grande parte de uma necessidade de sobrevivência pessoal, financeira e até mesmo física, porque existe o temor, fruto de uma efectiva ameaça latente, de que a *alternância* traga também os ajustes de contas pelas mais diversas razões, entre outras, históricas, étnicas, religiosas, pessoais, profissionais e corporativas.

Esta *democracia limitada*, particularmente no caso dos PALOP, denota que é gerida em função das contingências, tendo por suporte o poder militar, que em África, não obstante a separação aparente, se encontra entrosado com o poder político. Note-se que a *geração do poder*, na Guiné-Bissau, em Angola e em Moçambique, provém ainda directamente da *luta de libertação nacional*. A memória da *fase das patentes* ainda está bem viva nos núcleos duros das elites políticas, parecendo por isso válida a imagem de que o poder é na realidade detido por militares "civilizados", isto é, de *militares trajando à civil enquanto políticos*. O mesmo se aplica ao grupo da oposição candidato à *alternância*, que muito recentemente se encontrava armada. É esta especificidade da *democracia africanizada em curso* que condiciona fortemente a sua própria evolução, numa dinâmica *triplamente complexa* da realidade social que traduz a interacção de estruturas sociais pré-coloniais, coloniais e pós-coloniais. Estamos de facto em presença de um processo ainda recente de construção do Estado e de longa duração no que respeita à Nação.

Porventura um conceito operacional eficaz para percepcionar globalmente a situação seja o de **ambivalência cultural**, definido *como a integração parcial dos africanos em padrões da cultura ocidental, revelando mecanismos de condicionamento tradicionais e formação de identidades dualistas, tendencialmente ambivalentes, que estão na base da mudança e da estruturação da identidade nacional*. Na verdade, as elites modernas africanas são obviamente constituídas por africanos e estes, embora trajando à europeia e comportando-se formalmente de acordo com os padrões europeus, são a expressão de uma matriz sociocultural ambivalente fortemente condicionada por valores e comportamentos especificamente africanos que derivam do contexto histórico e sociológico tradicional.

3. A Situação nos PALOP

A África Lusófona, abordada como um todo, possui uma dupla componente de unidade e diversidade. A unidade reside fundamentalmente no *legado colonial* que se traduz em vários elementos estruturais, como por exemplo a Língua ou o Direito. A diversidade decorre desde logo da geografia e em grande medida da história colonial que obrigam a "separar" Cabo Verde e São Tomé e Príncipe da Guiné-Bissau, Angola e Moçambique. Outros factores importantes desta "separação" são as especificidades dos três países continentais derivadas, por exemplo, da dimensão e densidade populacional, dos recursos naturais, da antropologia, da história pós-independência ou dos respectivos conceitos estratégicos nacionais.

O contexto local da cooperação militar, não obstante apresente uma certa unidade, é pois marcadamente diverso, com uma complexidade acrescida nos três países continentais, o que porém não significa que não existam factores-chave da mesma natureza a condicionarem as respectivas situações. A avaliação específica de cada situação, nomeadamente as *redes de intersecção etno-cultural e política*, é pois um elemento potenciador da cooperação militar não só no que respeita à sua formulação mas também no terreno.[253] Obviamente que a utilidade se encontra no aumento da capacidade de previsão e prevenção dos eventuais incidentes e conflitos locais. Não cabe aqui produzir uma análise detalhada das situações nos PALOP, mas é possível apresentar em síntese algumas pistas sobre os factores-chave e as respectivas avaliações prospectivas:

---

[253] Neste aspecto, o conhecimento actual das situações, ao nível de *Estado-Maior*, parece residir em grande medida na pesquisa e experiência adquirida com os *supintrep* na guerra colonial, ainda presente num conjunto de oficiais "mais antigos" no activo que a transmitem casualmente a outros mais novos destacados para o terreno.

3.1. Cabo Verde e São Tomé e Príncipe

O que marca principalmente a evolução da situação neste dois pequenos países insulares são os condicionalismos ambientais e a falta de recursos. Não existem clivagens étnicas e a história recente mostra que a alternância política se faz apenas com alguns sobressaltos que não podem ser tidos como graves. Não é pois provável que venham a ocorrer conflitos armados, mas é de considerar a possibilidade de se registar uma certa instabilidade social e eventualmente "corporativa", em particular no caso de São Tomé e Príncipe, caso as já muito deterioradas condições de vida se agravem substancialmente.

3.2. Guiné-Bissau

Do ponto de vista estrutural, existe uma forte clivagem etno-religiosa islamizados/animistas que tem marcado historicamente os momentos de conflitualidade na sociedade guineense. Analisando a diversidade étnica e a sua disposição geográfica, observa-se que é mais complexa que em Angola e Moçambique (ademais num território de dimensão substancialmente inferior), quer pela interpenetração quer pela justaposição dos sistemas e subsistemas socioculturais. A *aritmética étnica* indica a proporcionalidade relativamente equivalente de duas unidades principais (balantas e fulas), o que alimenta as tensões latentes e eleva o potencial de conflitualidade. Neste momento está a ocorrer uma efectiva dinâmica de *balantização do poder* tanto ao nível político como militar (sem correspondência no passado) que comporta o exercício de um *controlo social apertado* sustentador da situação. Esta regista uma evolução tendencialmente negativa do ponto de vista da estabilidade política e social, agravada pela falta de recursos e pelas repercussões internas do "endémico" conflito fronteiriço de Casamansa. Caso não se verifique uma inversão no sentido da concertação política e da partilha programadamente étnica do poder, é provável que a curto-médio prazo venham a ocorrer incidentes e/ou um conflito de alguma intensidade.

3.3. Angola

A *aritmética étnica*, que aponta também aqui duas unidades principais proporcionalmente equivalentes (Ambundos e Umbundos), corresponde à bem conhecida fractura histórica e presente do "imparável" conflito armado. A abundância de recursos dominados parcialmente por ambas as partes (petróleo e diamantes) alimenta a sua reprodução. É particularmente de sublinhar que embora a imagem do conflito se configure politicamente, a real natureza da dinâmica de dissociação em curso é étnica. Pela natureza já histórica do conflito, e pela desinformação pública consciente e inconsciente gerada em seu torno, importa proceder a uma análise um pouco mais profunda e extensa desta situação.

Em primeiro lugar, as relações políticas entre o MPLA (Ambundos) e a UNITA (Umbundos), encorajadas pela comunidade internacional, têm sido fundamentalmente tácticas da guerra total que ambos empreenderam. É a política como forma de continuar a guerra por outros meios, como acção indirecta de uma estratégia geral que não descura a clássica utilização do elemento psicológico para desgastar o inimigo e, na nossa época mediática, a respectiva imagem perante a opinião pública. Neste campo, é um facto que o MPLA tem vindo a ser bem sucedido e que a UNITA se tem visto *encurralada*, sem capacidade institucional e mediática de resposta. Em segundo lugar, é necessário constatar a evidência de a UNITA ter vindo a sobreviver militarmente, mesmo sem os apoios americanos e sul-africanos, em consequência da extracção de diamantes na área da Lunda, junto da fronteira com o ex-Zaire, actual República Democrática do Congo. Para se compreender esta realidade, é indispensável, em terceiro lugar, verificar que a UNITA da Jamba não é propriamente a mesma que a UNITA da Lunda. É com efeito nesta UNITA, composta principalmente pelo grupo étnico *lunda-tshokwé*, que parece residir actualmente a força vital de Jonas Savimbi: a extracção e comercialização *clandestina* de diamantes.

Do ponto de vista do Estado angolano, controlado pelo MPLA, a extracção de diamantes é uma prerrogativa do próprio Estado, e todos aqueles que pretendam dedicar-se à actividade só o poderão fazer sob uma licença oficial. É uma prática histórica comum a todos os Estados que possuem riquezas estratégicas no subsolo. Após a Independência, o MPLA expandiu a sua administração no terreno até onde lhe foi possível, de uma forma coerciva que traduzia a sua postura marxista-leninista do momento e o seu objectivo de modernização acelerada da sociedade angolana. No final dos anos 70, o MPLA controlava a zona da Lunda através de *comissários políticos* e *milícias mineiras* e projectou a extracção de diamantes a partir de um núcleo que pretendia que fosse uma cidade-modelo operária: Lucapa. Entretanto, nacionalizou a parte portuguesa da Diamang, que correspondia a cerca de 80%, e posteriormente rescindiu o contrato com a De Beers de exclusividade da comercialização de diamantes através da Central Selling Organization. A partir de 1985, por causa desta última medida, que levou os diamantes a serem vendidos em *mercado aberto*, e por causa da violenta perseguição ao então chamado *tribalismo*, consolidou-se na Lunda uma onda de descontentamento no seio dos *lunda-tshokwé* que abriu caminho para a implantação local da UNITA e para a comercialização clandestina do outro lado da fronteira, no Zaire.

No final do século XIX, quando o explorador Henrique de Carvalho chegou à Lunda para expandir a administração portuguesa e descobriu que aí havia diamantes (descoberta essa que foi mantida em segredo de Estado durante vários anos), "sentou-se" e negociou em atitude de respeito com os chefes locais. Jonas Savimbi fez o mesmo. Os *lunda-tshokwé* passaram a fazer parte da UNITA enquadrados na hierarquia das suas próprias estruturas tradicionais e a extracção de diamantes intensificou-se com o objectivo de financiar a guerra contra o MPLA. Essa extracção é ainda actualmente coordenada pelos *donos da terra*, os quais, de acordo com a tradição e legitimidade local, herdaram dos seus respectivos antepassados não só o usufruto dos recursos mas também o poder de invocação ritual que obrigatoriamente antecede a recolha dos diamantes nas bacias fluviais.

Do outro lado da fronteira nunca faltaram compradores até aos dias de hoje. Para lá seguem semanalmente pequenos grupos *lunda-tshokwé*, vindos de várias partes do território, quase do tamanho de Portugal, para fazerem vendas que atingem de cada vez várias dezenas de milhar de dólares. Dentre os compradores proliferam os libaneses, mas o grosso do negócio é realizado por representantes da própria De Beers (que desmente publicamente a sua existência), colocados em pontos estratégicos ao longo da fronteira. Enquanto a instabilidade permanecer, tanto de um lado da fronteira como do outro, também eles lá permanecerão.

A sobrevivência militar de Jonas Savimbi deve-se assim em grande medida aos *lunda-tshokwé*. Esta é *a outra UNITA* que tem permanecido praticamente *invisível* na informação tornada pública. Caso falhe a recente iniciativa internacional de anular a comercialização dos designados "diamantes de sangue", é pois muito improvável que se vislumbre a prazo o fim do conflito.

3.4. Moçambique

A *aritmética étnica* revela uma situação *sui generis* relativamente aos outros PALOP. Existe uma unidade principal (Macuas) sem correspondência proporcional equivalente. O *status quo* do poder estabelecido após a independência, e que perdura até aos dias de hoje, reside na aliança efectuada durante a *luta de libertação*, no quadro da Frelimo, entre uma etnia do Sul de expressão demográfica média (Shangana) e de uma etnia do Norte de expressão demográfica mínima (Makonde), juntamente com um pequeno mas influente grupo de luso-moçambicanos. A manutenção do poder caberia na componente política aos Shangana e luso-moçambicanos e na militar aos Makonde, num contexto marcado por um conflito armado prolongado até 1992. A estrutura social da Renamo é também em grande parte constituída por uma etnia do Sul de expressão demográfica média (Ndau), a qual detém uma memória de conflitualidade histórica com os Shangana. A evolução posterior da situação constitui um caso algo paradigmático de *democracia limitada*. A partilha programada do poder tem sido gerida de forma muito estrita relativamente ao acesso da oposição aos recursos existentes, o que tem alimentado tensões latentes que se têm vindo pontualmente a manifestar com incidentes de alguma gravidade. Neste momento, existem indícios de que o potencial de conflitualidade está a aumentar, recusando-se a Renamo a reconhecer a legalidade das últimas eleições, ocorridas há já largos meses. A estabilidade social encontra-se também ameaçada pelo descontentamento crescente em relação à corrupção endémica, à insegurança e à vulnerabilidade do poder judicial. Face às altas expectativas da Renamo, até agora frustradas pela Frelimo, de protagonizar a *alternância política* a muito curto prazo, não é de descurar a possibilidade de virem a registar-se incidentes graves, como forma de pressão e intimidação, à medida que se aproximem as próximas eleições presidenciais.

4. *O Caso de Timor-Leste*

Pelo facto de o esforço da cooperação militar se encontrar agora fortemente direccionado para Timor-Leste, parece oportuno apontar aqui também algumas linhas de análise. A diversidade sociocultural e linguística, tomando em conta a dimensão do território, é muito elevada: cerca de 30 grupos. As estruturas sociais tradicionais possuem ainda uma força

Cooperação Técnico-Militar no âmbito da CPLP 245

relevante e mesmo dominante no grosso da sociedade timorense, não obstante a generalização do catolicismo. Este de facto convive com rituais animistas que ambivalentemente a maioria da população pratica. Um exemplo significativo é o do fenómeno da *Sagrada Família* que quase sempre é tratado pelos órgãos de comunicação social como uma *seita* de contornos duvidosos. Trata-se na verdade de um movimento sincrético mágico-religioso, nascido durante a ocupação indonésia, que concilia a devoção a Nossa Senhora com a prática de rituais animistas de protecção física pessoal. O seu chefe espiritual é Cornélio da Gama, um ex-comandante das Falintil pertencente à "alta nobreza" da etnia Makassai, da qual eram originários muitos ex-combatentes. Com efeito, a *aritmética étnica* mostra-nos duas unidades demográficas principais proporcionalmente equivalentes, localizadas na zona leste (Makassai) e na zona oeste (Mambai), detentoras de uma memória histórica de conflitualidade. Por enquanto, parece que se têm apenas registado incidentes pontuais entre os seus membros em Díli, em contextos de pequenos negócios algo duvidosos e discussões de rua. Nem Xanana Gusmão, nem Ramos Horta, nem Mari Alkatiri, nem Roque Rodrigues, nem os irmãos Carrascalão pertencem a qualquer destas etnias. O mesmo não se passa com D. Ximenes Belo (Makassai) e D. Basílio do Nascimento (Mambai), e também com Abílio de Araújo (Mambai) que de dissidente da Fretilin passou a pró-indonésio e criou o Partido Nacionalista Timorense que tem assento no Conselho Nacional da UNTAET. De momento, e porventura decorrente da singularidade do processo de transição timorense, parece não existirem partidos ou movimentos políticos de base étnica. Mas num cenário de independência, se houver uma representação acentuadamente desequilibrada de membros de qualquer destas duas etnias, por exemplo, na administração pública, e nomeadamente nos seus distritos de origem, é possível que o potencial de conflitualidade aumente significativamente.

IV. Conclusão

África não é o continente esquecido, nem é, com certeza, o continente ignorado. África é um continente extenso, rico em recursos naturais.

África é o continente com maior número de Estados, 53, todos de independência recente, sem grande experiência da vida democrática que

246 *Cooperação Técnico-Militar*

pretendem seguir e que consideram útil para a sua participação na comunidade das Nações do século XXI.

Na generalidade, as mais importantes relações dos países de África com o exterior são parte do processo de globalização económica, cheio de assimetrias e vazio de valores humanos.

A cooperação que se vem desenvolvendo no âmbito da CPLP assenta e rege-se por princípios absolutamente opostos. É uma relação que não segue a teologia do mercado, que não tem como objectivo a riqueza de nenhuma das partes, que favorece a protecção dos direitos humanos e que vem contribuindo para preservar e fortalecer os valores culturais e os laços políticos que unem os seus membros.

A Cooperação Técnico-Militar tem, evidentemente, todas estas preocupações, mas tem ainda outras finalidades. Em relação a cada um dos Estados membros, pode contribuir decididamente para criar um ambiente de maior estabilidade interna, para aumentar a confiança na organização da Defesa Nacional, para elevar o nível da capacidade de cooperação nos assuntos de segurança regional, enfim, para melhorar as condições de vida na ordem interna e para elevar o prestígio na ordem externa.

Assim, não há qualquer razão, nem há intenção, de reduzir os programas de cooperação. Pelo contrário, pela avaliação das necessidades ainda existentes, há vontade de prosseguir com as iniciativas que vêm sendo desenvolvidas na Cooperação Horizontal (bilateral entre Portugal e cada um dos PALOP), e de reforçar as acções preconizadas no Conceito de Globalização (multilateral). No entanto, e pelo menos até agora, esta Cooperação Técnico-Militar não se pode considerar do âmbito da CPLP, uma vez que não tem registado a participação do Brasil que tem mantido o estatuto de observador[254].

O bom entendimento entre todos os que vêm participando neste esforço, o interesse dos Estados africanos e os bons resultados alcançados também muito animam a continuar.

---

[254] Para o exercício *Felino 2000*, em Lamego, o Brasil enviou dois militares.

ANEXO

Evolução do Sistema da Cooperação Portuguesa

	Estrutura Político--Institucional	Subsistema da Cooperação Militar	Obs.
31 Dez. 74	Gabinete Coordenador para a Cooperação		tutela da Presidência da República
26 Mar. 75	Secretaria de Estado da Cooperação Externa		no Ministério dos Negócios Estrangeiros (MNE)
24 Jun. 75	Comissão Coordenadora das Negociações no Domínio Económico e Financeiro com os novos Estados		futuro Instituto para a Cooperação Económica
25 Set. 75	Ministério da Cooperação		integrou o Gabinete Coordenador para a Cooperação e vários organismos do ex-Ministério do Ultramar
1976		(Missão Permanente de Cooperação Técnica Naval)	no âmbito do Acordo de Cooperação, com Cabo Verde, nos domínios do desenvolvimento marítimo, cartografia e segurança na navegação
31 Jan. 76	Instituto para a Cooperação Económica (ICE)		integrado no Ministério da Cooperação
23 Jul. 76	Extinção do Ministério da Cooperação e transferência dos seus organismos para o MNE		I Governo Constitucional
Jul. 77		O Chefe do Estado--Maior General das Forças Armadas (CEMG-FA), através do seu Gabinete, assume a centralização e coordenação da Cooperação "ao nível das Forças Armadas"	

1978			primeiros pedidos (por parte dos Palop) de cooperação militar
18 Dez. 79	Reestruturação do ICE		autonomia, ficando sob a dupla tutela do Ministério das Finanças e do MNE
Idem	Direcção-Geral da Cooperação (DGC)		no MNE; passa a ser, juntamente com o ICE, o núcleo central do sistema.
1981	Secretaria de Estado da Cooperação e Desenvolvimento		no MNE
Mai. 83	Despacho conjunto Ministério da Defesa Nacional (MDN)--MNE		o MNE passa a ser o órgão coordenador" da política de cooperação Técnico-Militar no quadro genérico da cooperação entre Portugal e os PAEP"; as acções a desenvolver "deverão obter prévia autorização por despacho conjunto dos Ministros da Defesa Nacional e dos Negócios Estrangeiros.
Mai. 85	Comissão Interministerial para a Cooperação (primeira reunião em Fev. 88)		revogada em 1994 (DL 58/94)
Jul. 85	Comissão Consultiva para a Cooperação (primeira reunião em Mar. 88)		revogada em 1994 (DL 48/94)
1985			os pedidos de cooperação militar (por parte dos PALOP) intensificam-se
Dez. 85	Secretaria de Estado dos Negócios Estrangeiros e Cooperação		sucede na prática à Secretaria de Estado da Cooperação e Desenvolvimento

Cooperação Técnico-Militar no âmbito da CPLP 249

Jun. 88		Acordo de Cooperação no Domínio Técnico--Militar com Cabo Verde	
Dez. 88		Acordo de Cooperação no Domínio Técnico--Militar com: – São Tomé e Príncipe – Moçambique	
Jan. 89		Acordo de Cooperação no Domínio Técnico--Militar com a Guiné--Bissau	
13 Jul. 89		Direcção Geral de Política de Defesa Nacional	a CTM, segundo o General Gonçalves Ribeiro, "encontrava-se numa fase embrionária caracterizada por iniciativas avulsas, sem programas nem orçamento". (concentrou atribuições dispersas por MNE, EMGFA e Gabinete MDN)
27 Out. 89		Departamento de Cooperação Técnico-Militar	na DGPDN, para "estudo, análise, planeamento, acompanhamento e avaliação da Cooperação Militar com os PALOP"
01 Out. 90		Programa-Quadro de Cooperação no Domínio Militar entre a Guiné-Bissau e Portugal	na VII Reunião da Comissão Mista Permanente de Cooperação Luso-Guineense
26 Out. 90		Programa-Quadro de Cooperação no Domínio Militar entre Cabo Verde e Portugal	IX Reunião da Comissão Mista Permanente de Cooperação Luso--Caboverdeana
13 Dez. 90		Programa-Quadro de Cooperação no Domínio Militar entre Moçambique e Portugal	na III Reunião da Comissão Mista Permanente de Cooperação Luso-Moçambicana

04 Mai. 91	Fundo para a Cooperação Económica (entrada em funcionamento em Fev. 92)		autonomia, ficando sob a dupla tutela do Ministério das Finanças e do MNE (objectivo: "promover o espírito empresarial como um dos elementos motores da política de cooperação portuguesa")
1991	Instituto Camões		sucede ao Instituto de Cultura e Língua Portuguesa; primeiro sob a dupla tutela do Ministério da Educação e do MNE, e depois, a partir de 1994, na dependência única deste último.
08 Jul. 91		Programa-Quadro de Cooperação no Domínio Militar entre S. Tomé e Príncipe e Portugal	na VI Reunião da Comissão Mista Permanente de Cooperação Luso-Santomense
Fev. 94	Instituto da Cooperação Portuguesa		no MNE (fusão do ICE e da DGC); passa a ser o núcleo central do sistema
1996			criação da Comunidade dos Países de Língua Portuguesa (CPLP)
03 Out. 96		Acordo de Cooperação Técnica no Domínio da Defesa e Militar com Angola	
Out. 97		Programa-Quadro com Angola para o biénio 1998/1999	na I Reunião da Comissão Mista Luso-Angolana, no quadro da CTM, decorrente do Acordo de 03Out96
29 Jan. 98	Conselho Consultivo para a Cooperação Económica e Empresarial		sucede, na prática, à Comissão Consultiva para a Cooperação

Cooperação Técnico-Militar no âmbito da CPLP   251

02 Jul. 98	Programa Integrado da Cooperação (PIC)		primeiro levantamento contabilístico do sistema
20-21 Jul. 98		Introdução dos conceitos de Globalização e Horizontalização	I Reunião dos Ministros da Defesa (MD) de Portugal e dos PALOP; disponibilização e integração das capacidades existentes nos seis, e concertação jurídico-organizacional
28 Ago. 98	Conselho de Ministros especializado para os assuntos da Cooperação		passa a ser o órgão de "cúpula" coordenador do sistema, sobretudo no que diz respeito à procura de consensos intra-governamentais
14 Out. 98	Estatuto das organizações não governamentais de cooperação para o desenvolvimento		para serem reconhecidas como tal, as ONGD necessitam de se registar no MNE (actos constitutivos, estatutos, plano de actividades, meios de financiamento)
1999	Orçamento Integrado da Cooperação Portuguesa		aprovado pela primeira vez, utilizando a metodologia do PIC, em conjunto com o Orçamento do Estado
1999	Agência Portuguesa de Apoio ao Desenvolvimento		sucede ao Fundo para a Cooperação Económica; autonomia administrativa e financeira; dupla tutela do MNE e do Ministério das Finanças
1999	Secretariado Executivo da Comissão Interministerial para a Cooperação		dirigido pelo Presidente do ICP; pretende-se que reuna mensalmente

13-14 Mai. 99			I Reunião dos Chefes de Estado-Maior das Forças Armadas (CEMG-FA) de Portugal e dos PALOP; apresentação por Portugal de um ante-projecto para a realização de treino e exercícios no âmbito das Operações de Paz e Humanitárias
18 Mai. 99	*A cooperação Portuguesa no Limiar do século XXI (Documento de orientação estratégica)*		Resolução do Conselho de Ministros n.° 43/99
24-25 Mai. 99		Secretariado Permanente para Assuntos de Defesa Nacional dos Países de Língua Portuguesa (SPAD)	II Reunião dos MD de Portugal e dos PALOP; concertação das acções no âmbito dos conceitos de Globalização e de Horizontalização
2000 -»		(fase de sustentação, segundo General Gonçalves Ribeiro)	70 Projectos e Subprojectos com o conjunto dos PALOP
27-28 Mar. 00			I Reunião do SPAD (preparação das Agendas das reuniões dos CEMGFA e dos MD)
28 Abr. 00			II Reunião dos CEMGFA de Portugal e dos PALOP
22-23 Mai. 00			III Reunião dos MD de Portugal e dos PALOP (com o Brasil como observador)
17-27 Out. 00		"Felino 2000"	primeiro exercício militar (operações especiais) conjunto Portugal-PALOP-Brasil (desenvolvimento da capacidade multilateral de participação em operações humanitárias, de paz e de gestão de crises)

BIBLIOGRAFIA

Anuários Estatísticos de Defesa Nacional de 1998 e 1999, Ministério da Defesa Nacional, 1999 e 2000.

AAVV, *A Cooperação com os Novos Países de Língua Oficial Portuguesa* (Seminário), Lisboa, Instituto da Defesa Nacional, 5/9 NOV. 84 (policopiado).

AMADO, Luís, *A CPLP e a Política Externa*, in "A Comunidade dos Países de Língua Portuguesa (Seminário)", Lisboa, Instituto de Altos Estudos Militares, 1999, pp. 115-127

AMADOR COELHO, Manuel, *Para uma Política de Cooperação nas Relações Externas de Portugal*, in "Democracia e Liberdade", n.º 6, Junho de 1978, pp. 27-45

BORGES GRAÇA, Pedro, *A Informação Cultural de Portugal (Introdução ao seu estudo no contexto lusófono e internacional)*, in "Estratégia", vol. IV, 1992, pp. 189-297

— —, *Fundamentos Culturais dos Países Africanos Lusófonos. O Legado Colonial*, in "Africana", n.º 18, Setembro de 1997, pp. 59-79

DURÃO BARROSO, José Manuel, *Política de Cooperação*, Lisboa, Ministério dos Negócios Estrangeiros, 1990

Cooperação Técnico-Militar com os Países Africanos de Língua Oficial Portuguesa, Lisboa, Ministério da Defesa Nacional, relatórios anuais de 1992 a 1999

Cooperação Técnico-Militar com Angola, Cabo Verde, Guiné-Bissau, Moçambique e São Tomé e Príncipe, Lisboa, Ministério da Defesa Nacional, 1998

FERREIRA LEITE, Luís, *Introdução ao Direito da Cooperação*, Lisboa, Moraes Editores, 1979

GAMA, Jaime, *A Ajuda Pública ao Desenvolvimento e o Papel da Cooperação Portuguesa no Contexto das Comunidades Europeias*, in "Desenvolvimento", n.º 4, Novembro de 1986, pp. 17-25

GOUVEIA, Jorge Bacelar, *Acordos de Cooperação Entre Portugal e os Estados Africanos Lusófonos*, Lisboa, Cooperação Portuguesa e Revista de Cooperação, 1998.

MARQUES BESSA, António, *Uma Análise da Conflitualidade nos Países Africanos de Língua Oficial Portuguesa*, in "Episteme", n.ºˢ 3-4, Fevereiro de 2000, pp. 263-277

MATEUS, Abel, *Que estratégia para a cooperação portuguesa?*, Lisboa, Universidade Nova de Lisboa, 1999 (policopiado, 6 p.)

MONTEIRO, Ramiro Ladeiro, *A África na Política de Cooperação Europeia*, Lisboa, Instituto Superior de Ciências Sociais e Políticas, 1997

MOREIRA, Adriano, *Condicionamentos Internacionais da Área Lusotropical*, Recife, Fundação Joaquim Nabuco, 1985

254   *Comunidade dos Países de Língua Portuguesa – Cooperação*

— —, *A perspectiva histórica da língua e da cultura. O final do milénio*, in "A Comunidade dos Países de Língua Portuguesa (Seminário)", Lisboa, Instituto de Altos Estudos Militares, 1999, pp.19-29

PASSEIRA, Carvalho, *O Papel da Marinha na Cooperação com os Palop e a Ajuda ao Desenvolvimento*, Lisboa, 1998

REIS, Carvalho dos, *Os Grandes Desenvolvimentos Político-Estratégicos em África na Década de 90: Perspectivas Abertas a Portugal*, in "Revista Militar", Lisboa, n.° 12/99, Dezembro de 1999.

RIBEIRO, TGen. António Gonçalves, *Cooperação e Segurança. Contributos para o Aprofundamento da CPLP*, in "A Comunidade dos Países de Língua Portuguesa (Seminário)", Lisboa, Instituto de Altos Estudos Militares, 1999, pp. 89 a 99.

ROLO, José Manuel, *Questões da Cooperação de Portugal com os Países Africanos de Língua Oficial Portuguesa*, in "Revista Crítica de Ciências Sociais", n.° 15/16/17, Maio de 1985, pp. 511-518

ÍNDICE ONOMÁSTICO

FERREIRA, *Doutor Manuel Ennes*, professor auxiliar do Instituto Superior de Economia e Gestão da Universidade Técnica de Lisboa

FERRONHA, *Prof. António Luís A.*, professor convidado do Instituto Superior de Engenharia Electromecânica e membro do Conselho Científico da Comissão dos Descobrimentos e do Grupo de Trabalho do Ministério da Educação para as Comemorações dos Descobrimentos Portugueses

GRAÇA, *Mestre Pedro Borges*, professor do Instituto Superior de Ciências Sociais e Políticas da Universidade Técnica de Lisboa

MOREIRA, *Prof. Doutor Adriano*, professor universitário, Presidente do CNAVES – Conselho Nacional de Avaliação do Ensino Superior

SACCHETTI, *Vice-Almirante António Emílio Ferraz*, professor universitário

SARAIVA, *Mestre Maria Francisca*, professora do Instituto Superior de Ciências Sociais e Políticas da Universidade Técnica de Lisboa

SOUSA, *Prof. Doutor Ivo Carneiro de*, professor catedrático da Faculdade de Letras da Universidade do Porto e investigador coordenador do Centro Português de Estudos do Sudeste Asiático

TORRES, *Prof. Doutor Adelino*, professor catedrático do Instituto Superior de Economia e Gestão da Universidade Técnica de Lisboa

VENÂNCIO, *Prof. Doutor José Carlos*, professor catedrático e Pró-Reitor para as Relações com os Países Lusófonos da Universidade da Beira Interior e vogal da Direcção do Centro de Estudos Africanos da Universidade do Porto